의사가 말하는

의사

엮은곳　인도주의실천의사협의회(인의협)는 1987년 민주화운동을 기점으로 한국 사회의 민주화와 국민의 건강권을 고민하는 의사들이 모여 창립한 단체다. 인의협은 창립 이후 소외된 계층을 위한 진료 활동뿐 아니라 국민건강권 향상을 위한 제도 개혁 및 다양한 의료 정책 사업들을 수행해 왔으며, 현재 노숙인진료사업, 농성장의료지원사업, 북한어린이의약품지원사업, 지역의료네트워크, 외국인노동자진료사업, 인권사업, 건강정보사업, 의료개혁 및 정책사업 등을 진행하고 있다. http://www.humanmed.org

지은이들　이현석 한림대학교성심병원 직업환경의학과 전공의 | 고준영 서울아산병원 소아과 전공의 | 이보라 녹색병원 호흡기내과 과장 | 김현숙 소아청소년과 전문의 | 윤정원 연세대학교 신촌세브란스병원 산부인과 전임의 | 조규석 순천향대학교 의과대학 외과학교실 교수 | 김주연 KAIST Clinic 가정의학과 진료부장 | 고한석 영월의료원 정형외과 과장 | 백남순 경기도의료원 포천병원 마취통증의학과 과장 | 이현의 신경과 전문의 | 조수근 강릉아산병원 안과 부교수 | 김대희 가톨릭대학교 인천성모병원 응급의학과 임상조교수 | 이종우 탑연합비뇨기과 시지점 원장 | 이승홍 서울시립은평병원 정신건강의학과 전공의 | 정형준 녹색병원 재활의학과 과장 | 김철주 한국노동안전보건연구소 연구원 | 김명희 시민건강증진연구소 연구위원 | 한동로 성요셉요양병원 신경외과 과장 | 김동은 계명대학교 의과대학 이비인후과학교실 부교수 | 김양중 한겨레신문 의료전문기자 | 김나연 국경없는의사회 구호활동가 | 추혜인 살림의료복지사회적협동조합 살림의원 주치의 | 고은영 북태평양 마이크로네시아 연방국 사무소 팀장 | 최규진 인하대학교 의과대학 조교수 | 오경현 결핵연구원 교육기술협력부장 (이상 원고 게재 순)

* 이책은 2004년 처음 출간된 『의사가 말하는 의사』의 개정판입니다. 세월의 흐름에 따라 달라진 의사의 세계를 반영하고자 새로운 에피소드로 전면 교체하였습니다. 필진 대부분이 바뀌었고, 기존필진 역시 그간 쌓인 경력을 바탕으로 업그레이드된 원고를 실었습니다.

의사가 말하는 의사 Episode 2

2004년 10월 28일　초판 1쇄 발행
2017년　3월　3일　개정판 1쇄 발행
2022년 12월 30일　개정판 6쇄 발행

지은이 이현석 외 25인 | 엮은곳 인도주의실천의사협의회 | 펴낸곳 부키(주) | 펴낸이 박윤우 | 등록일 2012년 9월 27일 | 등록번호 제312-2012-000045호 | 주소 03785 서울 서대문구 신촌로3길 15 산성빌딩 6층 | 전화 02) 325-0846 | 팩스 02) 3141-4066 | 홈페이지 www.bookie.co.kr | 이메일 webmaster@bookie.co.kr | 제작대행 올인피앤비 bobys1@nate.com
ISBN 978-89-6051-587-1 14300 | ISBN 978-89-85989-61-9(세트)

부키 전문직 리포트 **3**

의사가 말하는
의사

26명의 의사들이
솔직하게 털어놓은
의사의 세계

Episode 2

부·키

의사 본연의 역할을 추구하며

13년 전 출간된 『의사가 말하는 의사』는 여러 위치에 있는 의사들이 실제 경험을 바탕으로 자신의 역할과 고민을 책에 담아내는 계기가 되었다. 오늘날 의사는 그들의 이야기가 단순히 드라마와 소설에 등장하는 시대를 넘어, 그들의 일상이 사회학·철학·윤리학·경제학 등 다른 학문의 연구 대상이 되고, 다른 사람들이 파악한 의사의 일상을 다시 의사가 전해 들어야 하는 시대를 살고 있다.

'의사는 남성, 간호사는 여성'이라는 고정관념처럼 직업에 성역할이 겹쳐졌던 시절을 지나 의대 신입생 중 여학생의 비율이 반을 넘어가는 시대가 된 지 오래 되었지만, 그럼에도 불구하고 아직 의사 인력을 재생산해 내는 교수와 학장, 총장 중에 여성을 찾는 일이 쉽지만은 않다. 또한 한때 의대를 졸업하고 거의 모두 개업하는 삶을 살았던 시대에 비해서는 좀 더 다양한 진로가 개척되고 있지만, 아직도 병원 밖의 삶은 '선택'이라기보다는 '예외'에 머물고 있다.

한편 의료 기술의 발전에 따라 유전공학, 줄기세포, 의공학 등 다양한 기술들이 의학에 접목되고 있지만, 여전히 의사라는 사람이 이러한 기술체계의 최종 전달자로서 역할을 수행하고 있다. 의료의 기술화뿐만 아니라 의무 기록은 물론, 의사의 처방까지 전산화되어 의사가 수행하는 복잡한 역할들 또한 계량화되고 점검받는 시대인 한편, 직접 눈을 마주치며 환자와 갖는 교감이 진료에 얼마나 도움이 되는지 여전히 확인하는 시대이기도 하다.

결국 지난 10년 동안 사회 변화, 기술 진보가 의료 영역에서도 활발히 일어났으며 앞으로 더 큰 변화가 기대되지만, 의사의 본질적 역할과 그 의미는 아직 변하지 않고 있음을 확인하게 된다. 여기서 의사의 본질적 역할은 아픈 사람 입장에서 그 아픔을 덜어 주는 일이다. 많은 경우 환자의 삶 속에서 아픔의 내용과 그 배경을 엿볼 수 있기에, 환자의 생활을 파악하고 그 배경으로 지목되는 원인들을 함께 고민함으로써 병을 치료하는 것이 의사에게 주어진 역할이다.

의사로서 환자의 아픔을 덜어 주는 순간들은 증세만이 아니라 그 느낌과 의미를 온전히 마음을 열고 전달받는 순간, 아픈 이유를 들어줄 뿐만 아니라 그 문제들을 같이 들여다보고 도움을 주는 순간들이다. 단순히 고혈압이 아니라 직장 업무에서 오는 스트레스, 우울증만이 아니라 가족으로부터의 고립을 들여다볼 수 있을 때, 의사는 의사로서 문제를 제대로 풀어가고 있다고 느끼게 된다. 더욱이 이러한 문제가 개인의 정신적이거나 성적인, 더 나아가 인격적인 영역에까지 걸쳐 있다는 것을 자각할 때, 의사로서 공유해야 하는 삶의 무게와 그 역할의 의미를 온몸으로 느끼게 된다.

의사는 단순히 아픔을 다루는 사람이 아니라, 아픔 혹은 질병의 원인을 다루어야 하는 사람이다. 여기서 아픔과 질병은 일단 환자의 상태로 나타나지만 그 원인을 한 꺼풀 들추면 피해자 혹은 약자의 모습이 드러나기에 결국 피해자 혹은 약자의 곁에 서 주는 것 또한 의사의 역할이어야 한다. 이러한 점에서 질병의 한 원인으로 지목되는 사회적 원인들이 주목되어야 한다. 질병의 원인은 복합적일 수밖에 없지만, 주어진 시대에 해결해야 할 가장 중요한 지점은 반드시 있다. 이러한 점에서 사회문화, 환경 혹은 직업으로 인해 발생하는 질병들에 대해 의사들의 고민이 깊어져야 한다.

한편 의사 또한 자신이 지닌 아픔과 그 원인 역시 스스로 솔직하게 들여다봄으로써, 아픔을 나누는 일과 그 원인을 솔직하게 대면하는 일이 얼마나 어려운지 배울 수 있어야 한다. 아파 본 적이 없고, 죽음을 맞닥뜨려 본 적이 없는 사람은 의사로서 자격이 없다. 환자의 아픔을 덜기 위해 진료실 안에서나마 그 삶을 나누듯, 자신의 아픔, 가족의 불편함 뒤에 놓인 원인들을 스스로 들여다보고 더 나아가 이를 타인과 나누어 봄으로써 함께 통찰해 보는 지혜를 갖춘 사람이어야 한다.

이러한 의사가 되기 위해서는 정말 긴 수련 기간이 필요하다. 공식적인 수련 기간이 끝나도 계속 배워야 한다. 지식은 경험을 통해서만 축적되는 것으로, 수련이란 주어지는 역할을 변화시킴으로써 필요한 경험들이 단기간에 축적되도록 하는 장치이다. 즉 한 명의 독립된 의사로서 역할을 담당하기 위해 필요한 경험을 몇 단계로 나누고, 이러한 단계를 통과하면서 주어진 기간에 서로 다른 역할들을 익히도록 하는 장치라는 것이다.

그러나 이렇게 경험을 축적하는 과정—수련 기간에 주어지는 역할들의 배분 방식이 남성 중심의 위계적 가부장문화와 겹치면서 지금까지도 가부장제도 자체를 체화하여 사회의 보수적 가치를 앞장서서 주창하는 의사 집단을 만들어 내고 있다.

한편 가부장적 가치의 제도화보다 더 많이 지적되는 문제는 죽음을 긍정적으로 받아들이지 못함으로써 모든 죽음이 거부되어야 하는 시스템을 의사들이 만들고 있다는 사실이다. 모든 사람은 죽음을 맞이하게 된다. 이렇게 누구에게나 주어지는 삶을 마감하는 순간들이 모두 다 부정적일 수 없음에도 불구하고, 지금까지 의사에게 주어진 역할은 죽음을 부정해야 하는 것이었다는 점에서 시스템의 문제가 발생하고 있다.

의사는 다른 전문가 집단과 함께 일을 해야 하는 집단이다. 병원이라는 공간에서도 의사 이외에 간호사·약사 등과 함께 일을 해야 하며, 병원을 떠나 다른 보건의료 활동이 이루어지는 공간에서도 재정, 복지, 안전 등을 다루는 다른 전문인들과 함께 일을 해야 하는 집단이다. 이렇게 서로 역할을 분담하고 조율하면서 일해야 하는 의사로서 다른 집단과 어떻게 관계를 맺고 사는가는 매우 큰 차이를 초래한다. 역할들의 중심에 서 있으려면 먼저 솔선수범해야 한다. 이러한 점에서 의사는 단순히 전문가로서가 아니라, 리더로서 역할을 담당할 수 있어야 한다. 의사의 역할은 단순히 기술로 충족되는 것이 아니며, 기술이 제대로 발휘되기 위한 시스템을 이해하고 운영할 수 있는 능력을 필요로 한다.

또한 의료는 산업화되는 경우, 즉 영리를 추구하는 경우 환자를 비롯한 다른 사람 편에 서서 대신 의견을 결정하는 것이 불가능해진다. 환자의 손해와 이익을 견주어 판단해야 하는 의사로서, 환자의 경제적 손해보다 병원의 경제적 이익을 먼저 생각하는 의사가 되면 의사로서 본연의 역할을 수행하기 매우 어려워진다.

지금까지 의사의 사회적 지위와 소득은 한국사회에서 매우 높은 위치를 차지해 왔다. 그럼에도 불구하고 한때 70년대 초반까지 한국 의대 졸업생의 절반 이상이 미국으로 건너간 적이 있었다. 지금 돌이켜 보면 미국에서 일하는 의사와 한국에서 일하는 의사 사이에 비록 소득의 차이는 있을지언정, 의사로서 일하는 보람이 미국에서보다 못하지 않았다. 실제 미국에 건너간 의사들도 기회만 있다면 다시 한국에 돌아왔을 분들이다. 결국 중요한 것은 절대적 지위와 소득이 아니라 상대적 지위와 소득이며, 더 나아가 사회에서 맺어지는 관계와 맥락이다. 의사로서의 본질적인 역할은 환자와의 관계에 달려 있다. 결국 이 시스템 속에서 의사로서 보람을 느끼는 것, 좌절을 느끼는 것 모두 의사로서 맺을 수 있는 관계와 맥락을 통해서 결정된다. 단지 지위와 소득에 연연해하는 의사라면 의사 본연의 역할에 만족할 수 없을 것이다.

2017년 2월

누리참삶배움터지기, 서울대학교 보건대학원 교수 백도명

초보 의사 생활 맛보기

1장

어느 부적응자의 의과대학 적응기

| 이현석 |

서울시립대학교 도시행정학과를 중퇴하고 영남대학교 의과대학에 입학해 가까스로 졸업했다. 경상북도 고령에서 공중보건의로 복무 후 한림대학교성심병원 직업환경의학과 전공의로 재직 중이다. 『여행자의 인문학 노트』(2013), 『남북 청춘, 인권을 말하다』(2015)라는 책을 썼다.

고등학교 재학 시절, 나는 수재와는 거리가 멀었다. 천재라는 말은 간혹 들었지만, 대체로 천재라는 수식어는 '머리는 나쁜 것 같지 않은데, 턱없이 머리가 좋은 줄 착각하여 매사에 게으른', 그래서 결과적으로 둔재를 좋게 이야기하는 단어에 다름 아니었으니까. 공부는 당연히 잘하는 편이 아니었다. 반에서 꼴찌를 두고 경쟁했다. 영화감독이나 작가가 되고 싶어 영화를 찍으러 다니거나 땡땡이를 치고 학교 장서실에서 책을 읽었다.

그러다 고등학교 3학년 때 같이 놀던 아이들이 다 공부를 하니까 '나도 공부를 해야 되나 보다'라며 공부를 했다. 운이 좋았다. '이해찬 1세대'였기 때문이다. 2002년 서울에 있는 대학에 입학했는데, 수학 점수가 거의 0점에 수렴했지만 문과 계통 대학은 수학 점수를 전혀 반영하지 않는 쪽으로 당시 입시 전형이 바뀐 덕분이었다.

처음 상경하고는 영화계에서 지냈다. 충무로와 양수리를 오가는 시간이 재미있었다. 하지만 애초에 키웠던 판타지와 달리 현실은 고달팠다. 게다가 윤리 의식이 독특한 기인들이 워낙 많은 곳이라 나와 어울리지 않는다고 생각했다. 세상 모든 것이 정의로워야 한다고 생각하던 약관의 나는 그 세계를 이해하지 못했고, 영화계에서 인연이 닿은 시민단체 사람들과 엮이면서 막바지에 다다랐던 학생 운동에 발을 들이게 되었다.

2002년에는 대통령 선거가 있었고, 그 이전에 월드컵이 있었으며, 그 이전에 미군 장갑차 여중생 사망 사건이 있었다. 깃발을 들고 열심히 선배들을 따라다니다 보니 어느새 난 운동권에서 '사랑으로' 키우는 후배가 되어 있었다. 하지만 '투쟁·학문·생활의 공동체'에서 여러 선배들과 함께 생활하면서 '내가 무얼 알고 이러고 있을까?'라는 회의가 들기도 했다. 그리고 그즈음, 격화되던 미국 대사관 시위 현장에서 붙잡혔고, 훈방되었지만 이것을 핑계로 휴학하고 고향 대구로 내려왔다.

"의예과 학생이 이런 데도 다 오나?"

대구에서 한동안 어영부영 지내다 보니 장승수의 책 제목처럼 '공부가 제일 쉽다'는 생각을 하지 않을 수 없었다. 스물두 살이 되어서야 정규 교육 과정 교과목에 처음으로 흥미가 생겼고, 입시를 다시 준비하게 되었다. 이번에는 뭘 좀 알 수 있는, 그래서 '쓸모 있는 사람'이 될 만한 것을 배워야겠다고 생각했다. 문과로 대학을 다시 들어가기에는 나이가 많다는 생각에 이과로 전향했지만, 2002년 첫 수능 때 수학 및 과학 점수가 0점에 수렴했던 전력이 있었기에 만만한 도전은 아니었다.

재수 학원 생활은 면벽수행, 묵언수행과 다를 바 없는 과정이었다. 후일 의과대학 동기가 된 당시 재수 학원 동기는 의과대학에 입학해서 일주일에 7일을 술 마시면서 캠퍼스를 뒹구는 나를 보고 기함을 했다. 재수 학원에서는 청각 장애인인 줄 알았는데(다른 사람이 말을 걸어도 못 듣는 척하고 공부만 했다), 대학에 오더니 쓰레기도 저런 쓰레기가 없다고 할 만큼 놀았기 때문이다.

사실 '예과 때는 놀아야 한다'는 말은 고래로 내려오는 의과대학의 금언이다. 2006년 의과대학에 입학한 뒤 예과 2년 동안 나는 "내일이 뭔가요? 먹는 건가요?"라는 결연한 자세로 놀았다. 물론 술만 마시고 논 것은 아니다(대체로 술만 마시고 놀기는 했다). 다른 의과대학생들과는 조금 달리 대외 활동을 많이 했다. 학교 인터넷 홈페이지에 해외 파견 활동, 국토대장정, 봉사 활동, 교환 학생, 서머스쿨 등 학교에서 지원하는 프로그램이 있으면 뜨는 족족 지원했다. 서류를 통과해서 면접장에 가면 "의예과 학생이 이런 곳을 다 오나?"라는 질문이 늘 따라 붙었다.

그만큼 의과대학은 폐쇄적인 편이다. 6촌 이내에 의료계 종사자라고는 간호사로 잠시 일했던 (별로 친하지 않은) 사촌누나 한 명뿐인 집안에서 처음으로 의대에 들어간 까닭에 이 동네가 얼마나 폐쇄적인지에 대한 상식이 없었다. 입학을 하자마자 군사 문화의 규율이 지배적인 의대 문화를 체험하게 되었다.

학교마다 다르긴 하지만 보수적인 학풍의 우리 학교는 입학 통과 의례로 '멘탈'이라는 것이 있었다. 3일간 매일 몇 시간씩 허리를 등받이에 붙이지 않은 상태로 정자세로 앉아 눈을 감고 선배가 들려주는 학교 생활의 규범에 '세뇌'되는 과정이다(요즘은 이런 후진적인 행사가 사라졌겠지?). 예컨대, 모자를 쓰지 마라, 트레이닝복 입지 마라, 여자 후배는 남자 선배에게 '오빠'라고 부르지 마라, 인사 똑바로 해라… 뭐 대충 이런, 피타고라스학파의 '절대로 콩을 먹지 마라'와 같은 어처구니없는 규율이 대부분이었다. 의예과 2년, 의학과 4년, 도합 6년의 과정은 내게 서서히 이곳에 부적응해 가는 시간이었다. 그래도 의학이라는 학문 자체에는 흥미를 가졌기 때문에 재시나 유급 없이 무사히 졸업하기는 했다.

공포의 단어, 재시와 유급

자, 여기서 가장 무서운 단어 두 가지가 등장한다. '재시'와 '유급'. 유급은 의대생들의 가장 큰 고민거리다. 다른 학과에서는 찾아볼 수 없는 제도인데, 재시는 유급이 있기 때문에 존재한다. 유급에는 평락과 과락이 있으며, 평락은 전체 과목 평균 점수 70점 이하, 과락은 한 과목에서 60점 이하가 일반적 기준이다. 이 기준에 미달되면 그 학년을 처음부터 새로 이수해야 한다. 실제로 본과 1학년 때, 본과 1학년만 4년째 하고 있는 선배와 같이 수업을 들은 일이 있다. 내가 졸업하고 의사가 된 지 4년째인 지금도 그 선배는 본과 1학년이라는 '전설'이 들린다. 시간뿐만 아니라 학비도 고스란히 다시 내야 하기 때문에 경제적 손실까지 입는다. 그래서 유급은 의대생들이 미친 듯이 공부를 하지 않을 수 없는 제1의 원동력이다(의사국가고시가 있는데도 학교별로 자의적인 기준을 만들어 학업 편달이라는 목적으로 또 다른 '정원 외 수익'을 창출하는 유급 제도가 과연 필요한지, 적절한지는 분명 생각해 보아야 할 문제다).

어쨌든 의과대학에 학부로 입학을 하면 의예과 2년 동안은 교양필수 과목과 기초과학 과목을 이수하게 된다. 예과에서 유급을 하는 경우도 있지만, '본과'라 부르는 의학과 4년 과정에 비하면 그 부담이 적다. 그래서 앞서 말한 대로 예과 때는 어떤 선배를 만나도 "미친 듯이 놀라"고 이야기한다. 물론 정말 '미친 듯이' 놀기만 하면 예과만 3년 하게 되는 비극이 발생한다. 나는 다행스럽게도 약간 남다르게 놀면서 저공비행을 이어갔기에 무사히 의학과로 진입했다.

학교별로 교과 과정이 조금씩 다르긴 하지만, 일반적으로 본과 1학년은 골학과 해부학 실습으로 시작한다. 골학(骨學)은 글자 그대로 뼈의 구조를 파악하는 학문인데, 재미있는 건 선배가 후배를 가르친다는 것이다. 예과 2학년에서 본과 1학년으로 올라가는 겨울방학에 고교 동문별로, 혹은 출신 지역별로 각기 여관방이나 빈 교실에 모여서 며칠간 잠도 자지 않고 뼈 이름과 뼈의 구조, 뼈에서 시작해 이리저리 뻗어나가는 혈관, 신경, 근육을 외운다.

이렇게 본과 1학년이 시작되고, 의과대학 생활의 상징이라고 할 수 있는 해부학 실습이 곧 이어진다. 시신을 방부 처리한 '카데바(cadaver)'를 앞에 두고 적게는 네댓 명에서 많게는 열 명의 학생들이 1년여에 걸쳐 실습을 진행한다. 무척 음습하고 엄숙할 것 같지만, 사실 해부학 실습만큼 시끌벅적하고 활기 넘치는 수업도 드물다. '드디어 내가 의대생이구나!'라는 자각이 드는 첫 수업인 데다, 한정된 시간에 인체 구조를 모두 파악하도록 빠르게 진행될 수밖에 없기 때문이다.

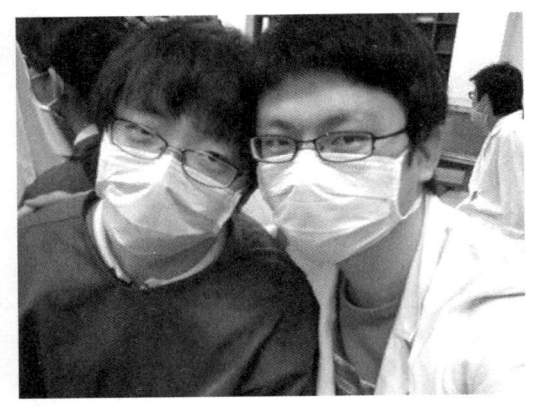

　이렇게 본과 1학년에서는 해부학을 비롯해 생리학, 병리학, 약리학, 미생물학 등 기초의학을 배운다. 이과 출신이 아닌 나로서는 가장 힘들었던 시간이며 동시에 그만큼 가장 열심히 공부했던 때이다. 연애의 화신, 살아 있는 사랑의 표상, 달구벌의 카사노바를 지향하던 내가 의과대학 6년 동안 유일하게 연애 사업을 잠시 멈춘 때가 본과 1학년 때다.

　물론 의과대학에도 좋은 점이 있다. 방학은 온전히 자신의 시간으로 쓸 수 있다는 것이다. 학교에서 강요하는 동아리 활동만 하지 않는다면, 다른 학과의 학생들처럼 '스펙-업'을 위해 방학 동안 무언가를 준비해야 한다는 압박은 받지 않는다. 본과 1학년 때 나는 방학만 되면 각지로 여행을 다녔다. 내가 유급이나 재시에 알레르기 반응을 보인 것도 일단 재시에 걸리면 방학 기간이 줄어들기 때문이었다. 방학 기간이 줄어들면 여행 기간도 짧아지고. 그래서 '로키산맥의 능선 위 10미터 상공에서 저공비행하는 스텔스기'처럼 재시를 따돌리며 방학만큼은 온전히 누릴 수 있도록 공부했다(이때의 여행 경험을 바탕으로 훗날 여행과 관련된 책을 썼다).

:: 배낭여행에서의 필자. 길에 누워 쉬기도 하고 보는 것마다 열심히 찍어 댔다.

'닥치고 암기'로도 해결되지 않았던 심장내과학

자, 이제 본과 2학년. 갑자기 시작되는 임상의학은 1학년 때와는 또 다른 종류의 공부다. 본과 1학년의 기초의학이 어느 정도 이해에 기반을 둔 학문이었다면, 임상의학은 마찬가지로 이해를 기반으로 하지만 공부해야 할 분량이 워낙 방대해서 '닥치고 암기' 외에는 뾰족한 대안이 없다. 그래서인지 급격히 공부에 흥미를 잃었다. 앞서 말했듯이 '로키산맥의 능선 위 10미터 상공에서 저공비행하는 스텔스기'처럼 재시를 따돌리는 것만으로도 나는 할 일을 다 했다고 생각했고, 시험 기간에 임박해 며칠 밤을 새우면 그 목표에 도달할 수 있는 요령을 터득했기 때문이다. 물론 시험이 매주 혹은 격주로 있다는 함정이 있긴 했다.

어쨌든 '놀 수 있을 때 놀아야 한다'는 '내일은 없다' 정신이 다시 고개를 들었고, 본과 2학년 때부터 연애의 화신, 살아 있는 사랑의 표상, 달구벌의 카사노바로 복귀함과 동시에 잠시 접어 두었던 학교 바깥 생활도 하나둘씩 다시 시작했다. 물론 이런 요령이 가능했던 것은 의과대학의 비전(秘傳)인 '족보'가 있었기 때문이다. 선대부터 내려오는 필기 정리본과 시험 기출 문제가 혼합된 '족보'는 모든 의대생들에게 사하라 사막을 건너게 해 주는 낙타이며, 유라시아 내륙 스텝(steppe) 지역을 활보하게 해 주는 말이다. '족보'가 없으면 학년 간 이동은 거의 불가능하다. 사하라 사막과 유라시아 내륙 스텝 지역을 도보로 횡단할 수는 있겠지만 아마 대부분이 그동안 죽음을 면치 못할 것이 자명하듯, '족보'가 없다면 거의 대부분의 의대생들은 오늘도 유급의 수렁에서 허우적거리고 있을 것이다. 여하튼 족보와 교과서와 강의 사이에서 헤매는 동안 내과학, 외과학, 산부인과학, 소아과학, 정신과학 등 수많은 임상 의학 교과 과정이 정신없이 지나갔다.

가장 어려웠던 과목은 단연 심장내과학이었다. 다른 과목들은 어떤 식으로든 '닥치고 암기' 정신으로 어영부영 헤쳐 왔지만, 이 과목만큼은 최소한의 '이해'가 선행되어야 하기 때문이다. 심장내과학 시험을 앞두고 당시 여자친구와 헤어지네마네 하며 정신이 없던 터라 시험은 '아웃 오브 안중'이었던 나는 시험을 이틀 앞두고 처음으로 심장내과학이라는 학문을 접했다. 모범생 동기의 필기 노트를 복사해 공부를 시작하는 순간, 가슴이 쿵쾅거렸다. '이건 이틀 만에 승부를 볼 수 있는 수준이 아니구나.' '이렇게 유급하는구나.' '부모님, 송구스럽습니다.' '팔공산 어느 절간에 들어가 몸을 숨겨야 하나?' 별별 생각이 들었다. 이내 정신을 차리고는 필기 노트 복사본을 들고 가장 친한 동기의 자취방을 찾았다. 현재 모 대학병원 이비인후과 전공의로 있는 그 동기는 날 보자마자 "야, 이 미친 인간아!"라고 외쳤다. 이후 48시간 동안 그 친구의 자취방은 히라산의 토굴이 되었고, 그 친구는 대천사 가브리엘, 나는 그에게 계시를 받는 무함마드가 되었다. 그 결과 극적으로 심장내과학 시험을 무사통과했다. 아직도 생생한 각성과 긴장의 그 48시간은 의과대학 6년간 가장 큰 위기의 순간이었다.

본과 생활의 꽃, 병원 실습

이런 우여곡절 끝에 본과 2학년도 그럭저럭 지나갔다. 이 말은 곧 본과 생활의 '꽃'으로 진입한다는 말이다.

본과 3학년에는 이른바 'PK(Poly Klinic)'로 불리는 병원 실습이 시작된다. 말끔한 셔츠와 넥타이 위에 병원 이름이 적힌 하얀 가운을 처음으로 입고 '의사놀이'가 시작되었다. 이 시기가 되면 의대생들의 페이스북, 인스타그램, 트위터에는 셀카가 만개한다. 남은 의사의 인생을 통틀어 '가운발'이 가장 잘 받는 시기일 것이다. 공부의 압박에서 어느 정도 벗어날 수 있는 유일한 시기이기도 하다. 학비를 내고 임상의학과 전혀 상관없는 병원 잡일을 해야 하는 아이러니한 상황이 오기도 하지만, 대체로 본과 2학년 때 공부한 것들의 실제 적용을 옆에서 '병풍'처럼 지켜볼 수 있다(훗날 알게 된, 북한에서 의사였고 한국으로 넘어와 다시 의사로 일하시는 선생님이 북한에서도 PK를 자조적으로 '병풍'이라고 부른다고 알려주었다. 역시 '조선은 하나'인가 보다).

내가 다니던 곳은 일손이 부족한 지방의 대학병원이었기에 PK들이 응급실에서 잡일을 하거나 수술방에서 수술 보조를 하는 일이 많았다. 외과 실습 때는 당직 교수와 함께 당직을 서면서 응급 수술에 들어가기도 했고, 응급의학과 실습 때는 환자 카트를 밀면서 방사선실을 오갔고, 심전도 검사를 했으며, 비위관 삽관, 채혈 등 인턴 선배들이 시키는

:: '의사놀이' 중인 PK들.

일들을 했다. 의료법에 저촉되는 것이 아닐까 의심되는 상황, 그러니까 내가 이런 것을 해서 환자에게 해가 되는 것은 아닐까 싶은 상황이 여러 번 있었지만 '까라면 까는' 군사 문화가 지배하는 의대 사회였기 때문에 할 수 없이 했다(이제는 개선이 되었을지도 모르겠다).

드디어 본과 4학년이 되었다. 학교마다 다르지만 대체로 1학기까지는 내과, 외과, 산부인과, 소아과, 정신과 등 '메이저 과'를 제외한 '마이너 과'에서 병원 실습을 계속한다. 동시에 의사국가고시를 준비해야 한다. 4학년 2학기 강의는 임상 과목은 거의 없이 의료윤리, 의료법 등 몇 가지 부수적인 교과목과 국시 대비 특강 과목들로 채워진다. 그리고 대부분은 자습이다. 여행을 다녀오는 사람도 있고, 공부에만 매진하는 사람도 있다. 학교에 따라서 자습을 관리하는 경우도 있지만, 내 경우에는 말 그대로 자율학습이었다. 보통은 '찬바람이 불기 시작하면 국시를 준비하기 시작하라'고 이야기한다. 의사국가고시가 매년 1월 초에 있기 때문에 9월부터 5개월 정도는 정말 고시생처럼 공부를 한다.

찬바람 불기 시작하면 의사국가고시 준비

의사국가고시는 크게 필기와 실기로 나뉜다. 대부분의 시간은 필기시험 준비에 쏟지만, 실기시험도 만만한 것은 아니다. 실기시험은 서울의 한국보건의료인국가시험원(국시원)에서 치르기 때문에 9월에서 11월까지 각자의 시험 일정이 나온다. 필기시험 준비를 하다가 실기시험 일자가 다가오면 실기시험 연습을 한다.

실기시험은 OSCE라 불리는 의료술기 시험과 CPX라고 불리는 임상진료 시험 두 가지가 있다. 전자는 대학병원 인턴이 되면 당장 써 먹어야 하는 술기들에 관한 것이고, 후자는 의사가 되어 1차의료를 행할 때 필요한 요점들을 정리해 둔 것이라 의료산업예비군 양성에 최적화된 시험이라 할 수 있다. 그리고 필기시험은 말 그대로 지난 6년간 배운 모든 것들의 총합이다.

전문직 국가고시는 일정 부분 평균적인 인력을 양성하는 데 목적이 있다. 따라서 의사국가고시를 준비하게 되면 '로키산맥의 능선 위 10미터 상공에서 저공비행하는 스텔스기'처럼 재시만 따돌리는 데 급급했던 열등생도 어느 정도는 쓸모 있는 인력으로 재편된다. 1910년 미국에서 당대 의과대학의 비전문성을 비판한 「플렉스너 보고서」가 발표된 이후 진행된 의과대학 교육 개혁의 결과를 20세기 중반 동아시아의 어느 나라에서도 받아들인 덕분이다. 이렇게 표준화되고 전문화된 시험을 통과한 의대생들은 초보 의사로 배출된다. 나 역시 이런 과정을 거쳐 2012년 초보 의사가 되었다.

여기까지가 나의 의과대학 시절 이야기이다. 무책임하게 학창시절이 아름다웠노라고 이야기하고 싶지는 않다. 오히려 내 의과대학 시절을 아름답게 만들어 준 것은 학교 밖에서 만난 사람들과 배낭 하나 딸랑 메고 떠난 여행, 잡식성 독서와 소설 및 에세이 습작, 그리고 연애와 연애와 연애들이었다.

하지만 그때, 의과대학 강의동을 생각해 보면 분명 아름다웠던 기억들도 군데군데 박혀 있다. 본과 1학년 때 밤새우면서 공부하다가 강의동 복도에 나가 야구공을 들고 캐치볼을 하던 일(창문을 깨 먹었다). 약리학 시험을 준비하다가 외울 것이 너무 많아 동기들과 함께 연상암기법을 활용하자며 '집현전'을 열고 각종 약물과 관련 약동학을 뇌에 쏙쏙 들어오는 음담패설로 바꾼 일(이때 만든 약리학 암기 매뉴얼이 아직도 모교에 돌아다니고 있다고 한다). 시험 직전에 허겁지겁 공부를 시작하는 나를 불쌍히 여겨 밤새 핵심 정리 강의를 해 주던 선한 인간들(덕분에 무사히 졸업할 수 있었다. 감사합니다, 사부님들!).

아마도 이런 것들은 의사로 살아가는 이상, 아니 혹여 의사로 살지 않더라도 두고두고 그때 그 사람들과 만나 웃으며 이야기할 수 있는 소소한 안줏거리가 되지 않을까 생각한다.

명랑의사 성장기

| 고준영 |
울산대학교 의과대학을 졸업하고 현재 아산병원 소아과 레지던트 3년차로 근무 중이다.

끝나지 않을 것 같았던 4년간의 길었던 본과 생활 끝에 드디어 의사 면허증을 손에 넣게 되었다. 아, 4년이 아닌가? 고등학교 입시 준비 3년, 예과 2년, 본과 4년, 도합 9년. 이 여섯 자리의 면허 번호를 얻기 위하여 지새운 밤이 몇 밤이었던지. 하지만 아무리 힘들었던 기억이라도 지나고 나면 모두 추억이 되는 법. 그 순간만큼은 세상을 다 가진 것만 같았다. 커피와 찬물 세수에 의지하며 지냈던 그 많은 밤들이 모두 찰나의 순간이었던 것 마냥 세상이 반짝반짝 빛나는 것 같았다. 이제는 자유를 누려 보자! 여행도 다니고, 배우고 싶었던 악기도 다시 배우고, 책도 읽어야지!

하지만…. 어찌나 치기 어린 생각이었는지 그때는 몰랐다. 아직도 넘어야 할 수많은 산이 남아 있음을. 2013년 2월 26일. 나는 그렇게

:: 의사고시 실기시험을 마친 필자의 모습.

'의사로서의 삶'이라는 산행의 첫 관문인 인턴에 발을 내딛게 되었다.

3월, 내과계 중환자실
- 올해는 벚꽃이 피지 않으려나 봐요?

"햇볕은 많이들 쬐고 오셨죠??"

인계를 받기 위해 만난 선생님이 제일 먼저 내게 던진 질문이다. 내가 처음으로 배정받은 곳은 내과계 중환자실. 내과적 치료를 받던 환자들이 생체 징후가 불안정하여 인공호흡기나 인공심폐기 또는 위험한 약물 없이는 생명을 유지할 수 없게 된 경우, 조금 더 집중적으로 치료를 받기 위해 만들어진 공간이다. 그만큼 응급 상황도 많고, 밤낮 없이 새로운 일이 생기는 곳이기에 당분간 햇볕을 쬐기 힘들 테니 지금이라도 나가서 속세의 공기와 햇빛을 마음껏 느끼고 오라는 것이었다. 안 그래도 인턴 시작이라 잔뜩 불안해하던 터인데, 처음 배정받은 곳이 이렇게 무서운 곳이라니. 점점 더 불안한 마음이 커져 가던 찰나! 익숙한 얼굴들이 쭈뼛쭈뼛 방으로 들어왔다. 다행히도 학생 때부터 친했던 친구들이 같이 배정받았다. '아이코, 그래도 혼자는 아니구나!'

불안 반 기대 반으로 장장 두 시간에 걸쳐 모두 넘겨받았다. 매달 과가 바뀌고, 각 과마다 해야 하는 일이 천차만별인 병원 인턴의 특성상 매달 인수인계를 하는 것은 인턴들의 주된 업무 중 하나이다. 더군다나 정맥 채혈 하나 할 줄 모르는 '초턴'(처음 시작하는 인턴)들을 가르치는 일은 굉장한 인내심을 요구함에도, 선생님은 하나부터 열까지 꼼꼼하게 알려 주시고 친히 시범까지 보여 주셨다(이 자리를 빌려 감사의 인사를 전하고 싶다).

그렇게 길던 인계를 마치자마자 득달같이 콜이 쏟아지기 시작했다. "선생님, 여기 동맥 채혈해 주세요." "선생님, 여기 드레싱이요." "선생님, 혈액배양 검사 나가야 돼요." "선생님, 교수님 회진 오신대요. 빨리 회진 준비하세요."

응? 난 아직 마음의 준비가 안 됐는데 내 마음의 준비는 고려 사항이 아니었는지. 나는 그렇게 정신없이 중환자실 생활로 빠져들었다.

삶과 죽음의 경계에 서 있는 직업

인턴 경력 20일째. 그래도 조금 여유가 생겼다고 사이사이 쪽잠도 자고, 점심식사 이후에 아이스크림을 먹는 작은 사치도 부릴 수 있게 되었다. 물론 앉아서 먹을 시간은 없다. 내과계 중환자실의 근무표는 크게 세 가지로 이루어져 있다. 당직, 백(back)당직, 오프(off).

새벽 6시가 되면 4명 모두 함께 출근, 아침 정규 채혈부터 시작하여 회진, 오후 정규 채혈, 추가 채혈, 드레싱 등등 정규 업무를 수행한다. 그렇게 내가 주사기인지 주사기가 나인지 모르게 일을 하다 보면 어느새 저녁 6시. 전날 밤 당직을 섰던 오프 2명은 퇴근을 하고, 당직은 밤 근무를 서며 다음 날 아침까지 발생하는 일들을 맡게 되고, 백당직은 타 병원으로의 전원(傳員)을 담당하게 된다.

내가 백당직이던 어느 날, 오전 업무를 마치고 잠시 당직실에 누워 있는데 응급실에서 전화가 왔다. "선생님, 오늘 중환자실 백당직이시죠? 지금 응급실에 환자가 왔는데, 우리 병원에서 치료 안 받으시고 연고지 병원으로 돌아가시기로 했어요. 지금 오셔서 같이 다녀오셔야 될 것 같아요."

주섬주섬 머리를 매만지고 응급실에 내려가니, 백발이 성성한 할머니가 카트에 누워 계시고 그 옆에는 할아버지가 말없이 할머니의 손을 붙잡고 있었다. 응급실 선생님에게 환자에 대한 간략한 정보와 응급 상황 시의 대처 요령을 간단히 듣고 구급차에 올라탔다. 사연인즉슨, 할머니는 2년 전 알 수 없이 지속되던 열로 우리 병원을 방문했다가 만성 림프구성 백혈병을 진단받고 약 치료를 권유받으셨다. 그러나 경제 사정 때문에 치료를 중단하고 경과를 지켜보던 중 숨이 너무 차서 응급실에 왔고, 이제는 더 이상 손을 쓸 수 없을 만큼 병이 진행되어 연고지 병원으로 돌아가 단순한 연명 치료만 유지하기로 했다는 것이다. 만성 림프구성 백혈병은 최근 개발된 약제가 아주 효과적이어서 예후가 굉장히 좋은 암 중에 하나라고 배웠었는데…. 환자의 경제 사정에 대한 이야기는 교과서에는 나와 있지 않았다. 속초를 향하던 앰뷸런스. 오랜만에 맞는 따스한 햇볕이 마냥 따뜻하지만은 않던 첫나들이었다.

4월, 신경외과
– 세상에서 제일 맛있는 감자탕

중환자실 일이 어느 정도 손에 익을 때쯤, 과가 바뀌었다. 신경외과. 일이 바쁘고 힘들기로 악명 높은 곳. 수술방에서 혼나지 말자는 각오로 주말 동안 다섯 시간씩 두 번, 총 열 시간에 걸쳐서 인계를 받고 받고 또 받았다. 이제는 준비가 되었다. 어떤 수술이든지 온몸으로 받아 주마! 당당하고 패기 있게 수술방 문을 열고 들어섰다. 하지만 장갑을 끼는 순간, 내 자신감은 와장창 산산조각 나 버렸다.

중환자실과는 또 다른 긴장감이 휘몰아쳤다. 신경외과 수술은 두개골을 열고 뇌실질(腦實質) 또는 뇌혈관을 직접 찾아 들어가서 조작을 가하는 만큼 수술 중 감염이 중추신경계 감염으로 직결될 수 있고, 칼날이 조금만 빗겨 나가도 환자는 평생 다리를 쓰지 못하거나 말을 못하게 될 수도 있다. 물론 초짜인 인턴에게 수술의 중요한 부분을 맡기지는 않지만, 엄연히 수술 스태프의 일원로서 참여하였기에 실수해서는 안 된다는 부담감이 내 어깨를 무겁게 했다. 다른 인턴들도, 수술을 집도하는 신경외과 선생님들도 언제나 긴장 속에서 신경의 날을 세우고 있어야 했고, 수술이 모두 끝나고 퇴근할 때는 몇 배나 더 큰 피로감이 밀려오는 듯했다. 그래서 그런지 신경외과는 유독 회식이 잦았다. 일주일에 두세 번씩, 수술이 모두 끝난 후에는 삼삼오오 모여 삼겹살에 소

:: 의료 봉사 동아리 친구들과 떠난 MT에서.

주 한잔 기울이며 스트레스를 술잔에 녹여 내곤 했다. 시시껄렁한 농담에서부터 병원 내 연애 이야기, 지난 삶에 대한 이야기, 각자가 지망하는 과와 꿈에 이르기까지 수많은 이야기들이 오갔다.

그 많았던 술자리 중 기억에 남는 술자리가 있다. 당시 내가 속해 있던 분과는 뇌혈관 파트로, 주로 뇌출혈의 응급 배액 수술 및 뇌동맥류 결찰술과 같은 수술을 시행했다. 한 달 동안 50여 번의 수술에 참여하며 호흡을 많이 맞춘 임상 강사 선생님이 유독 나를 어여삐 여기셨다. 전공의 4년 내내 병원 밖으로 나간 날은 손에 꼽을 정도였다며 수술 하나하나 매순간 성심성의껏 온 힘을 다해 수술을 하던 선생님. 신경외과 인턴이 끝나갈 즈음 수고했다며 맛있는 걸 사 주고 싶다고 본인이 즐겨 찾던 감자탕 집에 데리고 가셨다. 자신이 걸어온 길, 걸어가고 싶은 길을 말해 주며 내가 걷고자 하는 길을 물어보셨고, 나는 아직 고민 중이라고 대답했다.

"의대 6년, 인턴 1년, 레지던트 4년, 군의관 3년, 그리고 펠로(fellow) 2년. 네가 전문의가 될 때까지 도합 16년이 걸려. 많은 학생들이 의대에 오는 그 순간부터 숨 가쁘게 돌아가는 생활 속에서 내가 어떤 의사가 되고 싶었는지 기억하지 못하고, 어떤 길을 가고 싶었는지는 고민해보지 못하고, 그저 시간이 흐르는 대로 유행이 흘러가는 대로 시간을 버티고 과를 선택하고 수련을 받는다. 그렇게 수련이 끝나 사회에 내던져지고 난 후에는 목표를 잡지 못해 갈팡질팡하게 되지. 하지만 이미 서른 중반에 들어선 나이에 가치관을 새로 찾기란 쉽지 않아. 결국 숫자로, 직관적으로 드러나는 돈으로 삶의 가치를 판단하게 되지. 네가 과를 선택하기까지 앞으로 남은 10개월. 여러 과를 돌면서 많이 부딪히고 많이 실수하고 많이 혼나고 많이 경험하면서 네가 어떤 의사가 되고 싶었는지 기억해 낼 수 있기를 바란다. 오늘 이 자리 이후에는 수술방에서 내 어시스턴트를 서던 인턴이 아니라, 다른 과의 의사 대 의사로서 서로 존중하며 만날 수 있기를 바란다. 수고했어."

선생님은 이런 말로 한 달의 인사를 대신했다. 정말 많이 혼나고 가슴 졸인 시간이었지만 감자탕과 소주잔에 녹아 있던 선생님의 애정 어린 조언 덕에 힘들었던 기억은 어느새 즐거운 추억으로 남았다.

5월, 일반외과(신장 이식 파트)
– 서울, 대전, 제주도, 두바이 찍고~ 아하!

내가 근무하던 곳은 서울에 있는 대형 대학병원으로, 혹자는 4차병원이라는 표현을 사용할 만큼 규모가 크고 다양한 환자들이 모이는 병원이다. 이러한 환자의 다양성이 대형 병원에서 수련받는 가장 큰 장점이 아닐까 싶다. 수많은 분야 중에서도 특히 외과, 그중에서도 이식 파트에 두각을 보여 한 달에도 수십 개, 많게는 백여 개의 간 이식과 신장 이식이 이루어졌다.

이번에 돌게 된 과는 일반외과의 신장 이식 분과. 의대생 시절에도 (실습으로?) 경험해 보았지만 그때는 학생 신분인지라 간접적일 수밖에 없었고 낮에는 실습을 돌다 보니 이식 분과만의 매력이라고도 할 수 있는 응급 이식 수술은 경험해 보지 못했다. 그만큼 한껏 기대에 부풀어 들어왔는데, 역시나 하늘은 내 기대를 저버리지 않았다. 일하는 2주 동안 총 세 번의 뇌사자 장기 이식 수술에 참여하게 되었다.

뇌사자 발생 후 장기 이식이 결정되면, 장기를 최상의 상태로 이식자들에게 제공하기 위해 발 빠르게 연락망이 가동된다. 전국의 이식 코디네이터들에게 기증자의 장기에 대한 정보가 제공되고, 기증자와 장기 정보가 일치하는 환자들 중 우선순위에 따라 이식자가 결정된다. 기증자와 이식자가 결정되고 나면, 기증을 담당한 병원에서는 빠르고도 정확하게 장기를 적출하는데 이를 의학 용어로 하비스트(harvest, 채취)라고 한다. 적출된 장기는 돈으로 값을 매길 수 없을 만큼 소중한 것이기에, 이식을 받는 병원의 의사가 직접 방문하여 장기를 인계받게 된다. 이 일을 주로 인턴이 담당한다.

나도 총 세 번의 하비스트에 참가했는데, 마치 정해 놓은 것처럼 점점 멀리 가게 되어 처음은 서울, 두 번째는 대전, 그리고 마지막은 제주도로 다녀왔다. 제주도에서 장기 이식이 발생하는 일은 정말 드문 데다가 췌장 이식이 동시에 진행되어 선생님들(전공의)까지 모시고 제주도를 방문하게 되었다. 커다란 여행용 가방에 이식에 필요한 물품을 잔뜩 챙겨서 선생님들께 인사를 드리고 앰뷸런스에 몸을 싣고 김포공항까지 직행. 김포공항에서도 따로 준비된 통로를 이용해 비행기까지 논스톱으로 들어갔다. 제주도에 도착한 이후에도 앰뷸런스로 병원까지 이동했고 아직 장기가 준비되지 않았다는 소식에 초조한 마음으로 근처 카페에 앉아 장기를 기다렸다. 초조한 마음으로 장기를 기다린 지 어언두 시간. 드디어 장기가 적출되었다는 소식에 부리나케 달려가 준비해간 아이스박스에 장기를 소중하게 집어넣고 다시 앰뷸런스를 타고 공항을 향해 달렸다. 김포공항에 도착해 보니 신속·정확한 운송을 위해우리를 위한 전용 카트가 비행기 앞에서 기다리고 있었다. 덕분에 VIP가 된 듯 잠시나마 호사로운 대접을 받았다. 병원에 도착하니 출발로부터 12시간이 지나 있었다. 그 후로 8시간의 수술을 거쳐 이식받은 환자의 신장에 피가 도는 순간, 그제야 안도의 한숨을 내쉬었다. 그날 작은성공을 축하하기 위한 우리들만의 회식에서는 단연코 나의 제주 방문이 화젯거리로 올랐다. 선생님들은 역마살 덕택에 얻은 나의 행운 아닌행운을 부러워했다.

그리고 진짜 역마살이 있었는지, 그 뒤에는 두바이까지 다녀왔다. 두바이에서 온 중년의 아저씨가 치료를 마치고 돌아가는데 의사의 동행이 필요했고, 마침 종양 병동을 돌고 있던 인턴 중 유일하게 여권을가지고 있던 남자인 내가 차출되어 두바이까지 환자 호송을 맡았다. 앰뷸런스를 타고 활주로까지 들어가 침대차를 타고 리프트로 비행기에 탑승하고, 8000미터 상공에서 환자가 열이 나서 인공위성 전화로주치의와 통화하고 항생제를 투약하고…. 전국의 인턴, 아니 전국의의사 중에서 몇 명이나 이런 경험을 해 보았을까? 내게 역마살을 물려주신 부모님께 감사를 드린다(지금 이 글도 파견 근무지인 강릉에서 쓰고 있다).

6~7월, 소아흉부외과 그리고 응급실
– 외과냐 소아과냐 그것이 문제로다

인턴을 시작하면서 맘에 두고 있던 과들이 몇 개 있었다. 소아과, 응급의학과, 소아외과. 얼핏 봐서는 성격이 상이한 과들로 보이지만, 내가 고민하던 관점에서 보면 공통점이 있다. 본과 공부를 하는 동안 내 머릿속에서는 모순된 현실에 대한 생각이 떠나지 않았다. 병원이라는 환경에서는 한 명의 환자를 살리기 위해 천문학적인 돈과 인적 자원이 투입되는데, 조금만 눈을 밖으로 돌리면 단돈 몇 푼이 없어 삶을 위협받는 사람들이 있다. 이러한 현실에서 나는 어떤 의사가 되어야 할까 고민스러웠다. 일반의(general physician)가 되어 조금 더 많은 사람이 의료 혜택을 받을 수 있도록 의료 시스템 개선에 공헌할 것인가, 고유 영역에서 나만의 의료 기술을 갖춰 질병으로 고통받는 사람들에게 새로운 삶을 선물할 것인가?

이런 내게 소아흉부외과와 응급실은 간접적으로나마 내가 바라는 삶을 체험해 볼 수 있는 절호의 기회였다. 흉부외과 수술에 참가하며 여러 선천성 심장기형을 가진 아이들과 평생을 아이들을 위해 살아오신 의사 선생님들을 만날 수 있었다.

끊임없이 움직이는 심장은 수술하기가 쉽지 않기에 수술 시에는 일시적으로 심장을 멈추어 놓는다. 일종의 가사 상태를 만드는 것이다. 집도의에게 주어진 시간은 길지 않다. 심장을 멈추고 체외 순환을 하는 제한된 시간 동안 손끝의 모든 신경을 집중하여 작디작은 아이의 심장을 고쳐야 한다. 또 수술이 끝난 후에도 중환자실 치료를 지속하며 심장이 제 기능을 찾기까지 끊임없이 숨 막히는 시간들을 마주하게 된다.

때로는 어쩔 수 없이 소중한 아이들을 잃기도 하고 때로는 응급 수술을 시행하기도 하면서, 밤낮없이 아이들의 생사를 정면으로 마주한다. 그들을 보며 나까지 심장이 멎어 버릴 것만 같은 기분이 들었다.

응급실에서는 이와는 또 다른 긴장감을 만날 수 있었다. 끊임없이 밀려 들어오는 환자들. 변비로 복통을 호소하는 환자에서부터 심장마비로 실려 들어오는 환자에 이르기까지 수많은 환자들을 냉철한 판단력과 직관으로 분류하고 초기 처치를 진행한 이후에 올바른 치료를 받을 수 있도록 각 과에 연결해 주어야 한다. 아무래도 다양한 환자군을 만나다 보니 간단한 술기에서부터 문진, 처치를 다양하게 접할 기회가 많았고, 각 과를 설명해 주는 '튜토리얼' 체험판을 경험하는 기분이었다.

튜토리얼을 마친 후 몇 가지 결론을 내렸다. 첫째, 아무래도 나는 어른들보다는 아이들을 만나는 것이 즐겁다. 둘째, 긴장된 분위기에서 손끝의 감각으로 하는 수술도 재미있지만, 환자의 증상과 이야기 속에서 퍼즐을 맞추듯 답을 찾아 나가는 것이 더 재밌다. 셋째, 의료 제도의 그늘에서 아파하는 약자들의 편에 서고 싶다. 이 세 가지 결론은 결국 나를 소아과 의사의 길로 이끌었다.

8~10월, 성인내과/소아과 병동
– 눈꺼풀보다 무거운 책 페이지

인턴 생활도 반절이나 지나고 8월이 되었다. 전공할 과도 결정했고, 시험도 다가오고, 본격적으로 지원을 준비할 때가 되었다. 의사국가고시 이후 책장에 쌓아 두었던 책들을 다시 꺼내 전공의 시험 준비를 시작했다. 틈틈이 소아과 지원용 자기소개서도 작성했다. 의대 수업 때 교수님이 푸념하듯 내뱉던 말씀이 생각난다. "졸업하면 시험이 끝날 줄 알았어. 근데 이 나이 먹어서도 계속 시험에, 시험에, 시험이 끝이 없냐, 어떻게…."

　　그러게 말이다. 졸업하고 의사 면허만 취득하면 끝날 줄 알았던 시험이었는데, 레지던트가 되기 위해서는 또다시 시험을 봐야 한다. 12월 첫째 주 일요일. 전국의 모든 인턴이 시험장에 모여서 내과, 외과, 산과, 소아과, 그리고 경우에 따라서는 정신과까지 총 네 과목 또는 다섯 과목의 시험을 치르고, 학교 및 인턴 성적, 면접 점수, 시험 성적을 합쳐서 합격/불합격을 가리게 된다. 대부분의 인턴들이 우수한 성적으로 학교를 졸업하고 이 병원에 모인 만큼, 전공의 시험은 당락을 좌우할 정도로 중요하다. 하지만…. 머리는 중요하다는 것을 알면서도 한 번 멈춰 버린 머리는 어찌나 굴러가지 않는지, 책 한 장을 넘기기 위해서는 '치맥'이 꼭 쫓아와야만 했다. 이에 반해 자기소개서를 쓰는 일은 비교적 재미있었다. 지금껏 내가 걸어온 길을 다시 한 번 돌아보면서 나라는 사람을 예쁘게 단장해 다른 사람들에게 보여 주는 일은 부끄러우면서도 한편으로는 설레는 일이었다. 시간이 지나 다시 읽어 보면 소위 '오글거리는' 문구로 가득 차 있지만, 글을 쓰는 순간만큼은 내가 세상에서 제일 훌륭한 소아과 의사가 된 듯한 기분이 들었다. 부끄럽지만, 그때 작성한 자기소개서를 일부 옮겨 본다.

　　처음 의과대학을 꿈꾸던 학생 시절. 의학 만화 속 흰 가운을 펄럭이며 환자를 치료하는 의사는 무엇이든 할 수 있는 존재였습니다. 몸의 질병뿐 아니라 마음의 병까지 고치는 의사. 그런 의사가 되고 싶었습니다. (중략)

제가 꿈꾸는 유토피아는 타인의 의지가 아닌 자신의 의지로 삶을 선택해서 살아갈 수 있는 세상입니다. 모두가 자신에게 걸맞은 올바른 지성과 올바른 마음, 올바른 육체를 가지고 자신의 삶을 성실히 살아가는 그런 사회. 혼자만의 힘으로 온 세상을 바꿀 수는 없겠지만, 제가 가장 잘 할 수 있는 일에 최선을 다한다면 세상은 조금씩 바뀔 것이라 믿고 있습니다. 그래서 저는 아이들과 함께하고자 합니다. 아이들이 건강하게 세상을 살아가고 어른이 되어서는 다시 그다음 아이들에게 건강한 세상을 선물할 수 있도록 돕고 싶습니다.

낯간지러운 표현들로 가득한 글이지만, 이때의 다짐을 잊지 않고 지켜 간다면 조금은 더 행복한 의사가 되지 않을까.

11월, 신경외과
- 우리 제발 일하게 해 주세요!

11월, 이제는 정말 시간이 얼마 남지 않았다. 남의 얘기인 줄만 알았던 고용 불안. 으, 계약직의 불안함이 이런 것이란 말인가. 제도의 특성상 인턴은 1년에 한 개 과에만 지원을 할 수가 있고, 불합격 시에는 후기 모집을 노리거나 내년을 기약해야 한다. 더군다나 군대를 아직 다녀오지 않은 남자 인턴은 재도전의 기회 없이 국방 의무를 다하러 '끌려가야' 하는 신세. 마지막 한 달이 승부처가 될 수밖에 없다.

엎친 데 덮친 격으로 내가 지원한 소아과는 최근 인기가 상승하여 경쟁률이 3 대 1. 있는 힘껏 공부하지 않으면 안 될 상황이지만, 이번 달 내게 배정된 파트는 일반외과. 밤낮으로 수술이 이어지는 일반외과의 특성상 이대로라면 제대로 공부를 할 수 없을 것 같았다. 이리저리 방도를 강구하던 중, 신경외과의 날카로운 분위기를 두려워하던 친구의 제안으로 근무처를 교환하기로 했다. 낮 시간 빡빡하게 근무하고 퇴근 후에는 공부에 전념하리라는 계산이었다.

내가 이곳을 다시 오게 될 줄이야…. 앞서도 경험했지만 수술의 강도와 집중도가 높은 신경외과이니만큼 모두가 날카로워져 있는 곳인데다. 시험이 코앞으로 다가오니 인턴 동료들은 새파랗게 날 선 회칼마냥 신경이 날카로울 수밖에 없었다. 개인의 수술 능력만큼이나 팀워크가 중요한 이곳에서 자칫하면 팀워크가 와르르 무너질 수도 있는 상황이었다. 역시나 처음 며칠간은 탐색전이 이루어지는 것 같았다. 공동으로 떨어진 업무에 쉽게 손들지 못하고 주어진 일만 하며 며칠을 보낸 어느 날, 같이 일하던 인턴 누나가 치프(chief) 선생님이 주는 공동 업무를 오롯이 수행하기 시작했다. 자신에게도 이미 쌓인 업무가 많고 공부도 해야 할 터인데, 묵묵하게 그러면서도 밝은 모습으로 일을 도맡아 해 나가기 시작했다. 아차 하는 마음으로 나도 업무들을 나눠 받기 시작했고, 어느 순간 우리 팀원 모두가 서로 일을 가져가려는 분위기가 형성되었다.

한 해 근무하는 인턴이 총 148명. 12개월 동안 여러 파트를 돌다 보면 못해도 20~30명의 동료 인턴들과 호흡을 맞추어야 한다. 그 과정에서 정말 다양한 사람들을 만나게 된다. 언제나 웃는 낯으로 솔선수범하여 일을 떠맡는 사람, 일은 조금 서툴지만 재치 있게 팀의 분위기를 이끄는 사람, 자기 일만 마치고 어디론가 사라져 버리는 사람, 자기 일도 제대로 하지 않고 남에게 떠맡겨 버리는 사람. 148명의 인턴이 모두 다른 얼굴과 다른 표정으로 일을 하고 있다. 그런데 이 얼굴 표정이라는 게 참 전염력이 강해서 어느새 팀원 모두가 비슷한 표정으로 일을 하고 있는 모습을 종종 경험할 수 있었다. 나는 과연 친구들에게 어떤 표정으로 기억되고 있을까?

결국 11월 동안 애초 계획했던 목표치의 절반가량밖에 책을 보지 못했다. 정말 비효율적인 한 달이었다. 하지만 그 한 달 동안 우리 모두 정말 즐겁게 일할 수 있었고, 두고두고 신뢰할 수 있는 동료들을 얻었다는 점에서 결국엔 남는 장사가 아니었을까 싶다.

12월, 일반외과
– 따뜻했던 그 겨울

드디어 결전의 날이 하루하루 다가오기 시작했다. 이번 달 근무하게 될 곳은 강릉 분원의 일반외과. 농번기 동안 미뤄졌던 수술들이 이루어지는 '초초초초성수기'에 파견 근무를 오게 되었다. 아이고, 저번 달에도 별로 공부를 못했는데…. 무거운 발걸음으로 당직실에 들어서자마자 콜 폰이 울리기 시작했다.

"아. 새로운 인턴 선생인가? 응급실에 맹장염 환자가 있어서 30분 뒤에 수술 들어갈 거니까, 환자 이송하고 스크럽(수술에 참여하기 위하여 무균적으로 손을 씻는 행위)하고 기다리고 있어." 당직 교수님의 전화였다. 맹장 수술? 아직 제대로 인계도 받지 못했는데? 허겁지겁 인계를 받고 수술방에 뛰어 들어가 허둥지둥 교수님이 지시하는 대로 보조했다. "야! '고인나'! 제대로 붙잡아!" "아, 거기 말고. 여기, 여기."

"그래, 거기. 아, 거기가 아니라니까."

다행히도 복잡하지 않은 수술이라 수술은 성공적으로 끝났다. 어, 근데 내가 뭔가 놓친 게 있는 거 같은데? 고인나? 고인나가 누구지? 이름을 잘못 들으셨다고 하기에는 성 말고는 완전히 다른 이름인데…. 혹시나 간호사 이름인가 싶어 수술방 간호사에게 물어봤더니 황당한 답변이 돌아왔다. '고인나'는 '고작 인턴 나부랭이'의 줄임말로 교수님들이 인턴을 친근하게 부르는 별명이라고 한다. 음, 왠지 입에 착착 감기는 별명이다.

그렇게 '고인나'로서 교수님들과 함께 수술방을 뛰어다니는 동안 정신없이 한 주가 지나가고 어느새 시험 날이 다가왔다. "교수님, 내일이 시험이라 하루 휴가 내고 서울 다녀오겠습니다." "어, 그래, 고 선생. 시험 잘 보고 다녀와서 또 열심히 수술해야지. 조심히 다녀오게." 토요일 막차를 타고 올라가 일요일 아침 시험장에 들어갔지만, 어째 시험 걱정보다는 다음 주에 있을 수술들이 더 걱정되었다. 무거운 짐을 털어놓듯이 시험지 위에다가 머릿속 지식들을 탈탈 털어놓고 홀가분한 마음으로 강릉으로 다시 돌아왔다. 그 이후로는 시험 본 것이 마치 꿈이었던 것처럼 또다시 정신없이 수술방을 뛰어다니는 일상이 이어졌다.

일주일 뒤, 수술을 마치고 오랜만에 맞은 오프를 온몸으로 즐기며 침대에 누워 이리 뒹굴 저리 뒹굴 하는데 룸메이트 형이 노트북을 들고 문을 박차며 들어왔다. 레지던트 합격자 발표가 나온 것이다. 두근두근하는 마음으로 함께 PDF 파일을 열었고, 결과는 둘 다 합격! 야호! 기쁨의 환호성이 절로 터져 나왔다. 그간의 고생은 오늘을 위해 준비된 것이었구나. 잠깐 감동의 눈물이 흘렀던 것 같기도 하다. 수술방에서 이 기쁜 소식을 전하자 교수님들도 자기 일처럼 기뻐하고 축하해 주셨다.

:: 소아과 1년 차 레지던트 때 필자의 모습. 오더 수정, 경과 기록 작성 등 잔업을 처리하는 중이다.

하지만 인생은 동화책이 아닌지라 소아과 레지던트가 되었다는 기쁨도 잠시일 뿐, 바로 다시 '고인나'로 돌아가야 했다. 수술방, 수술방, 그리고 또 수술방이 이어지는 생활이 지속되었다. 하루 종일 정신없이 수술에 참여하고, 하루가 끝나고 나면 닭다리를 뜯으며 시시껄렁한 농담을 하고, 크리스마스에는 교수님 댁에 다 같이 모여 파티를 하기도 하며, 그렇게 또 한 달이 지나가고 있었다.

1~2월, 산부인과, 홍천 응급실
– 마지막 그리고 새로운 시작

인턴 생활의 존재 이유이자 목적이었던 레지던트 모집이 완료된 1~2월은 인턴들에게는 최고의 시간이지만 다른 직급에게는 가장 견뎌

내기 힘든 시간일 것이다. 각자의 연차에서 일이 익숙해지는 시기이지만, 흔히 보릿고개라고 하여 의국을 떠나게 되는 최고참 레지던트들의 업무가 아래 연차들에게 떨어지며 1·2·3년 차 레지던트들의 업무 로딩이 크게 늘어난다. 하지만, 인턴의 입장에서는 레지던트 임용을 위한 인턴 평가가 끝나고 서로의 갈 길이 정해진 시기이기에 흔히 '말턴'이라 불리는 새로운 직급이 출현하게 된다. '말턴'이라는 개념을 이해하기 위해서는 인턴직의 특성을 먼저 알아야 한다. 3~6월의 인턴은 '초턴'이라고 부른다. 이 시기의 인턴들은 일은 미숙하지만 의사가 되었다는 설레임, 새로운 일에 대한 두려움과 기대들로 모든 콜에 즉각즉각 반응하고 성심성의껏 일을 한다. 7~10월의 인턴들은 어느 정도 일은 익숙해졌지만 레지던트 임용이 목전에 있는바, 평판과 인턴 점수에 신경을 써야 하기에 아직까지는 대부분의 인턴들이 성실하게 일을 하는 시기이다. 하지만 11~12월에 접어들기 시작하면서 조금씩 조금씩 변해 가기 시작한다. 12월의 레지던트 시험을 코앞에 둔 11월에는 아무래도 시험공부와 일을 병행하다 보니 본의 아니게 일에 소홀해지기 쉽고 마찬가지로 면접이 많은 12월에도 일이 쉽게 손에 잡히지 않게 된다. 그리고 12월의 레지던트 발표 이후 대망의 1월에 들어서게 되면 드디어 '말턴'이라는 새로운 직급이 출몰하게 된다. 일은 이미 익숙해질대로 익숙해져서 '초턴'에 비하여 짧은 시간 안에 최대의 효율로 일할 수 있게 되었지만, 일부 '말턴'들은 간호사들의 콜을 안 받거나 심지어는 일터를 벗어나기도 한다. 물론 대다수의 인턴들은 마지막까지 성실히 맡은 바 의무를 다하지만, 일부 '말턴'들은 자신의 책임을 회피하며 업무에 지장을 주기도 한다. 이 어찌나 무책임한 행동인지…. '말턴'이란 단어는 왠지 책임은 잊고 권리만 쫓는 우리 사회의 슬픈 단면을 여실히 보여 주는 것 같아 씁쓸함을 느끼게 했다.

난 운이 좋아서였는지 1월, 2월 모두 성실한 '말턴'들과 함께하는 행운을 누릴 수 있었다. 특히나 2월 방문하였던 홍천의 응급실은 소중한 경험과 인연을 만날 수 있었던 시간이었다. 홍천병원의 응급실에는 총 3명의 인턴이 배정되고 3명의 인턴이 낮 근무와 밤 근무를 번갈아 가며 근무하게 된다. 고로 24시간 근무와 12시간의 오프가 이어지는 꽤나 빡빡한 스케줄이었지만 함께 근무하였던 형, 누나들은 혹시나 내가 지칠세라 잠든 사이 몰래 몰래 콜을 받아 주기도 하고, 오프 때마다 양손 가득 맛있는 음식을 챙겨 와 풍족한 한 달을 보낼 수 있었다. 또한 홍천병원을 지키시던 병원장님께서는 낮밤 가릴 것 없이 수시로 응급실을 방문하시어 혹시나 우리끼리 어려운 환자 때문에 고민하고 있지는 않은지, 몰려드는 환자 속에서 허우적거리고 있지는 않은지 보살펴 주셨다.

'말턴', 그것은 인턴이라는 나의 한 시대가 끝나는 단어임과 동시에 또 다른 의사로서 살아갈 한 시대의 시작을 알리는 단어이기도 하다. 인턴의 마지막에서 내가 보고 느꼈던 수많은 사람들의 군상을 마음속에 되새기며, 이제는 인턴이 아닌 소아과 의사로서 살아갈 또 다른 생활 속에서 나 자신을 잃지 않고 끝까지 초심을 지킬 수 있기를 바란다.

2장

의사 24시

2차병원 내과 의사의 일상

| 이보라 |

연세대학교 원주의과대학을 졸업하고 서울백병원에서 인턴, 내과 전공의를 수료한 후 삼성서울병원에서 호흡기내과 전임의를 수료하였다. 혜민병원 호흡기내과 과장, 서울시동부병원 호흡기내과 과장을 거쳐 녹색병원 호흡기내과 과장으로 근무하고 있다.

아침에 병동에 들어서면 간호사 스테이션과 가장 먼저 만난다. "안녕하세요?" 인사를 하면 앉아서 일하던 간호사들도 인사를 하고 내 환자의 담당 간호사는 병실까지 회진을 따라온다. 나는 걸음이 좀 빠른 편이다. 그래서 어떤 보호자들은 발걸음 소리만 듣고도 내가 병동에 들어섰다는 것을 안다고 한다. 환자 명단에는 병명과 중요한 검사 결과들이 적혀 있다. 나는 되도록 이전 검사 결과와 다음에 시행할 검사에 대해 빠짐없이 설명하려고 노력한다. 입원한 환자의 병명을 진단해 내고 치료를 하는 과정은 온전히 나의 결정에 달려 있고, 환자는 그것을 온몸으로 감내해 내는 사람이다. 그러므로 나는 당연히 환자의 몸에 가해질 검사와 치료 과정을 빠짐없이 설명해야 한다.

"안녕하세요? 잘 주무셨어요? 밤에 숨이 더 차지는 않았나요?" 환자와 보호자에게 아침 문안 인사를 겸한 질문을 한다. 담당 간호사가 밤 동안에 있었던 일에 대해 이야기를 해 준다. 그리고 나는 환자에게 꼭 한 번 이상의 스킨십을 하기 위해 노력한다. 청진기로 숨소리나 장음을 청진하고, 아프다고 하는 부분을 열어 보고 만져 본다. 아무 불편함이 없다고 하시면 팔이나 등을 쓸어 드린다. 24시간 입원한 환자에게 담당 의사가 몇 분, 몇 초 찾아왔다 가는 회진의 아쉬움을 조금이라도 덜어 보고자 하는 노력이다. 하지만 사실 담당 의사는 입원 환자의 하루 일정을 다 알고 있다. 혈압, 맥박은 하루 몇 번 측정하는지, 몇 시에 어떤 주사와 어떤 약이 들어갈지 결정하고, 금식을 할지 밥을 먹을지도 담당 의사가 결정하기 때문이다. 대소변은 몇 번 보았고 양은 얼마나 되는지 파악하기도 한다. 심지어 절대 안정하라(absolute bed rest, ABR), 병동 내에서는 걸어 다녀도 좋다(ward ambulation), 휠체어 타고 다녀라(wheelchiar ambulation) 같이 활동 범위를 지시하기도 한다.

회진이 끝나면 바삐 내려와 외래 진료를 봐야 한다. 입원을 할 만큼 심각한 상태는 아니지만 외래에도 기침, 발열, 호흡 곤란을 호소하는 환자들이 대기하고 있기 때문이다. 주로 호흡기 질환을 보지만 고혈압, 당뇨, 위장관 질환 등이 복합되어 있는 경우도 많아서 이에 대한 최신 치료 지침들도 잘 알고 있어야 한다. 외래 환자를 보는 틈틈이 아까 회진 때 추가하기로 한 약 처방, 검사, 타과 협진 의뢰 등의 일을 처리한다. 그리고 가능하다면 내일 오더(입원 환자의 내일 검사 및 치료 처방)도 입력한다. 이렇게 일을 하다 보면 오전은 정말 금방 지나간다. 한 시간의 점심시간 후 오후 외래 진료를 하고 오후 4시쯤 되면 각각의 입원 환자가 오늘 시행한 검사 결과들을 확인하고 외래 환자가 뜸해질 때 오후 회진을 간다. 아침 8시 30분부터 오후 5시 30분이 나의 정식 근무

시간이지만, 1시간 정도 일찍 출근하거나 늦게 퇴근하고 퇴근 후에도 병동에서 환자에 대한 전화를 받는 건 당연한 일이다.

　우리나라 병원은 의료전달체계를 기준으로 나누면 1차, 2차, 3차병원으로 나뉜다. 그중에서 나는 2차병원에 근무하고 있기 때문에 입원 환자와 외래 환자를 모두 보고 있다. 하지만 많은 내과 의사는 1차진료 기관, 즉 의원에서 일을 하는데 의원은 주로 외래 진료 위주의 치료를 하며 상대적으로 경증의 환자 혹은 만성질환자 관리 업무를 하고 있다. 3차병원은 주로 대학병원으로, 2차병원에서 치료하기 힘든 중증의 환자 혹은 희귀질환의 진단과 치료를 담당하고 있으며 외래 진료는 주로 의과대학 교수가, 입원 환자 진료는 교수와 전공의가 함께 하는 시스템이다.

　매일 매일 아픈 환자를 만나고 환자와 가족들을 만나는 것은 당연히 쉽지 않은 일이다. 환자의 고통과 어려움에 공감하면서도 냉정함을 유지해야 하고, 타협해야 하는 것과 절대 타협해서는 안 되는 치료 지침의 경계선을 끊임없이 넘나들어야 한다. 많이 아파서 힘들어했던 환자가 나의 진단과 처방으로 조금씩 나아질 때는 보람이 있지만, 아무리 치료해도 호전되지 않는 경우도 많다. 그러면 진단이 틀렸나, 내가 놓친 진단이 있나 반복해서 확인해 보고, 경우에 따라 내가 틀려서 다른 방법으로 다시 치료를 해야 한다는 것을 환자 앞에서 고백하고 이해를 구해야 하는 경우도 있다. 그런 순간에는 나도 너무 고통스럽고 도망치고 싶은 생각이 들기도 하지만, 그럴 때일수록 더 솔직하게 나의 소견과 검사 결과를 밝히는 것이 가장 좋은 해결 방법이라는 게 경험으로 얻은 소신이다. 가끔 틀릴 때도 있지만 하루 10명의 환자를 만나면 10번, 50명의 환자를 만나면 50번, 어떻게 하면 이 환자를 낫게 할 수 있을까 고민하는 것은 분명한 사실이다. 고민하는 게 일인 의사라는 직업은 분명 선한 직업이고, 적어도 지옥에는 가지 않을 것 같다.

의사가 된 이유

어렸을 때 의사가 되고 싶다는 생각을 한 적은 없었다. 선생님이나 판사가 되고 싶었다. 그런데 의대에 가게 된 것은 부모님의 권유 때문이었다. 중학생 때 나는 공부를 잘하는 편이었다. 그래서 그때나 지금이나 공부 잘하는 학생들이 가는 외국어고등학교에 가고 싶었다. 중3 여름방학까지 그냥 학교 공부와 중간·기말고사 시험공부를 열심히 했다. 공부를 열심히 한다는 게 그런 것인 줄 알았고, 그러면 외고에 갈 수 있을 것이라고 생각했었다. 물론 외고 입시 학원을 다니는 친구들이 있다는 것을 알고는 있었다. 하지만 그 친구들과 나의 학교 성적은 거의 차이가 나지 않거나 오히려 내가 더 잘하는 경우가 많아 크게 신경 쓰지 않았다.

중3 여름방학이 되어서야 알았다. 외고 입시를 위해서는 고2 수준의 수학 실력과 영자 신문을 무리 없이 읽는 영어 실력이 있어야 하며 중학교 내신 비율은 그리 크게 반영되지 않는다는 것을. 뒤늦게 외고 입시 수준에 맞춰 공부를 했지만 나는 당연히 떨어졌다. 그리고 좌절감과 함께 분노를 느꼈다. 내가 외고 입시에 대한 정보가 부족했던 것은 가정 형편상 외고 입시 학원을 다니지 못한 데다가 어머니도 일을 하셔야 해서 학부모 모임 같은 곳에 나갈 수가 없었기 때문이라고 생각했다. 중1 때 아버지가 하시던 사업이 부도가 나서 살던 집에서 나와 외가에

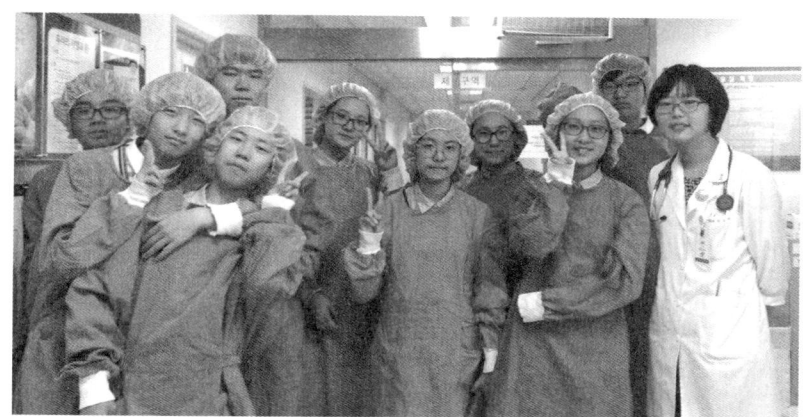

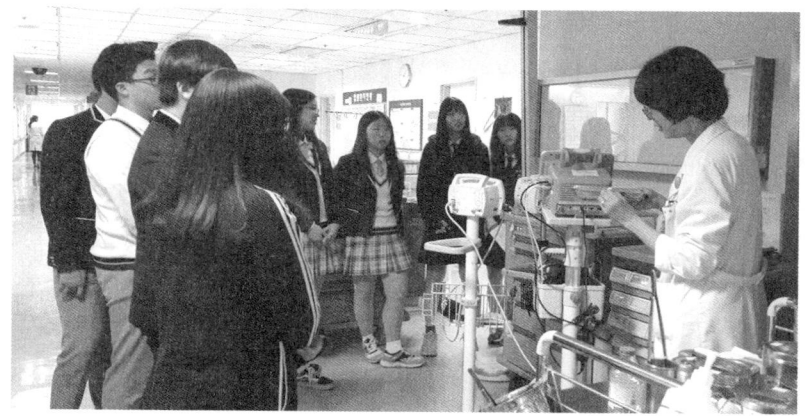

:: 고등학생 현장 실습에서 필자와 학생들의 모습.

서 지내고 있었고, 부모님은 빚쟁이에게 쫓기며 돈을 갚느라 집에 들어오지 못하거나 새벽에 나가 밤에 들어오셨다. 그런 상황에서도 나는 최선을 다해 내가 할 수 있는 일, 오직 공부만 열심히 했었다.

학교 성적만 보고 이렇게 열심히 하면 나도 훌륭한 사람이 될 수 있다고 생각했는데 외고 입시 낙방을 통해 노력해도 되지 않는 일이 있고 뭔가 세상이 공정하지 않다는 것을 처음 느꼈다. 그리고 인문계 고등학교를 가서 공부에 의욕을 완전히 잃었다. 공부도 되지 않고 그렇다고 딱히 놀지도 못하며 스스로 왕따가 되어 학교, 집, 도서관만 오갔다. 어느덧 고2가 되었고 성적은 점점 떨어지는데 어머니가 의대에 가면 과외를 시켜 주겠다고 했다. 과외를 하고 싶어서 의대에 가기로 약속을 했고, 대학 입시에서 4군데 모두 의과대학에 지원해서 연세대학교 원주의과대학에 가게 되었다.

의대에 진학하고 처음엔 집을 떠나 있다는 것이 너무 좋았다. 그때까지도 외가에 얹혀살고 있었기 때문이다. 예과 공부도 고등학교 이과 수업의 연장선 같아서 재미있었다. 하지만 본과에 들어가면서 본격적인 의학을 배우게 되자 공부에 흥미가 없어졌다. 다른 학생들이 본과에 들어가면 더 열심히 공부하고 재미있어하는 것과는 정반대였다. 공부할 내용도 많고 시험도 자주 보기 때문에 하루 종일 공부만 해야 하는 것도 너무 힘들었다. 학생들 간의 경쟁적인 분위기도 싫었다. 누가 몇 시까지 도서관에서 공부하는지 서로 지켜보고 있었고, 누구의 노트 필기가 잘 되어 있는지, 선배에게 물려받은 족보(기출 문제)가 언제 복사실에 공개되는지, 끊임없이 정보를 파악하고 새로운 것을 공유하는 분위기에 불안한 마음이 들어 나도 구해서 볼 수밖에 없었다. 공부하고 있으면 "와~ 공부하네", 놀고 있으면 "공부 안 해?"라는 인사로 시작해서 끊임없이 새로운 노트 필기와 족보가 떴는지, 혹시 다 알고 있는데 나만 모르는 것은 아닌지 확인하는 분위기가 숨이 막히는 것 같아 싫었다. 그러다 보니 내가 이 공부를 계속할 것인가 말 것인가 고민하기까지 이르렀는데 그 당시 나의 결론은 '사람에 대해 배우는 의학이라는 학문, 그래, 사람으로 태어나서 의학을 한번 공부해 보자. 그리고 의사가 되면 가난해서 슬픈 사람들을 도와주는 일을 해야지'였다. 사실은

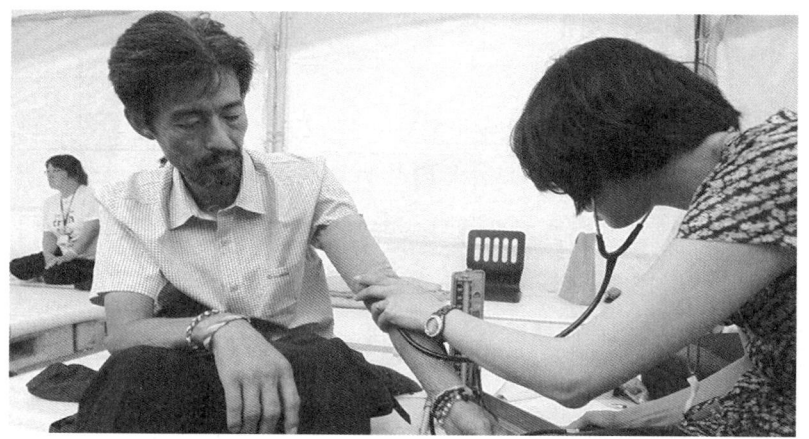

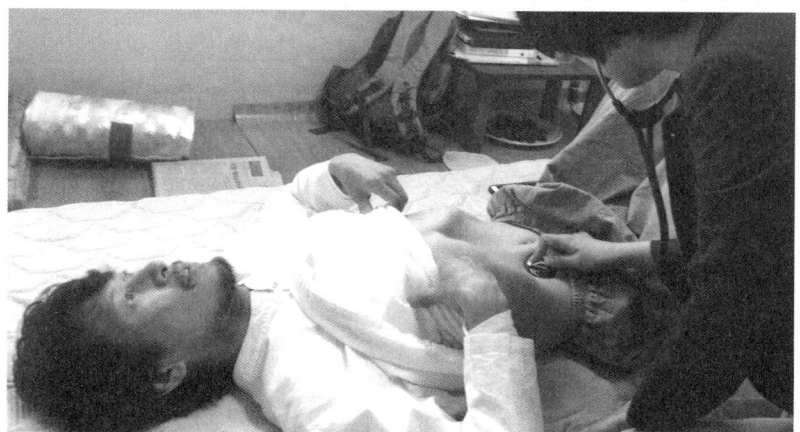

:: 세월호 참사(위), 쌍용자동차 단식 농성(아래) 때 현장에서 진료 지원을 하는 필자.

부모님이 힘들게 일하면서도 은행 대출을 받아 등록금을 내고 있는 집
안 형편상 그만두겠다고 말할 용기가 없어서 스스로를 합리화한 과정
이었던 것 같다.

내과를 선택한 이유

의사가 되어야 할까 말아야 할까 하는 고민 끝에 의사가 되기로 마음을 먹고 나자 '그래, 의사가 되려면 가장 의사다운 의사가 되자'고 결심하였다. 내가 생각한 가장 의사다운 의사란, 일반인의 시선에서는 사람을 치료하는 전통적인 역할을 하는 의사, 의사의 시선에서는 함부로 무시할 수 없고 대체하기 어려운 실력을 갖춘 의사라고 생각했다. 이런 기준으로 과를 정하다 보니 일단 마이너 과들은 모두 리스트에서 제외되었다. 메이저 과(내과, 외과, 산부인과, 소아과) 중에서 선택하겠다는 생각을 가진 상태로 졸업을 하고 인턴을 하게 되었다. 인턴이 되어서 각 과를 돌면서 아무래도 나는 수술하는 과보다는 수술을 하지 않는 과가 낫겠다는 결론을 내렸다.

물론 수술을 해서 사람을 치료하는 것은 정말 멋진 일이다. 수술방이라는 공간은 바깥세상과 다른 옷을 입은 사람들의 공간으로, 공기의 냄새도 다르고 마치 우주선에 들어온 것 같은 신비로운 느낌을 주는 반면 그 안에서 벌어지는 일은 너무나 '인간적'인 곳이다. 파헤쳐지고 선혈이 낭자하지만 그 끝에 평화와 치유에 도달할 수 있는 정말 매력적인 곳이다. 이 공간의 주인공이자 모든 과정을 주도하는 의사는 장시간 서서 고난이도의 기술로 집중하여 수술을 해야 하고 가끔 발생하는 응급상황에 대해서도 온전히 혼자 판단하고 결정하고 책임져야 한다.

일단 나는 3~4시간 지속되는 수술을 할 수 있는 체력이 안 된다는 것을 인턴을 돌면서 알게 되었다. 일반외과를 돌면서 가끔 인턴으로서 수술방에 들어갔는데, 수술 내내 교수님이 시키는 일만 해도 이렇게 힘든데 직접 수술하는 사람은 얼마나 힘들까 하는 생각을 했다. 그리고 수술 중 응급 상황이 발생했을 때 만약 집도의가 원인을 잘 모르거나 노력해도 해결되지 않는다면 수술장이라는 특수한 공간에서 다른 사람에게 물어보고 도움을 청하기도 어려워 보였다. 그래서 나는 사람의 생명을 다루고 응급 상황도 생기기는 하지만, 수술장에서보다는 시간적으로 덜 촉박하고 혹시 잘 모르는 문제가 생겨도 누군가에게 전화로 물어보거나 책을 찾아보고 치료를 결정할 수 있는 과, 그리고 어린이를 제외한 사람들을 남녀노소 가리지 않고 가장 보편적으로 만날 수 있는 과, 바로 내과를 선택하게 되었다.

마지막 선택, 호흡기내과

알다시피 내과는 다시 여러 분과들로 나누어져 있다. 소화기내과, 순환기내과, 호흡기내과, 신장내과, 내분비내과, 혈액종양내과, 감염내과, 알레르기내과, 류마티스내과, 이렇게 총 9개의 분과가 있다. 내과 전공의가 되면 보통 2년 차까지는 근무 병원에 있는 모든 과를 주치의로서 근무하게 된다. 그리고 3~4년 차 때 본인이 선택한 분과에 고정되어 좀 더 공부하고 논문도 쓰게 된다.

죽을힘을 다해 공부하고 시험 보고 합격해서 내과 레지던트가 되었지만, 끝이 아니라 이제부터 진짜 시작이라는 생각이 들었다. 매일 새벽 아침 회진을 준비하고, 회진 후 추가된 오더를 내고 시술을 하고 입원 환자·보호자들과 면담하고, 새로운 환자가 입원하면 바로 파악하여 입원 치료 계획을 세우고, 그러다 갑자기 응급 상황이 생기면 정신없이 그 환자에게 매달려 응급조치하고 원인을 파악하고 보호자들을 이해시키는 일을 해야 한다. 그리고 전공의들은 매일 아침 콘퍼런스에서 케이스 발표, 저널 발표를 해야 한다. 일하는 틈틈이 준비하고 그걸 교수님들 앞에서 발표하는 것도 힘들었다. 그래서 1년 차 때는 집에도 한 달에 한 번밖에 못 가고 거의 병원에서 살다시피 했었다. 2년 차 중반이 넘어가자 환자 보는 것도 좀 자신이 생기고, 내과라는 분야와 병원에서 내과의 역할에 대해 좀 알 것 같다는 생각이 들었다. 이제 마지막 선택이 남았다. 어떤 내과 분과의 세부 전문의가 될 것인가 하는 것이다. 물론 분과 전문의를 하지 않고 일반내과 전문의만 하는 것도 선택지 중에 하나였다. 이때도 나는 내분비내과 이하의 과들은 일단 제외하고 소화기, 순환기, 호흡기, 신장내과 중에서 고민을 했다.

소화기내과는 최근 내시경 수요가 급격히 늘어나면서 위, 대장 내시경을 배울 수 있어 내과 의사들이 가장 많이 선택하는 분과이다. 소화기내과 전문의 과정은 단순 검사 목적의 내시경뿐만 아니라 치료 목적의 내시경 시술까지 배울 수 있고 위장관 출혈 등 응급 상황에서도 내시경을 할 수 있게 된다. 소화기내과 중에서 간담도계를 전공한다면 담관, 췌관을 검사하는 특수 내시경까지 할 수 있게 된다. 이런 점들이 매력적이었지만 너무 많은 사람들이 하고 있고, 실제 내과 동기 4명 중에 나를 빼고 모두 소화기내과를 선택했기 때문에 나의 선택지에서는 제외되었다.

순환기내과는 심장질환과 뇌를 제외한 온몸 혈관의 질환을 보는데 심근경색이나 부정맥 환자가 응급실로 방문하면 혈관조영술을 통한 즉각적인 처치를 해야 하기 때문에 대기 상태로 있는 경우가 많다. 하지만 눈으로 직접 보면서 막힌 혈관의 위치를 찾아내고 그 부위를 넓혀 주면 환자를 극적으로 좋아지게 만들 수 있다. 그리고 심장초음파 검사를 통해 심장의 움직임과 혈액이 흐르는 속도를 측정하여 심장의 상태를 평가하는 아주 유용한 기술을 배울 수 있다. 순환기내과에 대한 나의 인상은 '깔끔하다'였다. 순환기내과에는 열이 나는 질병이 몇 가지밖에 없고, 먹고 싸는 문제를 다루는 소화기내과에 비해 깨끗한 데다가(대장 내시경을 하면 늘 다른 사람의 대변을 보게 된다) 심장이 만들어내는 혈압과 맥박을 유체역학적으로 생각하며 약물을 투여해 잘 뛰게 만들 때면 내 가슴도 뛰는 것 같았다. 하지만 심장조영술을 할 때 방사선을 차단하기 위해 무거운 납옷을 입어야 해서 결국 선택지에서 제외했다.

신장내과는 신장에 발생하는 모든 질환을 보면서, 특히 기능을 완전히 잃어버린 환자들에게 신장 기능을 대신하는 치료(혈액 투석, 복막 투석, 신장 이식 등)를 하는 분과이다. 가끔 응급으로 혈액 투석을 해야 하는 경우가 있기는 하지만 순환기내과나 소화기내과에 비해서는 응급 호출 빈도가 낮다. 보통 투석을 하는 분들은 만성신부전 상태여서 장기적으로 투석을 해야 하고 지속적인 검사와 상담, 교육 등이 필요하다. 심혈관계 합병증이나 감염이 발생할 위험성이 높다. 신장내과도 흥미로운 분과였는데, 당시 교수님이 너무 무서운 분이어서 선택지에서 제외하였다.

결국 나는 호흡기내과를 선택했는데, 그 이유는 호흡기내과 교수님이 권유하신 것도 중요한 이유였지만(나 말고 다른 동기들도 모두 불려갔었다고 한다) 그보다는 숨이 가쁜 사람을 숨차지 않게 만드는 과의 특성에 큰 매력을 느꼈기 때문이다. 호흡기내과는 기도, 기관지, 폐와 폐혈관에 발생하는 모든 질병을 보는 분야이며 단순 상기도 감염부터 폐암, 폐동맥고혈압까지 질병의 중증도가 다양하다. 그리고 발병 원인으로 보아도 감염성 질환에서부터 자가면역성 질환, 직업 환경적 원인으로 발생하는 질환까지 범위가 매우 넓다.

꼭 맞는 것은 아니지만 대체로 호흡기질환은 가난한 사람들의 병이다. 과거 우리나라에 많았고 아직도 발병율이 높은 폐결핵, 흡연으로 발생하는 만성폐쇄성폐질환, 고농도 석탄분진에 노출된 광부에게 발생하는 진폐증이나 작업 환경에서 발생하는 각종 물질에 따른 직업성 폐질환 혹은 직업성 천식 등이 그 예이다. 약간의 호흡 곤란 증상은 기관지 확장제나 항염증제, 항생제를 통해 치료할 수 있으나, 아주 심한 호흡 곤란을 느끼는 경우 기관 삽관을 하고 인공호흡기 치료를 해야 하는 경우도 많다. 가만히 앉아 있는 상태에서도 숨이 차서 헐떡거리는 환자에게 기관 삽관을 하고 인공호흡기를 연결해 호흡을 편안하게 해 주고 나면 나도 같이 안도의 한숨을 내쉬게 된다.

오늘도 외래에서는 주로 감기 환자를 만났고, 일반 병실에서는 폐암, 결핵, 천식 환자들 회진을 돌았고, 중환자실에서는 10일간 인공호흡기로 호흡을 유지하던 분이 호전되어 인공호흡기를 뗐다. 환자들과 함께 호흡하고 공감하는 것. 호흡기내과 의사뿐만 아니라 모든 의사에게 필요한 기본자세일 것이다. 의사가 되는 것이 어린 시절 꿈은 아니었지만, 실력 있으면서도 환자의 고통에 공감하고, 특히 불평등한 사회 구조적 문제 때문에 차별받고 억압당하는 노동자·농민·빈민 계급과 함께 호흡하는 의사가 되는 것이 지금 나의 꿈이다. 오늘도 의학적 최신 지견(知見)을 배우는 데 게으르지 않고, 역사와 사회 문제를 통해 환자를 이해하고, 환자를 통해 역사와 시대의 가르침을 받기 위해 노력한다.

아이들이 자라는 만큼
의사도 성장한다

| 김현숙 |

소아청소년과 전문의로 공공병원 소아청소년과 과장으로 근무하고 있다.

"선생님, 애가 갑자기 축 늘어져서는, 불러도 대답도 안 하고 팔과 다리를 떨어요."

아기 엄마의 목소리가 떨렸다. 생후 28개월 된 아기였다. 어제부터 열이 38도가 넘어 병원에 왔는데, 진료 차례를 기다리던 중에 갑자기 의식을 잃고 전신 경련이 시작되었단다. 서둘러 아이를 처치실로 옮겼다. 먼저 아이가 호흡할 수 있도록 기도를 유지하고 산소를 투여했다. 경련의 원인을 찾고 치료 방향을 정하기 위해 아기를 진찰한 뒤 기본 검사와 정맥 수액 라인을 확보했다. 그러는 중에도 경련은 멈추지 않았다.

"로라제팜(항경련제)을 정맥에 놔 주세요!"

항경련제를 주사하고 1분 정도 지나자 마침내 경련이 멈추었다. 경련이 5분 이상 지속될 경우에는 저절로 멈출 가능성이 낮으므로 항경

런제를 투여해야 한다. 경련이 30분 이상 지속되면 아주 위험할 수도 있다.

아기는 목 안이 빨갛게 부어 있었지만, 뇌염이나 뇌수막염 등의 특이 소견은 없었다. 열의 원인은 급성 인후염으로 추정되었다. 요즘 영유아들 사이에 아데노 바이러스에 의한 급성 인후염이 유행하고 있는데, 어린이집을 통해 이 같은 감염성 질환에 더 자주 노출되는 상황이다. 이 인후염은 열이 심하게 나는 특징이 있다. 이렇게 열이 날 경우, 열성 경련의 소인을 가진 아기들은 경련을 일으킬 수도 있다.

"예전에도 경련을 한 적이 있나요? 오늘처럼 이렇게 경련이 일어났나요?"

"1년 전에도 열이 나면서 오늘처럼 경련을 했었어요. 그래서 열이 나면 항상 조심하곤 했는데…." 아기 엄마가 울먹이며 대답했다.

기본 검사 결과도 바이러스 감염으로 추정되었다.

"급성 인후염으로 인해 열이 났을 가능성이 높아요. 그 열 때문에 경련이 난 것 같고요."

아기 엄마는 걱정스러운 표정으로 앞으로의 상황을 물었다.

"우리 아기 앞으로 어떻게 될까요?"

이 아기는 전형적인 열성 경련을 보였다. 몸의 어느 한 부분이 아니라 전신을 떨며, 하루 한 번 경련을 하고 15분 이내에 멈추는 경우를 전형적인 열성 경련이라 한다. 이런 경련은 예후가 양호하다. 나는 너무 걱정하지 말라고 아기 엄마를 안심시켰다. 다만 아이가 만 5세 정도까지는 열이 나면 경련을 일으킬 수 있으므로, 열이 날 경우 해열제 복용하는 법, 경련이 났을 경우 대처하는 법, 병원에 와서 추가 검사를 해야하는 특수한 경우, 응급조치가 필요한 경우 등 관련 내용을 설명하고 책자를 건네주었다.

이 아기 환자는 진료 대기 중에 경련이 발생한 특수한 경우이지만, 집에서 경련이 난 뒤 멈춘 상태로 병원에 오는 경우도 많다. 그런 경우에도 항경련제를 투여하는 것 말고는 진료 모습이 비슷하다.

미숙아 돌보기부터 메르스 치료까지… 생각보다 넓은 영역

앞의 아기처럼 열이 나거나 기침을 하거나 복통이 있거나 경련이 있거나 예방 접종을 받기 위해서 등 다양한 증상과 이유로 갓 출생한 신생아에서부터 만 18세 이하의 청소년들이 찾는 곳이 소아청소년과이다. 예전에는 소아과였는데, 2007년에 소아청소년과로 이름이 바뀌었다.

소아청소년과는 신생아, 신경, 내분비, 알레르기/호흡기, 혈액/종양, 감염, 심장, 신장, 소화기/영양 등의 분야로 나뉜다. 우선, 신생아 분야는 출생부터 생후 30일까지의 아기를 주로 돌본다. 임신 37주 이전에 태어난 이른둥이(미숙아) 진료가 대표적이다. 이른둥이는 신체의 기능이 덜 완성된 상태로 태어났기 때문에 숨쉬기가 어렵거나, 모유나 분유를 먹기 어려운 경우도 있고, 쉽게 감염이 될 수도 있다. 이런 어려움을 극복하고 잘 자랄 수 있도록 필요한 여러 의학적인 부분들을 다룬다. 저출산시대인 만큼, 예상치 못하게 일찍 태어난 아기들이 잘 성장할 수 있도록 하는 것이 점점 더 중요해지고 있다.

신경 분야는 앞의 예에서 본 아기처럼 경련을 하는 경우, 또래에 비해 발달이 늦은 경우, 두통과 수면 등의 신경계 질환을 다룬다. 소아·청소년은 경련이 일어날 가능성이 다른 연령층보다 높지만, 약물에 대한 반응이 좋고 조절도 잘 되는 편이다. 최근 자기공명영상(MRI)과 뇌파 검사의 발달로 뇌의 구조와 기능을 상세히 볼 수 있게 되면서 신경계 영역의 진단과 치료가 눈부시게 발전하고 있다.

내분비 분야는 여러 원인에 의한 성장 장애, 갑상선 질환 등을 다룬다. 사춘기 이후로는 어느 정도 성장이 완료되기 때문에, 키 성장 장애가 있는 경우에는 사춘기 이전의 아이들이 도움을 받을 수 있다.

알레르기/호흡기 분야는 아토피, 천식 등의 질환을 돌본다. 아토피도 영·유아기에 많이 생기는데, 이때 잘 관리한다면 일생 동안 아토피의 고통을 가볍게 할 수 있다.

소아·청소년은 성인에 비해 감염에 대한 면역이 약해 바이러스, 세균 등에 의한 다양한 감염성 질환에 노출될 수 있는데, 이러한 질환을 맡는 것이 감염 분야이다. 2015년 전 국민을 공포에 떨게 했던 메르스(중동호흡기증후군) 바이러스, 신종인플루엔자 등 다른 나라와 교류가 많아지면서 새로운 감염성 질환이 생겨나고 있는 만큼 이러한 질환의 치료 및 예방을 다루는 감염 분야의 중요성이 새삼 커지고 있다.

마지막으로 소화기/영양 분야는 잘 안 먹어서 저체중인 아기, 너무 많이 먹어서 비만인 어린이, 복통을 호소하는 아이의 경우 등을 주로 다룬다.

이렇듯 소아청소년과에서는 방금 태어난 신생아에서부터 영·유아, 초·중·고등학교 청소년까지 우리의 미래인 아이들이 건강하게 지낼 수 있도록 끊임없이 노력하고 있다.

오전·오후 두 차례 회진하며 환자 상태 살펴

아침에 출근하면 먼저 1시간가량 소아 병동 회진을 돈다. 회진은 아침과 오후 대개 두 차례 실시한다. 아이들은 상태가 빨리 변하기 때문에 그에 맞춰 대처하기 위해 다른 과보다 회진을 자주 하는 편이다. 내가 병동으로 가면 전공의들이 미리 입원 환자들의 상태를 파악하고 있다가 보고를 한다. 물론 회진 시간 이외에도 환자들의 변화를 수시로 확인해 알고 있어야 한다.

"15세 여학생입니다. 뇌수막염으로 입원하여 현재 2일째입니다. 밤사이 38도 이상의 고열이 두 차례 있어 해열제를 복용했고, 현재 정상 체온을 유지하고 있습니다. 두통, 구토 등의 증상은 열이 날 때만 있으며, 그 외에 특이 증상은 없었습니다."

전공의 선생님의 보고를 받은 뒤 질문을 던진다. "이 환자의 뇌척수액 검사와 다른 검사를 종합해 볼 때 어떤 종류의 뇌수막염을 생각해 볼 수 있을까요?"

"환자의 증상, 입원 당일 실시한 뇌척수액 검사, 혈액 검사, 요즘 유행하는 감염성 질환을 종합하여 평가해 보면, 장관 바이러스에 의한 뇌수막염일 가능성이 가장 높습니다. 추후에 나올 세균 배양 검사와 바이러스 검사 결과에 따라 치료 방향을 정하도록 하겠습니다."

근래 장관 바이러스에 의한 뇌수막염이 주기적으로 발생하고 있다. 이 환자가 입원한 시기에도 장관 바이러스에 의한 뇌수막염이 유행하고 있었다. 어떤 감염성 질환이 있을 경우, 그 당시에 어떤 병이 유행하고 있는지를 알면 병의 진단과 치료에 많은 도움을 받을 수 있다. 이렇게 보고를 듣고 의무 기록, 검사 결과를 확인한 후 환자를 진찰한다.

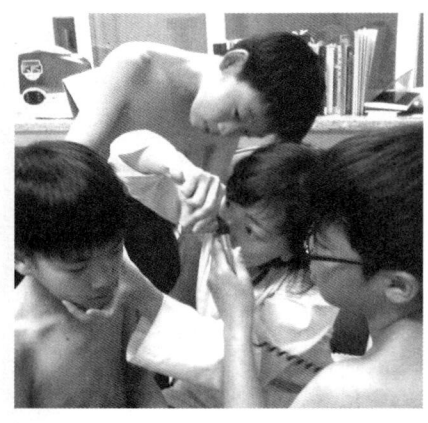

:: 아이들을 진료하고 있는 필자의 모습.

"어제보다 좀 편해졌어요? 머리 아픈 건 어때요?"

"새벽에 열 있을 때 머리가 아팠는데 그 뒤로는 괜찮아요. 토하는 것도 없고요." 상태가 많이 나아진 덕분에 대답하는 환자의 얼굴이 밝다.

장관 바이러스에 의한 뇌수막염은 이렇게 2~3일 후 증상이 호전되는 경우가 많다. 환자에게 현재 상태와 뇌수막염의 일반적인 특징 등에 대해 설명하고 궁금해하는 것에도 답을 해 준 뒤 병실을 나선다.

진찰 후에는 환자 상태에 대한 평가, 추가로 나갈 검사와 치료에 대해 전공의 선생님들과 정리를 한다. 이렇게 하면 한 환자에 대한 회진이 끝난다. 대개 입원 환자가 여러 명이므로 회진을 다 돌고 나면 한 시간이 훌쩍 간다.

환자 연구하는 케이스 콘퍼런스, 실제 진료에도 도움

회진 후에는 오전, 오후 중 평균 4시간 정도 외래 진료를 본다. 외래 진료가 없는 시간에는 상태가 중한 환자를 집중적으로 보거나, 소아청소년과 내에서 상의가 필요한, 어렵거나 특이한 환자에 대해 회의를 한다. 또 우리 과에 관련하여 특정한 주제를 연구한 논문을 읽고 발표하는 시간 등을 갖는다.

내가 있는 곳은 전공의 수련 병원으로, 4년간 전공의의 교육을 담당한다. 전공의 선생님들에게 나는 스승이자 선배이기 때문에 그 역할과 책임이 무겁다. 전공의 선생님들과 같이 입원 환자를 돌보면서 환자의 문제에 접근하는 방법, 가장 적절한 치료를 선택하는 방법, 환자와 보호자와의 관계 형성 방법 등을 교육한다. 전공의들은 치료한 환자에 대해 정리·발표하고 관련 주제를 다룬 책과 논문 등을 읽고 발표한다. 즉, 환자의 질환을 치료하고 그 경험을 정리하는 과정을 통해 실력을 쌓아 가는 것이다. 이 회의를 케이스 콘퍼런스(case conference)라고 한다. 입원 환자 중 과 내에서 토론이 필요하거나 같이 공부하면 도움이 될 환자가 있으면, 케이스 콘퍼런스를 통해 공유한다.

이번 케이스는 배가 심하게 아파 병원에 왔다가 복부 컴퓨터 단층 검사에서 소장 괴사가 발견되어 응급 수술을 진행한 어린이 환자이다. 우리 과뿐 아니라 진단과 치료를 같이 했던 영상의학과, 일반외과, 병리과 선생님들도 참석했다. 먼저 전공의 선생님이 환자의 경과를 요약했다.

"생후 18개월인 남자 어린이입니다. 병원에 오기 2일 전부터 배가 심하게 아프고, 20회 이상 설사를 해서 입원하였습니다. 중증의 탈수 소견과 심한 복부 압통이 있어 응급 복부 컴퓨터 단층 촬영을 실시했습니다."

"복부 컴퓨터 단층 사진에서 소장의 일부가 크게 확장된 것으로 보입니다. 소장의 아래 부분이 막혀 괴사가 왔으며, 막힌 부분 상부 쪽이 심하게 확장된 것으로 생각됩니다." 영상의학과 선생님이 환자의 사진을 보면서 소견을 피력했다.

전공의 선생님의 경과 설명이 이어졌다. "소장이 막힌 이유는 불분명하지만, 소장의 일부에서 괴사가 진행되고 있는 것으로 평가하여 일반외과 선생님께 응급 수술을 의뢰하였습니다."

"소장에 1센티미터 정도 괴사된 부위가 보입니다. 이 괴사된 부위를 제거하고 정상 부위의 소장을 서로 연결했습니다." 일반외과 선생님이 수술 소견을 설명했다.

이어 병리과 선생님이 현미경 사진을 보면서 조직 소견을 평가했다. "제거된 소장 조직을 현미경으로 보면, 전체가 염증 세포로 가득 차 있어 괴사가 맞는 것으로 보입니다."

"환아(患兒)는 수술 후 3일째입니다. 현재 배 아픈 증상은 없으며, 음식을 잘 먹고 있습니다." 마지막으로 전공의 선생님이 환자의 경과에 대해 정리했다.

괴사된 소장을 적절한 시기에 제거하지 못했다면, 이 아이는 매우 큰 위험에 빠졌을지도 모른다. 다행히 여러 과와 같이 진료하여 정확한 진단과 치료를 할 수 있었다. 괴사의 원인을 추정해 보면 장 구조가 특이한 경우, 심한 감염이 생긴 경우, 장 혈관에 혈액 공급이 잘 안 된 경우 등 여러 가능성이 있다. 괴사까지 되는 경우는 상당히 드물지만, 이번 사례를 통해 앞으로 환자를 볼 때는 괴사의 가능성도 고려해야겠다는 생각이 든다. 이처럼 케이스 콘퍼런스를 통해 실제 진료에 많은 도움을 받곤 한다.

회진과 진료, 콘퍼런스 등으로 일과 시간을 보낸 뒤 입원 환자의 상태까지 돌보고 나서 퇴근할 때면 대개 의사들이 그렇듯 밤늦은 시간일 때가 많다.

공공병원에서 소아청소년과 의사로 일한다는 것

내가 지금 근무하는 곳은 공공병원이다. 공공병원은 공익, 즉 시민의 건강 증진을 목적으로 운영된다는 점에서 민간 병원과 차이가 있다.

공공병원은 시민들에게 최상의 진료를 제공하기 위해 노력하고 있다. 이와 함께 취약 계층 진료와 공익 목적의 시범 사업들도 수행한다. 노숙인, 행려환자들을 위한 특수 병동, 감염병 치료를 위한 음압 병실, 호스피스 병동 등이 그 예이다. 공공병원의 음압 병실은 2015년 메르스 바이러스 유행 때 그 중요성이 알려진 바 있다. 그 밖에도 '포괄간호수가제'로 변경된 보호자 없는 병실인 안심 병동 시범 사업을 시행했고, 적정 진료를 위한 '신포괄수가제' 시범 사업을 현재 실시하고 있다.

또 공공의료팀을 운영하면서 이주노동자, 새터민, 독거노인 등 취약계층을 대상으로 한 다양한 사업을 시행하고 있다. 특히 소아청소년과에서는 저소득 계층의 발달지연 어린이 확진 검사 및 치료, 저소득 계층 청소년 건강 검진, 새터민 청소년 건강 검진 등 공공의료 사업을 실시하고 있다.

병원 운영보다는 환자의 건강과 생명에 관심이 많은 경우, 적정 진료를 통해 의사로서 보람을 느끼고 싶은 경우, 공공의료의 필요성에 공감하는 의사라면 공공병원에서 큰 긍지를 느끼며 일할 수 있을 것이다.

어린이와 함께 성장하는 기쁨

내가 소아청소년과를 선택한 이유는 아이들이 귀엽고 예뻐서였다. 또 아이들은 병에 걸려도 회복 속도가 매우 빠르다. 성장·발달 과정에 있으므로 어느 한 부분이 문제가 생겨도 다른 부분이 발달해 정상에 가깝게 회복하는 경우가 많다.

힘들고 고통스러운 모습으로 나를 찾아왔던 아이들이 다시 건강해 져서 씩씩하게 자라는 것을 보면 참 뿌듯하다. 의사로서 경륜이 쌓일수 록 이런 마음은 더 커지는 것 같다. 아픈 어린이의 마음과 고통, 그리고 보호자의 심정에 공감하는 나의 능력 또한 아이들과 함께 성장하기 때 문이 아닐까. 소아청소년과는 우리의 미래인 어린이들이 고통에서 벗 어나 밝고 건강하게 자라도록 돕는 곳이며, 의사와 어린이가 경험을 공 유하면서 같이 성장하는 곳이라고 할 수 있다. 더 많은 예비 의사들이 이 보람을 함께 누릴 수 있게 되기를 바란다.

여성주의로 여성건강 생각하기

| 윤정원 |

연세대학교 의과대학을 졸업하고 동 대학 산부인과 전공의를 수료하였다. 2015년에 전문의 자격을 취득했으며, 현재 연세대학교 의과대학 강사로 재직 중이다. 연구공동체 '건강과대안' 연구위원으로 활동하면서 이슈페이퍼 「건강권으로서 낙태 및 피임의 권리를 다시 생각한다」, 「낙태논쟁의 내용과 의미」를 썼다.

어릴 때부터 누군가의 앞에서 자기소개를 해야 할 때면 항상 고민이 많았다. 무엇이 나의 정체성을 결정하는가. "6학년 3반 윤정원입니다"에서 대학에 온 후에는 "85년생 부산 출신입니다"가 되었다. 여성주의 공동체에서는 내가 지은 별명과 취미를 이야기했고, 영어회화 학원에서는 제니스 조플린을 따라 지은 영어 이름을 말했다. 그러다가 산부인과 전공의가 된 이후로는 지금까지 쭉 내 자기소개 1순위는 "저는 산부인과 의사입니다"이다. 이 문장은 내가 하는 일뿐만 아니라 지난 고민들과 지향과 장래희망을 모두 포함하는 것이다.

산과, 부인과에서 여성 질환 전반으로 영역 넓어져

진로나 직업이 아니라 일단 학문적인 측면으로, 산부인과는 아래와 같은 세부 분야로 나눌 수 있다. 전통적으로 '산과(Obstetrics)'와 '부인과(Gynecology)'를 합쳐 산부인과(OBGY)로 불렸는데, 최근에는 여성 질환 전반으로 영역을 넓히려는 추세이다.

- **산과(Obstetrics)** 임신과 분만, 산욕기 동안의 산모와 태아의 건강을 보살피는 역할을 한다. 산부인과의 가장 기본적인 업무라고 할 수 있다. 임신 준비 전 검사, 산전 검사, 임신의 진단, 산전 관리, 분만, 산욕기 관리, 기형아 출생 예방 및 유전 상담, 사산이나 유산 시 임신중단, 인공유산 등의 업무를 수행한다. 최근에는 산전에 태아 이상을 조기 진단하고, 자궁 내 치료(약물 치료 및 수술)까지 시도하는 등 많은 발전을 보이고 있다.

- **부인과(Gynecology)** 다양한 양성 부인 질환(골반염, 자궁외임신, 난소나 자궁의 양성 혹, 질염, 성매개질환 등)은 물론 부인암(자궁경부암, 자궁내막암, 자궁육종, 난소암, 질암, 융모암 등)을 다루는 영역이다. 부인암을 진단 및 치료하는 영역을 특화해 '부인종양학(Gyn-oncology)'이라고 부르고 나머지를 '일반부인과학(General gynecology)'이라 부르기도 한다. 산부인과 전체 영역 중에서 특히 수술이 중요한 분야라 외과적인 성격이 가장 강하다.

- **생식내분비학(Endocrinology)** 여성호르몬과 관련된 전반적인 질환

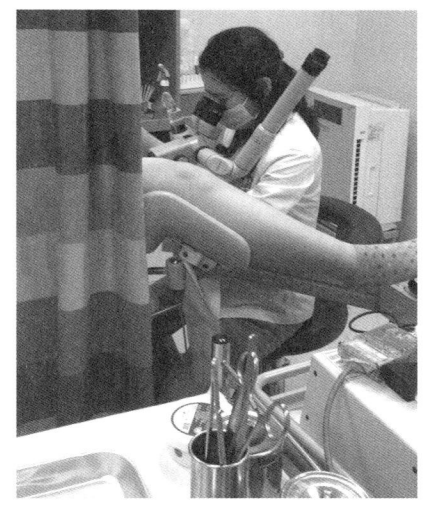

:: 산부인과 진료 중인 필자.

들의 진단 및 치료를 담당한다. 불임의 진단과 치료(인공수정이나 시험관아기 시술), 월경불순, 갱년기질환, 피임, 선천성 생식기 기형 등의 분야가 여기에 해당한다.

이들이 전통적인 영역의 산부인과의 근간이며, 이외에도 최근에 다양한 영역으로 외연을 넓혀 가고 있는 분야들은 다음과 같은 것들이 있다.

● 비뇨부인과학(Uro-gynecology) 중장년, 노년 여성의 상당수를 괴롭히는 배뇨 장애(요실금, 배뇨 곤란 등) 및 골반장기 탈출증과 같은 질환들은 폐경 이후 여성호르몬의 감소 및 골반 바닥 근육의 약화로 인해 온다. 이를 진단하고 치료하는 분야가 비뇨부인과학으로 생활 습관 개선 및 예방 운동, 약물 치료부터 간단한 시술, 수술에

이르기까지 다양한 치료 방법이 최근 활발히 개발되고 있다.

● **성의학(Sexology)** 세계보건기구(WHO)의 정의에 따르면, 건강은 질병이나 기능상의 장애가 없는 신체적 차원에만 국한되는 게 아니라 정서적, 정신적, 사회적 안녕 상태까지 포함한다. 성의학은 성 건강 및 성 권리와 관련된 학문으로, 종전에는 남성 중심의 성 각본(性脚本)에서 '이쁜이 수술' 등으로 오명을 쓴 부분도 있지만, 정신-신체적 접근을 모두 포함한 섹스 테라피(sex therapy: 성 치료. 성기능 장애가 발생한 원인을 신체 및 감정적인 면까지 포괄적으로 접근하고, 치료법도 약물 치료, 행동 치료, 인지 치료 등으로 폭넓게 활용하는 치료 방법), 성기 성형, 성욕 증진 약물 등 다양한 방법으로 성 건강을 증진시키기 위한 방법이 포함된다. 광의의 개념에는 성 소수자들의 성, 트랜스젠더의 약물 및 수술 치료, 청소년 성교육, 성폭력 피해자 진료 지침 개발 및 가해자 치료 등의 다양한 사회·문화적 고민 지점들이 있다.

● **유전학(Genetics)** 산과 및 불임 영역에서 분화한 과로, 염색체 이상을 비롯한 각종 유전 질환을 산전에 진단하거나 예방하는 작업을 수행한다. 유전될 수 있는 질환을 가진 부부를 사전에 검사해 문제가 없는 수정란(배아)을 골라 자궁 속에 이식하는 '착상 전 유전 진단' 같은 방법이 이루어지고 있다. 태아의 유전 질환을 진단하는 방법들도 종래의 양수 검사와 융모막 검사 같은 침습적인 방법에서, 점차 더 이른 시기에 혈액 속의 태반 호르몬을 검출하는 트리플 테스트(triple test), 쿼드 테스트(quad test)와 같은 방법들이 개발되었고,

최근에는 12주 정도의 아주 이른 시기에 산모의 혈액 속에서 태아 DNA를 검출하는 방법도 연구 중이다.

● **노화 방지 및 비만 관리** 산부인과만의 독자적인 진료 영역이라고 보기는 어렵지만, 최근 삶의 질을 중시하는 풍토와 웰빙(well-being)에 대한 사회적 관심이 증가함에 따라 산부인과 의사들도 여성의 노화와 비만을 극복하기 위한 다양한 치료법을 진료 영역에 포함시키는 추세이다.

산부인과는 의학의 축소판이다

사실 나는 큰 고민을 하지 않고 산부인과를 선택했다. 본과 1학년에 발생학을 배울 때는 포르말린에 담긴 재태(在胎) 월령별 다양한 크기의 태아 표본을 보면서 생명유지장치가 없던 과거에 태어나 죽을 수밖에 없었던 아기들과 아기를 마음에 묻고 시신을 기증한 어머니의 마음을 생각했다. 병원의 유·소아를 위한 재활 학교에서 아이들에게 1주일에 한 번 점심을 먹이는 봉사 활동을 할 때는 아이와 관계를 맺는 법을 배우는 것도 물론 좋았지만, 선천 질환이나 분만 과정의 사고로 인해 아이의 한순간 한순간이 자기 인생의 전부가 되는 삶을 살고 있는 엄마들에게 한 시간의 휴식을 줄 수 있어서 더 좋았다. 이런 경험을 통해 생명이 시작되는 시점에서 의사의 역할이 중요하다는 막연한 생각을 가지게 되었던 것 같다. 또 본과 2학년 때 여학생회를 하면서 접하게 된 여성주의의 영향으로 성폭력상담소의 활동이나 성인지의학(gender medicine: 남성과 여성의 차이에 초점을 맞춘 의학을 연구·실천하는 학문. 더불어 젠더와 연관된 월경전증후군, 섭식장애, 성소수자 등을 연구한다)에 관심을 가지게 된 내게, 산부인과 선택은 지극히 자연스러운 일이었는지도 모르겠다.

산부인과는 의학의 축소판과도 같은 분야이다. 의대를 졸업한 학생들의 진로를 과별로 세분하면 수십 가지에 달하며 저마다 특색을 지니고 있다. 이 중 환자를 대하는 임상의학 영역을 크게 구분하자면 내과 분야(내과, 소아과, 신경과, 정신과 등), 외과 분야(일반외과, 정형외과, 흉부외과 등), 진료 지원 분야(영상의학과, 병리과, 진단검사의학과 등)로 나눌 수 있다. 산부인과는 각 분야의 면모를 골고루 가지고 있다. 외과 요소(분만, 제왕절개술, 자궁절제술, 자궁암이나 난소암 등의 수술 등), 내과 요소(불임, 폐경, 월경 장애, 부인암 항암 치료 등)는 물론 진료 지원 요소(골반초음파, 자궁경부암 세포진 검사 등)를 비교적 골고루 갖추고 있기 때문이다. 자궁경부암 검진 결과를 판독하고, 초음파로 진단을 하며, 수술과 항암 치료를 하는 등 예방부터 진단과 치료에 이르는 전 과정을 통합적으로 경험할 수 있다.

물론 하나의 세부 분야로 들어가 전문의가 되는 길도 다양하다. 산과는 역동적인 삶을 추구하는 사람들, 응급 상황 시 순발력과 임기응변이 뛰어난 사람들, 밤잠이 없는 사람들(?)이 도전해 볼 만한 곳이다. 부인과는 손으로 하는 작업을 좋아하는 사람들, 또는 발암기전과 유전자 검사 등 분자생물학 연구에 관심이 많은 사람들에게 매력적이다. 불임 및 내분비 영역은 상대적으로 내과의 색깔이 강하고 응급 상황이 적은 대신, 불임 진단과 치료가 그러하듯 끈기와 집요함을 요한다. 그런 만큼 전공의 수련 기간 동안 다양한 상황을 접하며 자신의 적성을 충분히

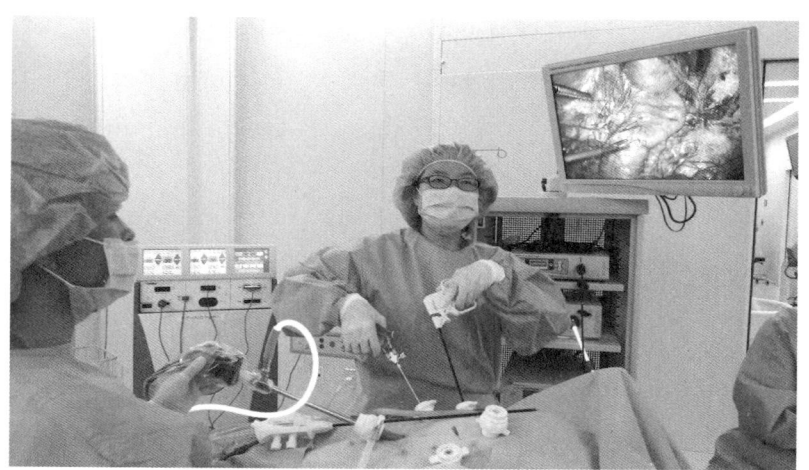

:: 전공의 시절, 돼지 복강경 술기 트레이닝 모습.

검토한 뒤에 전문의 취득 이후 방향을 결정하는 것이 좋다. 대학병원 의사부터 개원의, 검진 전문 의사, 유전 검사나 보건학 등 환자를 직접 보지 않는 의사까지, 산부인과는 의국 졸업 후 진로 선택지가 다양하다는 장점이 있다.

또 전문 분과 의사로서 주치의 역할에 가장 근접하다는 것도 산부인과 의사의 매력이다. 출생부터 초경, 성교육, 성경험 이후의 검진, 임신과 출산, 완경, 부인암의 진단과 치료, 호스피스까지, 삶의 시작부터 끝까지 여성의 일생을 관통하는 조력자이자 동반자로서 지역에 복무할 수 있다. 환자들의 민감한 사생활과 과거력이 중요한 부분이다 보니 문진과 병력 청취가 중요하고, 이런 과정을 통해 전인적으로 환자를 바라보는 관점을 익힐 수 있다.

나는 한 번도 산부인과를 선택한 걸 후회한 적 없다. 한 해 한 해 지날수록, 하루하루 환자를 만날수록 점점 더 내 직업이 좋아지고 선택하길 잘했다고 생각한다. 몸이 너무 힘들고 마음이 어려운 순간에도 '재미있으니까 이걸 하지, 재미없었으면 돈 받고도 안 한다'고 생각한다. 나를 산부인과 의사라고 남들한테 소개할 때면 아직도 가슴이 떨린다.

산부인과 전공의로 살아가기

밤 12시 반, 39주 임신부가 분만실로 들어왔다. 하혈과 함께 단단하게 뭉쳐 있는 배, 전형적인 조기태반박리였다. 산부인과학 교과서에는 조기태반박리가 일어난 후 태아가 나오기까지의 시간을 5분 간격으로 나누어 뇌성마비가 될 확률을 제시한다. 한시라도 빨리 아기를 꺼내야 한다.

"당장 수술실로 와 주세요!" 소아과와 마취과, 수술실 간호사들에게 양해가 아닌 통보 전화를 하고, 교수님께 나오시라고 하고, 미친 듯이 카트를 직접 끌고 수술실로 향했다. 아기를 꺼낸 건 엄마가 병원에 온 시각으로부터 16분. 아기의 울음소리를 들은 순간부터 교수님이 도착할 때까지 손이 풀려 어떻게 수술을 마무리했는지 기억이 나질 않는다. 교수님 없이 한 내 첫 집도 수술이자, 의사로 살며 네 번째와 다섯 번째로 내가 살린 환자 '들'이었다.

산부인과는 육체적으로 힘들고, 특히 전공의 시절에는 당직 시간이 많고 집중도가 요구되기 때문에 정신적으로 부담이 크다. 바이탈(vital sign: 활력 징후, 혈압, 맥박, 호흡, 소변량 등 신체 상태를 평가하는 기본적인 지표. 생명과 직결되는 치료를 요구하는 내과, 외과, 산부인과, 소아과에서 주로 다룬다)을 다루는 과답게 순간순간의 판단과 선택이 중요하기 때문에 집중과 적절한 긴장을 잘 유지하는 것이 덕목이다. 하지만 힘든 만큼 보람도 큰 것이 사실이다. 1년 차 때 멋모르고 들어갔다 화장실도 못 가고 10시간의 대수술 스크럽(scrub, 수술 보조)을 섰던 환자를 석 달간의 항암 치료까지 마치고 퇴원시켰을 때, 그리고 그 환자를 펠로가 된 지금 외래에서 만나서 5년간의 무병 상태, 즉 완치 판정을 주며 온 가족과 함께 부둥켜안고 울었을 때. 일반부인과에서 자궁근종 수술을 받고 퇴원한 환자를 산과에서 만날 때, 그리고 그녀의 아이가 첫 울음을 우는 순간까지 함께할 수 있을 때. 겁에 질려 수술해달라는 엄마를 잘 다독이고 격려해서 자연분만에 성공한 후 상기된 부모의 얼굴을 볼 때, 그리고 간호사 선생님, 소아과 선생님까지 다 같이 둘러앉아 아기 아빠가 건네준 케이크를 먹을 때. 산부인과를 선택하는 선생님들의 4년이 이처럼 반짝거리는 순간들로 수놓아지리라 확신한다.

전공의 시절에 선배들로부터 가장 많이 들었던 이야기는 산부인과가 힘들다는 것이었다. 저출산 분위기와 업무 강도에 비해 상대적으로 낮은 수가, 의료 소송이나 환자와의 갈등도 한 번 발생하면 크게 문제가 되는 경우가 많아 환자를 미리 경계하게 되기도 하고 위험이 높은 영역을 기피하는 경향도 있다. 많은 전문의들이 미용이나 검진, '이쁜이 수술'로 대표되는 일반 시술 쪽으로 빠지는 것이 이 때문이다. 그래서 전문의가 된 후에는 상대적인 박탈감('내가 어떻게 고생해서 전문의가 되었는데')과 자괴감('전공의 때 배운 게 무슨 소용인가')을 이야기하는 의사들을 종종 보았다.

이를 위해서는 수련 기간과 진료 기간에 나름의 스트레스 관리법을 만드는 한편 사회에서 동떨어지지 않도록 참여 의식을 갖는 게 중요하다고 생각한다. 내 경우에는 개인적으로 공공의료 강화에 뜻을 두고 있다. 앞서 응급 제왕절개 건을 겪으면서, 우리나라에 분만 시설이 없는 지자체가 57개로 전체의 5분의 1이 넘고, OECD 회원국 가운데 모성 사망률이 가장 높다는 걸 알게 되었다. 그 아기가 뇌성마비 없이 살 수 있게 된 건 나 때문도, 발달한 의료 수준 때문도 아니다. 단순히 운이 좋아서다. 이런 생각을 바탕으로 2014년 의사파업 당시 의료민영화반대전공의협의회를 조직했고, 지금은 '건강과대안'이라는 연구소의 젠더와건강팀에서 활동하고 있다. 모쪼록 더 많은 예비 의사, 예비 산부인과 의사들이 다양한 관심사로 사회에 좋은 영향을 줄 수 있는 진로를 선택하길 바라는 마음이다.

외과 의사가 말하는 외과

| 조규석 |

순천향대학교 의과대학을 졸업한 외과학 의학박사. 순천향대학교 의과대학 외과학교실 교수이자 부천의료복
지사회적협동조합 이사장, (사)어린이의약품지원본부 이사로 활동하고 있다.

의대를 졸업하기 전 임상 실습을 할 때나 인턴 초반기에는 상당
수의 후배들이 외과를 하고 싶어 한다. 이유를 물어보면 가장 의사다운
과이고 멋있어서라고 한다. 하지만 실제 전공과를 선택할 때가 되면 외
과를 하겠다고 했던 모든 학생과 인턴들이 하나같이 변심을 한다. 덜
힘들고, 수익이 조금이라도 많은 과를 선택하는 것이다.

난 왜 외과를 하게 되었을까?

20여 년 전이다. 의사의 길을 선택한 것이 이미 인생에서 중요한 선
택을 한 것이었지만, 의사가 된 후 무슨 과를 하느냐 역시 의사로서의

인생을 어떻게 살 것인가를 결정하는 중요한 선택이기도 하다. 전공을 고민하는 후배들에게 거의 모든 선배 의사들은 본인의 과를 자랑하고 그 외의 과는 별 볼 일 없는 양 떠벌린다. 후배들에겐 본인과 친분이 있는 선배들의 충고가 더 와 닿기 마련이고 결국은 전공과를 선택하는 가장 중요한 요인이 되곤 한다.

나도 어찌하다 보니 선배의 권유로 인해 외과를 택하기는 했지만, 돌이켜 보면 내 마음속에는 'great surgeon'에 대한 동경이 있었던 것 같다. 지금은 응급의학과가 새로이 만들어져 응급실의 응급 환자에 대한 1차 처치를 담당하고 있지만, 내가 외과 전공의를 할 때만 해도 응급실에서 응급 처치인 ABC(airway, breathing, circulation의 약자로 환자의 생명을 살리기 위해 가장 먼저 처치해야 할 응급 처치 순서)를 능숙하게 할 수 있는 의사는 외과 의사밖에 없었다. 환자의 생명이 위태롭고, 그 원인을 미처 알아내기 전일지라도 외과 의사는 냉정한 지시와 한 치의 흔들림 없는 처치로 다시 온전한 생명으로 살려 놓았다. 이러한 외과 의사가 'great surgeon'이라 생각하였던 것 같다. 외과 전공의를 할 때만 해도, 외과가 병원에서 가장 중요한 역할을 하고 그 외의 과들은 외과를 지원하기 위해 존재한다고 생각하기도 하였다.

부족한 외과 전공의와 대안

전공의 지원을 받는 연말이면, 의료에도 3D가 있다며 진료 수입이 많은 인기 과에 전공의가 몰리고 외과 같은 일부 과에 전공의 지원이 적어 문제라는 기사를 종종 본다. 외과 전공의 수는 15여 년 전부터 서서히 감소하여 현재까지도 지속적으로 미달이다. 외과 전공의 지원이 적은 주된 이유는 고된 수련 과정을 통해 배운 고난도의 술기를 전문의가 된 후에 써먹을 기회가 극히 적으며, 외과 환자 자체가 적어 수입이 타과에 비해 상대적으로 적기 때문이다.

이를 위한 해결책으로 정부에서는 전공의 수련 지원금도 늘리고, 외과 수가도 30퍼센트 추가 지급하였지만 여전히 전국적으로 미달인 상황이다. 외과 수가의 30퍼센트 추가 지급은 대형 병원의 수익만 올릴 뿐이지 대부분의 외과의에게는 언 발에 오줌 누기이다. 대형 병원들은 고수가의 수술을 최대한 많이 하기 위해 병실을 최대한 늘렸고, 한편으로 성과급 제도를 도입하여 외과의들을 경쟁시켰다. 그래서 거대 대형 병원은 몇 년 사이에 2~3배의 병실을 확장하였고, 대형 병원의 외과의는 성과급을 늘리기 위해 마구잡이식으로 수술 건수를 늘리고 있다. 반면에 지방 병원과 준종합병원은 환자의 대형 병원 쏠림 현상으로 외과 환자 수가 더 줄어들고, 그만큼 수입이 줄기 때문에 과잉 진료를 하게 되고, 전문이 아닌 미용·비만 치료로 눈을 돌리는 것이다.

외과 전공의 지원을 늘리겠다고 만든 제도가 인간의 생명을 가장 우선시해야 할 외과의를 자본의 노예로 만들고 외과의의 장점을 가려, 결국 외과 전공의 선택을 더 어렵게 만들고 있는 것이다. 대형 병원의 환자 쏠림을 방지하는 의료전달체계 확립과 지역별 병상 규제 없이, 외과 수가만 30퍼센트 추가 지급하는 것은 빈익빈 부익부를 야기할 뿐 외과 전공의를 확보하는 대안이 아닌 것이다.

외과 의사가 줄어 언젠가는 맹장염(급성충수돌기염)조차도 외국 의사한테 수술을 받아야 하는 시대가 올지도 모른다는 기사를 접한 적이 있다. 하지만 난 절대 그런 날은 오지 않을 것이라 생각한다. 왜냐면 외과의 수술과 치료는 다른 어느 과의 치료보다 훨씬 더 흥미롭고 감동적이어서, 전공 실력을 발휘할 수 있게만 해 준다면 많은 의사들은 본인의 몸이 고될지라도 애써 외과의를 하고자 할 것이기 때문이다. 대형 병원들에서 외과 환자를 쓸어 가지 않음으로써 모든 외과 의사들이 고되게 배운 지식을 활용하게 해 주는 것이 외과 전공의를 늘리는 길이다.

만능이 되어야 하는 외과의

외과의 수술과 치료는 다른 어느 과의 치료보다 훨씬 드라마틱하다. 복강 내 위장관이 여러 이유로 인해 천공되거나 염증이 생기는 복막염이 발생하면 환자가 통증을 참기 위해 복근에 힘을 주기 때문에 마치 두꺼운 판자를 만지는 듯한 촉감이다. 환자는 배를 움켜잡으며 제대로 눕지도 못하고 숨쉬기도 힘들어한다. 간혹 노령으로 통증이 무뎌져 이러한 복통을 참아 내는 분도 있지만, 대부분 곧바로 응급실로 오게된다. 만약 통증을 참고 병원에 가지 않거나, 의사가 판단을 잘못하여 수술을 미룬다면 1~2일 후에 패혈성 쇼크가 올 수 있으며, 이를 곧바로 치료하지 않으면 사망으로 이어지게 된다. 환자들이 통증을 호소하는 정도가 다르고, 간혹 일반 검사로 발견되지 않는 경우가 있어 외과의의 냉철한 판단이 생명을 좌지우지하게 되는 것이다.

복막염 환자의 복강 내 상황을 일반인들은 상상도 못할 것이다. 어떻게 사람의 배 안에 저렇게 많은 고름과 배설물들이 고여 있을 수 있으며, 이렇게 독한 냄새가 날 수 있는지 상상 그 이상이다. 전에 복막염 환자를 수술하기 위해 개복하던 중 복강 내 가스에 불이 붙어 화상이 발생하기도 하였다. 천공된 위장관을 잘라 내고, 꿰매고, 오염된 복강을 깨끗이 세척해 내면, 수술자의 마음까지도 개운해지고 환자는 안정을 되찾게 된다. 가능한 한 빠른 시간 내에 정확하게 수술하기 위해서는 능숙한 손기술과 경험이 중요하다. 몇 시간에 불과한 치료 시기를 놓쳤다면 고통 속에 사망했을 환자도 수술 후 2~3일 만에 식사하고 10여 일이면 멀쩡히 집으로 가게 된다.

하지만 모든 치료가 이처럼 단순하지만은 않다. 복막염 발생 후 아무리 빨리 수술을 한다 하여도 세균과 염증 반응성 단백질 등에 의해 폐, 간, 콩팥, 심장 등에 기능 저하나 세포 파괴가 발생하기 때문에 이에 대한 대비와 교정을 해 줘야 하는 것이다. 외과 의사는 우선적으로 수술을 잘해야 하지만, 내과 의사 못지않게 모든 장기의 기능과 원리를 잘 파악하고 적시에 적절한 약물을 투여할 줄 알아야 한다. 외과의는 어느 의사보다 정확한 판단, 능숙한 경험, 몸 전체에 대한 깊은 지식이 필요하고, 또 그렇게 될 수 있도록 고된 수련 과정을 겪어야 한다.

최근에는 복강경 수술(복강 내에 가스를 삽입해 배를 부르게 한 후 복강에 카메라를 집어넣어 모니터를 보면서 여러 복강경 장비로 절제와 봉합 등을 하는 수술)이 복강 내 모든 암에 시도되고 있다. 과거에는 복부에 20~30센티미터의 길이에 이르는 절개를 하고 수술을 하여 수술 후 통증과 후유증이 많았는데, 복강경 수술이 확대되면서 통증도 적고, 회복도 빠르게 되었다. 초기에는 너무나 어려운 수술이었지만 시간이 지나면서 유용한 복강경 지혈 장비가 개발되었고, 평면 화면이 3D 화면으로 업그레이드되었다. 그래서 이제는 복강경 수술이 환자에게도 이점이 많을뿐더러 외과의에게도 좀 더 편안하고 빠른 수술이 되었다. 선배 의사들은 개복 수술을 할 줄 알아야 복강경 수술을 한다고 하지

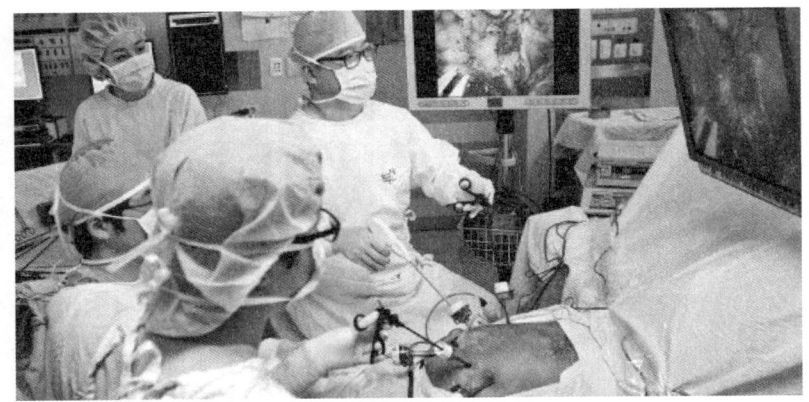
:: 복강경 위절제술 장면.

만, 실제 개복 수술할 때보다 복강경 수술할 때 시야가 훨씬 확대되고 밝아지기 때문에 복강경 수술만으로도 더 잘 배울 수가 있다. 복강경 수술은 모니터를 보면서 수술을 하기 때문에 젊은 외과의들을 중심으로 점차 확대되어 가고 있다. 앞으로도 환자의 빠른 회복과 외과의의 편안한 수술을 위해 의료 기술과 장비는 지속적으로 발전할 것이고, 따라서 도전적이고 혁신하는 외과의가 빛을 발할 것이다.

사회의 아픔을 치료하는 외과의

사회의 병폐를 치료하기 위해서는 행동해야 하는 때를 정확히 알아차리고, 무엇을 실천해야 하는지 알며, 구성원들을 살릴 수 있는 대안을 만들어야 한다. 이는 외과 수술 및 치료 과정과 흡사하다. 나는 외과의 생활을 통해 환자를 치료하는 것과 더불어 자연스럽게 사회 병폐에 대해서도 관심을 갖게 되었다.

지난 2009년 쌍용자동차 노조는 사측의 부당한 구조 조정에 대항하여 옥쇄 파업을 진행하였고, 그 이후로 26명의 쌍용자동차 가족이 사망하는 안타까운 사건이 발생하였다. 5월 13일 평택공장 노동자 3명이 70미터 굴뚝에 고공 농성을 위해 올라가던 중, 한 명이 무릎이 찢어지는 사고가 발생하였다. 봉합을 해야 하는데 내려오지 않겠다고 하여 의료인 누군가가 올라가야 하는 상황이 발생하였다. 그날 오후 외과의인 내게 부탁이 들어왔고 난 흔쾌히 승낙하였다. 두려움보다는 내가 봉합을 할 수 있는 외과의라는 것이 얼마나 다행인지 몰랐고, 몸과 마음이 아팠을 노동자를 치료할 수 있게 나한테 연락해 줘서 고마웠다.

처음으로 사다리를 타고 70미터 굴뚝을 한 발 한 발 올라가는데, 중간쯤 지나면서 너무 힘을 꽉 쥐어서 그런지 손에 쥐가 나는 것 같고 다리는 후들거렸다. 상처를 봉합하고 노동자들에게 힘내시라고 말씀드린 후 내려오려고 하니 이미 어둠이 깔리기 시작하여 불안하긴 했지만 큰 수술을 성공적으로 마치고 난 것처럼 뿌듯하였다.

그 이후로 쌍용자동차 파업은 77일간 계속되었는데, 사 측은 직장을 폐쇄하고, 이어서 음식물 차단, 단수, 전기 차단 순으로 노동자들을 고립시켰다. 경찰은 스티로폼이 녹아내리는 최루액을 다량 살포하였다. 부상자가 속출하고, 고립되면서 그동안 없던 병도 생기는 노동자가 많아졌는데 사 측은 의료진마저 출입을 막아 버렸다. 전쟁 중에도 부상자는 치료하는데, 의료진 출입을 막는 비인간적인 폭압에 우리는 당연히 항의를 하였다. 그러자 노조 측에서 데려온 의료진은 들여보내기 싫다며 사 측이 직접 들여보낼 의료진을 섭외하겠다고 하였지만 이에 응하는 의료진이 아무도 없었다. 결국 다시 우리가 어렵게 쪽문을 통해 의료 장비를 들고 농성장에 들어갈 수 있었다.

농성 노동자와 구사대는 서로 마주 보는 건물 위에서 엄지손가락만 한 볼트를 새총에 끼워 날리고 있어 공장 내부는 전장을 방불케 하는 긴장감이 흐르고 있었다. 그 사이를 지나 농성장에 가 보니 최루액으로 인한 화상 환자, 볼트 등에 맞아 여기저기 찢어지고 파인 상처를 가진 환자, 이렇게 농성이 길어질 줄 모르고 약을 가져오지 않은 고혈압·당뇨 환자, 긴장과 스트레스에 의해 발생한 여러 질환을 가진 환자들이 생각보다 많았다. 정신없이 상처 소독, 봉합, 약 처방 등을 하고 난 후에야 주변 분위기를 파악할 수 있었는데 농성 노동자들은 생각보다 밝고 자신감이 많았다. 농성장은 이미 단수, 단전 조치에 대비하고 있었고, 매일 평가와 결의대회를 진행하는 등 한상균 지부장(현 민주노총 위원장)을 중심으로 일사분란하게 봉쇄 투쟁을 진행하고 있었다. 적어도 몇 달은 투쟁할 수 있는 준비와 각오가 있기에 다음을 기약하고 미로 같은 통로로 빠져나왔다. 하지만 며칠 후 경찰은 헬기를 이용해 폭력적인 진압을 하였고, 수많은 노동자가 다치고 추락하는 사고가 발생하였다. 저분들은 어느 때보다도 외과의를 필요로 할 텐데 의사의 의무를 행하지 못하고 있는 내가 나약하게 느껴졌고, 한편으로 공권력에 대한 분노가 치밀어 올랐다. 그 이후 농성장에서 부르면 언제 어디든지 달려가게 되었다.

언제부터인가 노동자들이 고공으로 올라가고 있다. 쌍용자동차 해고노동자가 고압선 철탑 위에서 복직을 위해 고공 농성을 하였고, 부당한 해고를 당한 건설 노동자는 타워크레인에 올라갔고, 기아자동차 비정규직 노동자는 건물 옥상의 광고탑으로 올라가 고공 농성을 하였다. 노동자의 목숨을 내건 싸움에, 노동자의 주장이 정당하건 부당하건 최

:: 쌍용차 해고노동자 복직을 위한 고압선 철탑 고공 농성 의료 지원(위)과 건설 노동자 부당 해고 철회를 위한 타워크레인 고공 농성 의료 지원(아래).

소한의 인도적인 조치를 취해야 하는 것이 의료인의 의무라고 생각한다. 이러한 노동자 의료 지원 시에는 일반적으로 접하는 질병이 아닌, 특수한 질병에 대해 공부를 해야 한다. 고압선 전류가 인체에 어떤 영향을 미치는지, 한 달 동안 단식을 할 경우 인체에 어떤 합병증을 유발시키는지, 영하 20도의 혹한에 아무런 온열기구 없이 겨울을 지내면 무슨 문제가 생길 수 있는지를 알아야 한다.

:: 의료 지원을 위해 타워크레인을 오르는 필자의 모습.

고공 농성장에 의료 지원을 다녀 본 결과 농성으로 인한 문제는 생각보다 단순하면서도 공통적이었다. 좁은 공간에서 지내다 보니 발생하는 근골격계 질환과, 고공 농성 시간이 길어지는데 해결의 실마리가 보이지 않고 언론의 관심도 시들해지면서 생기는 원망과 조급함으로 우울증이 발생한다는 것이다. 고공 농성장은 모든 사람의 출입을 금지하지만 의료진만은 예외이다. 올라가 직접 얼굴을 맞댈 수 있는 사람은 의료진밖에 없는 상황에서 결국 의료진이 이러한 문제들을 해결해야 한다. 기본적인 건강 검진은 물론이고 어떤 때는 수다쟁이가 되어야 하고, 어떤 때는 물리치료사 혹은 운동처방사가 되어야 한다. 간혹 문제가 해결이 안 되면 고공 농성을 중단시켜야 하는 경우도 발생한다.

지역주민들의 '아는 의사'

10퍼센트도 안 되는 공공의료를 활성화시키는 것이 아니라 의료를 이용한 돈벌이에 혈안이 된 자본친화적 정권에 대해, 인도주의실천의사협의회(인의협)는 끊임없이 올바른 의료 정책을 주장하며 의료민영화를 반대해 왔다. 하지만 제주도에 영리병원 설립 허가가 나고, 영리자회사 설립이 합법화되었다. 원격 진료는 의학적 효과가 검증되지 않았는데도, 의사들이 파업하겠다고 협박을 해도, 정부는 원격 진료를 밀어붙여 시행하려 한다. 반면에 사회적으로 보건의료는 당장 중요한 문제가 아니고 관심거리가 아니다. 진료 현장에서는 갑갑할 노릇이다.

올바른 보건의료 정책을 아무리 많이 제시하여도 받아들여지지 않는 이유는 여러 가지가 있겠지만, 단순하게 생각하자면 국민의 목소리가 작기 때문이라고 생각한다. 중요한 보건의료 정책을 제안했지만 국민들, 여러 단체들에게는 더 중요한 문제들이 많아 우선순위에서 밀리고 있는 것이다. 나는 자신의 건강을 스스로 챙기고 마을의 건강공동체를 만들고자 하는 시민들이 많아져야 올바른 보건의료 정책도 목소리가 커지리라 생각한다. 일부 정책가의 주장이 아니라 생활에서 나온 보건의료 정책이야말로 힘을 발휘하고 대안을 제시할 수 있을 것이다. 그러한 일을 할 수 있는 곳이 바로 의료복지사회적협동조합이다.

20여 년 동안 한국의 의료복지사회적협동조합(과거의 의료생활협동조합이 전환한 형태)은 주변 지역주민들의 주치의 역할을 충실히 해왔으나, 한국의 전체 보건의료 정책에는 별다른 역할을 하지 못했다. 의료생협의 선배 의료인들의 헌신과 노력으로 만들어진 건강공동체를 확대, 발전시키기 위해서는 일본 민주의료기관연합회(민의련)의 사례를 따라 배울 필요가 있다. 건강한 보건의료 정책을 위해서는 일본 민의련과 같은 종합병원이 필요할 것이다.

이를 위해 나는 의료복지사회적협동조합 조합원을 모집하고, 시민

:: 부천의료복지사회적협동조합의 찾아가는 의료 봉사 모습.

스스로가 건강의 주체임을 깨닫게 하는 활동을 하고 있다. 가장 좋은 처방은 자기를 잘 아는 의사가 하는 치료일 것이다. 나의 별명이 '아는 의사'이다. 아는 의사이기에 아무 때나 편하게 찾아 상담할 수 있고, 무엇보다 나에 대해 잘 아는 의사라는 의미이다. 의사가 환자를 병원에서만 만나지 말고 일상생활에서 접촉해야 더 친밀해질 것이며, 질병이 생기기 전에 예방 교육, 운동 등 건강 강좌를 실시하는 것이 더 올바른 처방일 것이다.

의사는 개인의 아픔만이 아닌 사회의 아픔을 치료할 줄 알아야 한다. 그리고 시민들을 건강의 주체로 세우는 친절하고 유능한, '아는 의사'여야 한다. 외과의는 모든 질병을 다 알고 있어야 하고, 어느 곳에서나 가장 효과적인 치료를 할 수 있기에 난 여전히 외과의가 가장 의사다운 의사라고 생각한다.

건강의 동반자, 가정의학과

| 김주연 |

1990년 경희대학교 의과대학을 졸업하고 경희의료원에서 인턴과 가정의학과 수련을 받았다. 1995년 가정
의학과 전문의, 1999년 예방의학 박사 학위를 취득했다. 1995년부터 2007년까지 가정의학과 의원을 운영
하였으며, 현재 카이스트부속의원에 근무하고 있다. 건강권과 관련된 몇 권의 책을 번역하였으며, 인도주의
실천의사협의회 회원으로 활동하고 있다.

가정의학과는 학문적인 필요보다는 사회적인 필요 때문에
만들어진 과이다.

　그동안 의학의 발달로 배우고 연구해야 할 분야가 넓고 깊어짐에
따라 의학은 내과, 외과, 소아과, 산부인과 등 각 과목으로 나뉘고, 또
다시 갑상선 전문, 당뇨병 전문, 고혈압 전문, 내시경 전문, 장기이식
전문 등 분과로 분화를 거듭하고 있다. 이런 추세는 의학의 발전과 전
문적인 치료를 위해서는 필요한 일이지만, 수많은 '일반' 환자들의 입
장에서는 여간 성가신 일이 아니며 사회적 비용도 만만치 않다. 예를
들어 퇴행성관절염도 있고 초기 백내장도 있는 노인이 감기에 걸렸다
고 치자. 정형외과도 가야 하고 안과도 가야 하고 내과 혹은 이비인후
과도 가서 따로따로 진료를 받고 처방을 받아야 한다. 환자 입장에서도

:: 외래 진료 중인 필자의 모습.

불편하기 짝이 없고, 경제적으로도 부담이 크다.

한편 분화를 거듭하는 전문 과목을 중심으로 깊게 공부한 의사 중에서 배운 지식과 기술을 다 펼 수 있는 병원(주로 대학병원 등 대형 병원)에 남는 사람은 아주 일부일 뿐, 대부분의 의사들은 전공의 수련, 혹은 펠로 수련이 끝나면 중소병원에 취업하거나 개업을 하게 된다. 이들 중에는 전문 분야 중심의 개인의원을 운영하는 경우도 있지만 전문 과목을 전공한 모든 의사가 그렇게 할 수는 없다. 결국 많은 의사들이 전문의 자격을 따고 나면 자신이 배운 것의 극히 일부만을 실제 진료에 이용하게 된다. 뿐만 아니라 지역사회의 환자들이 들고 오는 여러 분야의 흔한 질환들에 대해서는 제대로 수련을 받지 못한 채 진료를 하게 된다.

가정의학과는 이런 문제를 보완해서 지역사회의 1차진료를 담당하기 위해 만들어졌다. 즉 환자들의 나이나 진료 과목에 관계없이 주치의로서 일차적으로 환자들을 접하고, 1차의료에서 감당하기 힘든 질환이 발생했을 때에는 적절한 전문과의 전문의에게 보내는 안내자 역할을 한다. 이런 특성 때문에 가정의학과는 중환자들을 살려 내거나 수술로 환자를 극적으로 회복시키는 것 같은 활약은 하지 못하지만 지역사회에서 환자들의 주치의로서 오랜 시간 함께 지내며 건강 지킴이로서의 역할을 한다.

나는 한 아파트 단지의 상가에서 10년간 가정의학과 의원을 운영했다. 주중에는 아침 9시부터 저녁 6시 30분까지, 토요일에는 오후 4시까지 근무했고, 점심시간은 12시 30분부터 2시까지였다. 일요일과 공휴일에는 근무를 하지 않았는데, 다른 개원의들에 비해서는 근무시간이 적은 편이었다. 요즘 개원의들의 근무 시간은 매우 다양한데, 저녁 시간이나 휴일에도 문을 여는 경우가 많고, 혼자보다는 여럿이 함께 개업하여 진료시간표에 따라 돌아가면서 진료하기도 한다.

가정의학과 개업의의 육체적 노동 강도는 강한 편이 아니다. 환자를 진료하고 드레싱(상처를 소독하는 일)이나 처치를 하는 일이니 그다지 힘들지는 않다. 동네 주치의로서의 어려움은 환자들과의 지속적인 관계를 맺어 가는 것, 그에 따라 병원을 오래 비울 수 없다는 부분에 있다. 의사들은 다른 업종과 달리 종업원이나 타인에게 병원을 맡길 수 없고, 설사 대진의(아르바이트 형태로 일정 기간만 업무를 맡기는 의사)를 초빙해 놓는다 해도 동네 의원을 찾는 대부분의 환자들은 원장을 '주치의'로 생각하고 찾아오기 때문에 낯가림을 상당히 한다. 이런 관계 때문에 휴가는 물론 학회나 회의 참석 등의 일정으로 병원을 비우기가 어렵다는 것이 개인적으로 가장 큰 어려움이었다.

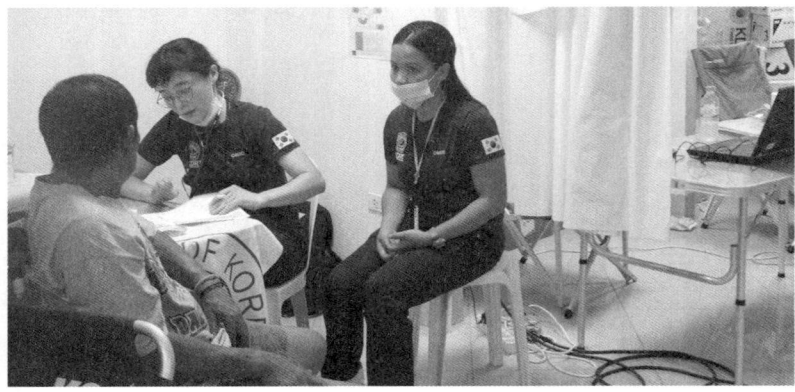

:: 2016년, '세계의 심장'이라는 단체의 캄보디아 캄퐁츠낭 지역 정기 진료 모습(위)과 2013년 필리핀을 강타한 태풍의 최대 피해지인 타클로반에서 대한민국긴급구호대(KDRT) 파견 활동 모습(중간, 아래).

늦은 진로 변경, 모험을 하다

나는 고등학교에 진학할 때까지는 의사가 되고자 하는 생각이 없었다. 막연히 어려서부터 전공해 온 음악을 그대로 계속하리라 생각했었다. 하지만 앞으로 어떻게 살 것인지에 대해 고민하는 나이가 되자 회의가 들기 시작했다. 음악을 좋아하기는 했지만 재능이 뛰어나지는 않았고, 성격상 연주보다는 혼자서 분석하고 표현하는 쪽이 좋았다. 무엇보다도 음악에 쏟아 왔던 시간과 노력을 다른 곳으로 돌려 사회에 좀 더 직접 도움이 될 수 있는 공부가 하고 싶어졌다. 그래서 생각한 것이 의학이었다.

고등학교 2학년 2학기가 되어서 의대에 가겠다고 하자 부모님의 반대가 심했다. 10년 넘게 해 온 음악을 그만두는 것이 안타깝기도 하셨을 것이고, 이제부터 준비해서 의대에 갈 수 있을지 불확실했기 때문이었을 것이다. 내가 다니던 서울예고에는 문과밖에 없었기 때문에(당시에는 예체능계가 없었다) 이과로 학력고사 시험을 치를 수가 없었고, 5공화국 정권의 유일한 치적(?)인 과외 금지 조치가 내려졌던 때라 학원이나 개인 교습을 통해 공부할 수도 없었다. 그러나 당시의 나는 막무가내였다. 부모님, 담임 선생님, 피아노 선생님 모두 몇 달이 지나자 손을 드셨다. 지금 생각하면 아무 정보도 없었기 때문에 오히려 낙관적일 수 있었던 것 같고, 나보다는 부모님께서 더 마음을 졸이셨을 것 같다. 어쨌든 결과적으로 무사히 의대에 진학할 수 있었다.

직접적, 구체적으로 도움이 되고 싶다

문과를 졸업하고 의대에 진학했어도 공부에 큰 지장은 없었다. 나는 지금도 의대에는 이과 못지않게 문과적인, 인간과 사회와 문화에 대한 이해가 있는 사람들이 진학해야 한다고 생각한다. 학문으로서의 의학은 과학이지만 환자를 대하는 의사는 기본적으로 인간에 대한 이해를 바탕에 깔고 있어야 한다고 생각하기 때문이다. 단, 문과 출신이라 하더라도 생물학과 화학은 고등학교 때 선택해서 배워 두는 것이 유리하고, 의대에 진학하면 예과 과정에 있는 수학과 물리, 물리화학 등의 기초과학 과목을 따라잡기 위해서 고생은 좀 해야 할 것이다. 나도 예과 때는 무척 고생했지만 결국 나를 비롯한 문과 출신의 다른 친구들 모두 무사히 졸업했으니 너무 걱정하지 않아도 된다.

대학을 졸업할 때까지는 남들 하는 만큼 열심히 공부하고, 다양한 경험을 쌓도록 권하고 싶다. 졸업하고 나서 수련을 시작하면 관심의 폭이 아무래도 좁아질 수밖에 없기 때문에 그 이전에 가능한 많이 생각하고 많이 고민하고 많이 읽고 다양한 경험을 했으면 한다. 의대의 커리큘럼에 묶여 지내다 보면 자칫 세상 물정을 모르는 우물 안 개구리가 되기 쉽기 때문에 의식적으로 노력하지 않으면 안 된다.

대학 본과 3학년 때인가, 내가 다니던 학교의 부속병원에 가정의학과가 처음 생겼다. 당시에 가정의학과 교수님은 단 한 시간 수업을 하셨던 것으로 기억한다. 빡빡한 의대 커리큘럼 중에 새로운 과의 강의를 추가한다는 것이 쉬운 일은 아니었을 것이다. 비록 한 시간의 강의였지만 가정의학과라는 과목이 생겨나게 된 취지가 마음을 끌었고, 그 관심은 가정의학과 교과서를 사서 총론 부분을 혼자 공부하는 것으로 이어졌다.

인턴 수련이 끝난 후, 몇 개의 과들을 염두에 두다가 가정의학과를 지원하였다. 무엇보다 의대에 진학할 때 원했던 '직접적이고 구체적으로 도움이 될 만한' 것을 배울 수 있는 과라는 생각에 선택했다.

다른 전문과들이 4년간 거의 대부분의 시간을 자신들의 의국에서 자신들의 전문 과목을 공부하는 것과 달리, 가정의학과는 3년간 다양한 과목을 배워야 하는 특성상 다른 과에 파견되는 경우가 많다. 또 수련 병원의 규모나 관행에 따라 수련 내용이나 근무 형태가 다양하다. 때문에 본인의 관심 분야와 적극성에 따라 배울 수 있는 내용도 크게 차이가 난다.

파견되는 각 과에 가서는 단시간에 적응하여 그 과에서 배우고자 하는 부분을 놓치지 않고 배우고, 그곳 의국원이나 직원들과 원만하게 지내야 한다. 파견을 나가 배우는 것은 장점도 될 수 있고 단점도 될 수 있다. 긴장감을 가지고 지루하지 않게 일하고 배울 수 있다는 것은 장점이지만, '남의집살이' 하는 듯한 느낌에 힘든 경우도 있고 개인의 행동거지가 가정의학과 전체의 평판에 영향을 미친다는 점도 있고 해서 조심스러운 것이 사실이다. 이런 상황이므로 가정의학과의 특성에 대한 이해 없이 선택하는 경우, 자신이 무엇을 해야 하는지 정체성에 대한 고민을 할 수도 있다는 사실을 유념해야 한다.

가정의학과에 관심을 갖는 후배들에게 말해 주고 싶은 장점들은 수련 기간이 3년으로 짧고, 대체로 과 내 분위기가 수평적이고 원만하며, 환자를 대할 때 증상에 국한되지 않고 전체적인 시각을 가지고 접근할 수 있다는 점이다. 전문의가 되어서는 대부분 1차진료를 하게 되지만 다른 분야로 다양하게 진출하기도 한다. 검진센터 혹은 부속의원에 취업하는 경우도 있고, 비만클리닉, 완화의학, 노인의학, 스포츠의학, 영양, 스트레스 전문 등으로 진료 내용을 특화시키는 경우도 있다. 또한 의학전문기자, 제약회사 의학자문위원, 공무원으로 일하는 가정의학과 전문의들도 많이 있다.

공공기관 봉직의로서의 일상

개원의로서의 일상은 앞에 소개하였고, 이번에는 봉직의(개원이 아닌 의료 기관에 취직하는 의사)로서의 일상을 소개하고자 한다. 운영하던 의원을 후배 의사에게 물려주고 봉직의, 그것도 공공 기관의 봉직의를 선택한 가장 큰 이유는 주5일 근무와 개원의 때보다 많은 날의 연차 휴가를 사용할 수 있다는 점 때문이었다. 그 시간을 이용해서 가족과 함께할 시간도 늘리고, 다른 부문의 일들, 즉 몇 개의 시민단체 활동이나 책 번역에 좀 더 많은 시간을 할애하고자 했고, 지금 돌이켜 보면 원했던 변화를 어느 정도는 달성할 수 있었던 것 같다.

봉직의로 처음 옮긴 곳은 보건소였다. 봉급은 개원 당시 수입의 절반 이하였지만 그래도 그곳에서 아파트 단지에서와는 다른 환자들을 만날 수 있었다. 환자의 대부분은 나이 많은 어르신들이었고, 몇몇 분들은 직접 농사지은 상추나 고추, 깻잎을 싸다 주시곤 하셨다. 바쁜 진료 시간이지만 그래도 자녀 이야기, 동네 이야기를 들려주시곤 했다.

그중에 혈압약을 타러 오실 때마다 증권 이야기를 하시는 할아버지가 계셨다. 혼자 단칸방에서 작은 포메라니안 강아지를 키우며 사시는 분으로, 아침부터 저녁까지 주가가 오르내리는 뉴스를 모니터하며 쌈짓돈을 투자해서 주식을 샀다 팔았다 하셨다. 주가가 올라 돈을 조금 벌기라도 하면 그 투자 비법을 내게 전수해 주려 애쓰시기도 했다. 그러던 어느 날, 할아버지가 오셨는데 주식 이야기를 하지 않았다. 눈에는 눈물이 그렁그렁하였고, 몇 주 사이에 얼굴이 여위셨다. 키우던 포메라니안 강아지가 죽었다고 했다. 입맛도 없다고 했다. 우선 위로의 말씀을 드리고 혈압약과 도움이 될 만한 약을 처방해 드렸다. 그런데 다음 달에 오셔서도, 그다음 달에 오셔서도 여전히 입맛이 없고, 살맛도 없다고 하셨다. 얼굴은 더 창백해지셨다. 그 강아지가 얼마나 살갑게 굴었는지 이야기하셨고, 당신이 사시는 작은 방에는 작은 포메라니안밖에 키울 수 없었다고도 하셨다. 할아버지에게는 도움이 필요했고, 시급하게 대책을 세워야 했다.

그다음 날에도 할아버지는 여전히 말이 없으셨다. 하지만 이번에는 이전과 달리 특효약이 준비되어 있었다. 역시나! 예상대로 그날 할아버지는 특효약과 함께 함박웃음을 지으며 귀가하셨다. 특효약이란 다름 아닌 포메라니안 강아지였다. 당시 포메라니안은 인기 있는 품종이 아니어서 제법 멀리서 데려와야 했다. 그래도 공을 들인 보람이 있었다. 그 후 할아버지는 오실 때마다 강아지 배변 훈련시키는 이야기, 강아지 먹이 주는 법, 이전 강아지와 새 강아지의 닮은 점, 다른 점에 대해 이야기하셨다. 위장병이 나은 것은 물론이었다.

보건소에서의 정든 환자들을 두고 옮긴 직장은 카이스트 부속의원인 카이스트클리닉이다. 사실 이곳을 부속의원이라고 일반화시켜 이야기할 수 있을지는 잘 모르겠다. 대학에 부속의원을 개설한 것은 카이스

:: 인의협 활동 문화제에서 필자의 모습.

트가 처음이라고 하고, 선례가 없어서 기관을 설립하고 운영 방식을 정
착시키기 위해 여러 관계자들이 많은 고민을 하면서 한 발 한 발 전진
해 왔다. 현재는 10개 진료 과목에 전문의 15명이 근무하고 있다. 수요
에 따라 한 진료과에 의료진이 여러 명 있는 과도 있고, 일주일에 1회
만 열리는 진료과도 있다. 진료 외에도 학생과 교직원을 위한 건강 검
진과 검진 사후 관리를 담당하고 있고, 학교의 감염병 관리, 정신건강
증진을 위한 프로그램 운영 및 정신과적 위기 개입, 교내의 건강과 관
련한 정책 제안 등을 담당하고 있다.

　클리닉에서 담당하는 일이 다양하고 원내의 여러 진료과 의료진이
서로 교류할 수 있어서 좋은 반면, 클리닉을 이용할 수 있는 사람이 제
한되어 있다는 것, 그리고 카이스트의 여러 기관 중 하나로 의사결정
과정이 복잡하다는 것은 조금 아쉬운 부분이다. 클리닉에 대한 기대도
각기 달라서 1차의료 기관인 부속의원임에도 불구하고 3차의료 기관

수준의 진료를 기대하시는 분이 간혹 있었고, 이곳이 일반 병의원처럼 '진료' 기능에만 전념하는 것이 좋은지, '보건'이나 '연구' 기능을 강화해야 좋은지에 대한 고민이 아직도 이어지고 있다.

카이스트에 입학하는 학생들은 대부분이 타 지역 출신이고 기숙사에서 생활한다. 이들에게 클리닉은 몸이 아플 때 가족의 역할을 대신해 주는 기관이고 싶고, 고등학교 때부터 기숙사 생활을 해 오는 이들에게 건강한 생활 습관을 알려 주는 길잡이이고 싶다. 또한 대전 지역의 좋은 의료 기관을 안내하는 창구이고 싶다.

환자와 사회에 열린 시야 가져야

개업의로 있을 당시 내가 병원에 1차의료 실습을 하러 오는 학생들에게 꼭 해 주는 이야기가 있었다. 가정의학과 총론에 해당하는, 넓은 시야로 환자와 사회를 보아야 한다는 내용이다.

우리가 의과대학에서 배우는 의학(A)은 환자가 필요로 하는 것 중 지극히 일부만을 도울 수 있을 뿐이다. 이것은 의사로서의 기본이기 때문에 절대 소홀히 할 수 없는 부분이다. 하지만 이것을 의사가 환자에게 해 주어야 할 전부라고 생각하지 않도록 주의해야 한다.

환자가 의사에게 오는 것은 그 환자가 놓인 환경이나 가치관에 따라 나름 의사에게 기대하는 것이 있기 때문이다(B). 한편 의사는 환자를 진찰하고 평가함에 있어서 자신의 주관적인 판단에 치우치지 않도록 해야 한다(C).

환자를 진찰할 때 환자만을 보지 말고 그 가족과, 가족 내에서의 환

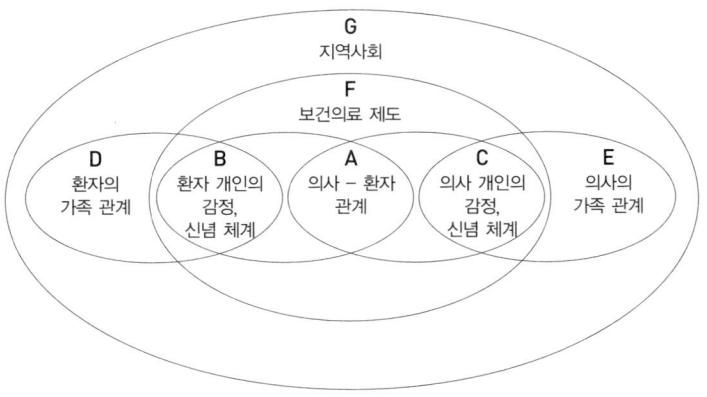

자의 위치(D)도 고려해야 한다. 응급 환자나 중환자들을 치료하는 경우에는 그 환자의 가족들도 환자 못지않게 힘들고 지쳐 있다는 사실을 염두에 두어야 한다. 환자뿐 아니라 그 가족들의 심리적·재정적 상황도 잘 살펴야 한다. 오랜 세월 잠재되어 있던 갈등이 질병이 계기가 되어 표면으로 드러날 수도 있다.

두통으로 진료 받으러 온 환자에게 단순히 두통약을 처방하는 것은 환자를 제대로 보는 것이 아니다. 이 두통의 원인이 무엇인지, 신체적인 원인인지, 심리적인 이유인지, 그리고 이 환자가 '왜', '지금' 이 증상을 호소하는지 등을 여러 방향에서 평가해야 한다. 환자의 병력과 현재의 상황에 대한 이해를 바탕으로 다양한 처방과 조언이 가능하다.

한편 주치의는 아동학대나 가정폭력, 이웃 간 갈등의 목격자가 되는 경우가 많다. 방임이나 학대에 의한 상처 때문에 내원한 환자에게 상처 치료만 해서는 근본적인 도움을 줄 수 없다. 우선 환자의 상태에 대해 차트에 구체적으로 기록하고, 적절한 조치를 취할 수 있는 보호자와 상의하거나, 중재를 해 줄 기관의 도움을 받도록 안내할 필요가 있다. 이는 법으로도 규정되어 있는 의사의 의무이다. 마찬가지로 심한 스트레스나 우울 증상을 보이는 환자들을 조기에 발견하여 건강상 돌이킬 수 없는 상태로 몰리기 전에 원인을 파악하여 변화를 모색하고 전문적인 치료를 받도록 안내하는 것도 무척 중요한 일이다.

의사가 의료 행위를 하는 것은 우리나라 의료 제도의 틀(F) 안에서 정의된다. 이것이 의사가 의료 제도와 사회에 관심을 가져야 할 최소한의 이유이다. 한쪽에서는 17조 원의 건강보험재정이 남아돌고 있는데 다른 한쪽에서는 돈이 없어 치료를 제대로 받지 못하는 환자들이 생겨나는 상황을 어떻게 생각해야 할까? 해마다 건강보험료는 오르고 의료비는 증가하고 있는데, 건강보험료가 의학적으로 타당하고 시급한 부문에 지출되고 있는지 누군가는 따져 보고 있을까? 공공의료 인프라와 질병감시체계가 부실한 탓에 메르스나 에볼라 등 신종 감염성 질환에 언제 노출될지 알 수 없는 상황에서, 해외여행 후 열이 나는 환자를 앞에 두고 '뒤늦게라도 마스크를 써야 하나, 아니면 실례가 될 수도 있으니 그냥 진료해야 하나'라는 실존적인(?) 고민만 하고 있어야 할까? 이 모든 질문이 의사가 환자를 제대로 볼 수 없게 하는, 그리고 환자는 제대로 치료를 받지 못하게 하는 제도의 문제와 연결되어 있다.

마지막으로 환자들이 필요로 하는 것을 의료 제도 안에서 다 충족시킬 수는 없으며, 종종 지역사회의 여러 자원들(G)을 활용해야 한다. 예를 들면, 장애를 가진 소아 환자가 있다고 하자. 전문의의 상담과 치료만으로는 부족하다. 특수 교육을 전문으로 하는 학교나 같은 종류의 장애아를 키우는 부모들의 모임을 소개해 주는 것이 필요하다. 가정폭력으로 구타당해서 온 여성들은 상처의 치료 못지않게 가정폭력상담센터나 응급쉼터를 연결해 주는 것이 중요하다. 노후에, 혹은 조기 퇴직

후에 우울증으로 오신 어르신들은 항우울제 못지않게 새로운 사회생활이나 취미 활동을 시작할 수 있는 지역사회의 기관이나 모임을 소개하는 것이 필요하다.

이처럼 의사는 늘 환자에게, 그리고 사회에 열린 시각을 가지고 있어야 한다고 생각하며, 이런 관점으로 환자에게 다가서는 자세는 과학기술이 발달한다고 해도 복잡한 프로토콜이나 인공지능의 계산으로는 도달할 수 없는 인간만의 영역으로 남을 것이라고 믿는다. 이런 믿음을 가지고 나를 주치의로 생각하고 찾아오는 이들을 보듬고자 하는 것이 가정의학과의 매력이다.

---

* 필자는 전문의 수련을 받은 지 오래되어서 최근의 상황에 대해서는 젊은 가정의학과 전문의인 전희선, 박지영 선생님께 조언을 요청하였다. 특히 전문의 취득 후의 진로에 관해서는 박지영 선생님의 의견을 많이 반영하였다.

정형외과 의사로 산다는 것

| 고한석 |

서울대학교 의과대학, 인제대학교 대학원을 졸업하였다. 인제대학교 서울백병원 정형외과 교수를 거쳐 현재
영월의료원 정형외과 과장, 인도주의실천의사협의회 이사장으로 활동하고 있다.

뇌과학에서는 '생각이란 진화되어 내면화된 운동'이라고 말
하며 '사람의 환경에 대한 적응 능력은 그 개체가 학습하여 기억할 수
있어서 선택이 가능한 운동의 종류에 의존한다'고 한다. 인간은 한 순
간에 하나의 생각만 할 수 있다. 이것은 한 순간에 하나의 능동적 운동
만이 가능한 데 기인하며 인간의 발달된 뇌는 기억된 수많은 운동 조합
을 가지고 있다고 한다. 발생학적으로 보면 운동을 위하여 뇌가 생겨났
고 원래 운동이 없으면 생각도 없으며 뇌도 없게 된다. 동물 중에 바위
에 붙어사는 멍게는 알에서 부화되어 새끼로 태어날 때엔 올챙이처럼
생겨 운동을 하고 뇌도 있으나, 바위에 붙어 운동이 필요 없어지면 뇌
도 없어진다고 한다. 척추동물의 뇌는 앞부분은 운동을 담당하며 뒷부
분은 감각을 담당하고 그 중간에 기억을 담당하고 조절하는 부위가 있

으며 이는 각각 수백억 개의 뇌세포가 담당하고 있다.

정형외과 의사의 덕목

나는 우연히 정형외과 의사가 되었는데 정형외과 수련을 받으면서 또 정형외과 전문의로 일하면서 나 자신이 만들어졌다고 생각한다. 즉 어떤 목적을 가지고 정형외과 의사가 되지 않았다는 것이다. 수련의 시절 스승님들로부터도 많이 배웠지만 당직을 하고 응급 환자를 보며 스스로도 배우고 유명한 국내외 정형외과 선생들의 강의를 듣고 배우기도 했다.

정형외과 의사가 갖추어야 할 첫 번째 덕목은 환자에 대한 애정이다. 다른 말로 표현하면 이웃, 곧 환자의 고통에 측은지심을 가지고 있어야 한다. 두 번째는 지혜를 가져야 한다. 공부해야 할 양이 많아 자기 스스로 열심히 공부할 수 있어야 하고, 다른 사람의 경험과 자기의 경험을 통해 발전할 수 있어야 한다. 정형외과 의사에게는 과거나 현재나 미래나 치료해야 할 다양하고 많은 환자가 있고 이들을 치료해야 하는 소명이 주어진다. 교통사고, 산재 사고, 스포츠 손상 등으로 새로운 외상 환자는 끊임없이 발생할 수밖에 없으며, 고령화로 퇴행성 질환 환자 역시 많아질 수밖에 없다. 한편 정형외과는 상대적으로 다른 분야 의사보다 수련의 시절부터 고달플 수밖에 없다. 신체적·정신적으로 한가한 것을 좋아하는 사람은 정형외과를 피하는 게 좋을 것 같고, 운동을 좋아하는 사람은 해 볼 만하다고 생각된다.

정형외과 의사는 사람이 팔, 다리, 척추의 운동에 장애가 생겼을 때

이것의 원인을 파악해서 원래의 해부학적 구조를 복원하여 기능을 회복하도록 하는 역할을 하는 의사이다. 장애의 원인은 선천기형일 수도 있고 , 외상이나 질환일 수도 있다.

수련의 시절 제일 많이 다룬 환자는 칼이나 다른 날카로운 물질에 의해 생긴 자상 환자였다. 내가 근무하는 병원이 서울 명동에 위치해 있었기 때문이다. 근육, 힘줄, 신경, 혈관들이 잘렸을 때 그것을 접합하여 기능을 회복하도록 하는 수술을 많이 했다. 그다음이 교통사고, 산재 사고 등으로 발생된 골절 환자였던 것 같다. 뼈 조직은 우리 몸의 기관 중 유일하게 원상으로 회복이 가능한 기관이다. 그러나 치료한 의사의 기술에 따라 그 결과는 엄청나게 다르다.

최근 정형외과에서 각광 받는 분야인 인공관절술 분야에서 이를 되새겨 보아야 한다고 생각한다. 환자의 뼈와 관절을 유지할 수 있는데도 의사의 편의나 이익을 위해 부러진 뼈를 유합시키지 않고 뼈와 관절을 제거하고 인공관절술을 시행하는 경우가 있다. 국립대학에서도 흔하게 행해지고 있음은 분명히 잘못된 일이다.

정형외과의 또 다른 유망 분야인 스포츠 의학 분야는 운동 중 손상 받은 관절 구조물을 어떻게 치료하면 계속해서 운동을 할 수 있는가를 다룬다. 정형외과 분야의 모든 분과가 결국 사지와 척추의 운동을 회복하는 데 치료의 목적을 두고 있다.

반면에 원래의 구조를 복원시키는 것이 불가능한 경우도 있다. 우리나라에는 무릎의 퇴행성관절염이 특히 여성에게 많이 나타난다. 이는 무릎을 쭈그리고 장시간 앉아서 일하는 생활 습관과 연관된 것이다. 관절의 표면을 구성하는 연골에는 혈관과 신경이 없으며, 운동할 때 발생하는 압력에 의해 관절액이 연골 사이로 스며들어 이 연골 세포가 영양분을 섭취하게 된다. 즉 운동이 부족하면 이 연골 세포는 영양 부족으로 죽게 되고 연골이 약해지게 된다. 50~60대가 무릎 관절에 통증을 호소하여 방사선 촬영을 해 보면 이상 소견이 없는 경우가 있으나 MRI를 촬영해 보면 연골 손상이 나타난다. 통증으로 운동을 피하며 생활하다가 결국 병원을 찾게 되는 것이다. 이러한 환자에게는 손상된 연골의 원상 복구는 불가능하고 앞으로 더 이상 연골 손상이 진행되지 않도록 하는 것이 치료 목표라는 것을 강조하여 설명한다. 통증 때문에 운동이 힘들면 진통제를 복용한 후 운동하도록 하며, 대부분의 사람들은 초기에 운동을 열심히 하면 통증이 사라지기 때문에 약물 복용도 필요 없게 된다. 그런데 약으로도 통증이 없어지지 않을 경우에 수술을 하여 통증을 없애고 운동을 하도록 한다. 물론 통증을 일으키는 원인에 따라 수술 방법이 다르다.

정형외과 의사로서의 보람

나의 인생에서 가장 후회되는 일 중 하나는 15년 전 어머니가 무릎이 아프다고 하셨을 때 수술을 해 드리지 않은 것이다. 돌아가시기 10년 전부터 어머니는 무릎이 아파서 집 밖으로 나가지 않으시더니 5년이 지난 후 치매에 걸려 5년간 고생하시다 돌아가셨다. 그 후 85세가 되신 친구 어머니가 무릎이 아파서 찾아오셨을 때 나는 주저하지 않고 친구 어머니께 무릎 인공관절성형술을 권하고 시술하였다. 그 뒤 소식을 들으니 독립하여 혼자서 생활하시며 잘 지내신다고 한다. 또 90세 되신 후배 어머니는 시골 농촌에서 혼자 사시는데 무릎에 퇴행성관절염이 생겨 집 밖을 나가지 못하신다는 연락이 왔다. 그분은 85세까지 동네 이장을 맡아 하실 정도로 활동적이었던 분이었다. 건강도 좋은 상태여서 바로 무릎에 인공관절 수술을 해 드렸더니 이제는 동네 마실을 다니며 홀로 잘 지내시고 계신다는 반가운 소식을 전해 왔다.

내가 치료한 또 다른 환자의 예를 들어 본다. 40세 여성이 교통사고를 당하여 대퇴골 전자부에 분쇄 골절이 발생하여 동네 병원에서 뼈를 유합시키는 방법 대신에 인공관절치환술을 시행하였으나, 그 부위가 감염되어 1년간 고생하다 나에게 전원(轉院)되어 왔다. 그사이 남편은 병원에 입원해 있는 부인과 두 아이를 팽개치고 집을 나가 버렸다. 먼저 감염 치료를 위해 기존의 인공관절과 뼈 조각들을 모두 제거한 다음, 염증이 완전히 치유된 후 인공관절을 다시 시술하는 것으로 설계했다. 수술은 성공적이었다. 그 후 10여 년이 지나 인공관절 주위 뼈가 다 파괴된 상태로 다시 찾아와서 인공관절재치환술을 받은 뒤 탁구를 칠 정도로 회복하였다. 그러나 이 환자는 그로부터 8년 후 인공관절에 다시 문제가 생겨 영월의료원에 있는 나를 찾아와 재수술을 받게 되었다. 환자는 그동안 엄청난 고생을 하였는데 나는 그 고생의 가장 큰 원인이 (무슨 이유인지 확인할 수 없으나) 첫 수술 시 뼈를 유합시키지 않고 인공관절 수술을 시행한 탓이라고 생각한다. 교통사고와 같은 강력한 외력에 의해 발생된 골절이나 고령의 골다공증이 심한 노인의 골절은 대부분 뼈의 분쇄가 동반되기 때문에 치료에 어려움이 따른다. 요사이 대학병원에서도 의사들 개개인의 실적에 따른 소위 인센티브 월급 제도를 시행하고 있다. 대학병원에서 치료의 표준을 만드는데, 위의 사례처럼 대퇴골 근위부 골절을 유합시키지 않고 인공관절치환술을 해 버리는 것은 인센티브 제도의 대표적인 부작용이라고 생각한다. 병원의 수입을 늘리기 위해 꼭 하지 않아도 되는 수술을 남발하는 경향이 있다는 것이다. 이로 인해 최근에는 보건 당국의 감독이 강화되고 있다. 또 한편 필요 없는 고가의 MRI 검사나 CT 검사 등이 1차병원에서도 광범위하게 행해지고 있어 의료인의 신뢰를 떨어뜨리는 결과로 이어지고 있다.

운동이 곧 인생

나는 정형외과 의사로서 인생이란 운동이고 운동이 곧 인생이라고 말해 왔다. 나이가 들수록 많은 사람들이 운동을 하기가 힘들어지거나 하지 못하게 된다. 그런데 문제는 운동을 못하게 되면 생각도 하지 못하게 되어 원초적인 고정관념에 얽매이고, 행동도 더욱 더 원초적으로 하게 되고, 그 결과 주위로부터 소외당하게 되는 것이다. 사람의 나이가 60이 되면 몸이 급속히 퇴행하기 시작하여 운동을 스스로 포기하게 되는데, 이것이 정신적 퇴행으로 이어지는 데에 더 문제가 있다고 생각된다. 나이가 들면 어쩔 수 없이 몸과 정신이 퇴행성 변화를 겪어야 하는가에 대해서 근본적으로 따져 보고 우리의 생각을 다시 정립해 볼 필요가 있다.

나이가 들면 저절로 발생하는 것으로 알려진 퇴행성관절염에 대하여 생각해 보자. 인간의 조직들은 시간이 경과하면 퇴화하는 것으로 알려져 있다. 그러나 반드시 그런 것만도 아니다. 사람은 하체보다 상체를 훨씬 많이 사용하는데도 나이가 들어서 상체에는 퇴행성관절염이 거의 발생하지 않고 주로 하체에 발생한다. 퇴행성관절염의 발생 원인

:: 스키장에서의 필자. 나이가 들수록 운동을 게을리하지 않아야 한다.

이 나이와만 관계가 있다면 그런 현상이 있을 수 없다. 사람의 조직은 시간이 경과하여 퇴화되는 것이 아니라 사용하지 않아 퇴화한다고 할 수 있다. 운동을 통해서 근육과 뼈뿐 아니라 신경과 혈관도 튼튼하게 유지된다. 또한 관절을 이루는 연골과 그 연골을 끊임없이 생성해 주는 연골 세포도 운동을 통해서 유지되며 생존이 가능하다. 이것들을 조절하는 뇌 세포도 계속적인 사용으로 생명이 유지되며 새로운 뇌 세포가 활성화된다. 운동을 하면 감각신경 세포와 기억신경 세포 및 운동신경 세포가 동시적으로 반응하며 활동하게 된다. 뇌 세포도 활동을 해야 죽지 않고 살아남을 수 있다는 말이다.

알기는 어렵고 행하기는 쉽다고 나는 생각한다. 먼저 자신이 행하여 보고 나서 그것에 대해 알았다고 말하는 것이 순서이다. 나이가 들어서도 끊임없이 운동해야 하고 운동을 통해서 인생이 무엇인지 깨달아야 하지 않을까 생각한다. 물론 운동은 정신적 운동을 포함하여 인간이 할 수 있는 실천 행위를 뜻한다.

후배들이 젊을 때 많은 경험을 해 보기를

내가 가장 용감하게 수술했던 사례를 소개해 본다. 전문의 자격증을 따고 얼마 되지 않았을 때의 일이다. 야학 선생으로 활동하던 사촌 동생이 척추 기형이 있는 15세 정도의 여자아이를 데리고 왔다. 그 아이의 누나는 동생의 치료를 위해 구로공단에 취직했는데 야학에서 사촌을 만나 나를 찾아왔던 것이다. 수련의 시절 척추결핵 수술을 많이 보았기에 자신감을 갖고 해 보겠다고 결단하였다. 오전 9시에 시작된 수술은 오후 9시에야 끝났다. 수술하는 12시간 동안 환자의 척추마디 7개를 제거하고 뼈 이식을 하며 혹시나 신경을 손상시켜 하반신 마비를 일으키지 않을까 걱정과 긴장이 계속되었다. 수술 결과 그 여성 환자는 똑바른 척추를 갖게 되었다. 감격스러운 결과였지만 이는 겁 없던 시기에 (지금처럼 여러 가지를 따져 보고) 몸을 사리지 않아서 때 할 수 있었던 수술이었다.

나는 2015년 65세로 서울의 한 대학병원에서 정년퇴직을 하고 강원도 영월의 지방의료원에서 일하고 있다. 10여 년 전까지는 전공 분야를 세분하지 않고 정형외과 전 분야를 다루었다. 이곳 지방의료원에서 수술을 하다 보면 20년 전에라도 해 본 적이 있는 수술은 주저하지 않고 수술을 할 수 있다. 즉 경험한 것과 경험하지 않은 것은 자신의 사고와 행동의 결정에 엄청난 차이를 만든다. 젊어서 용감할 수 있을 때 많은 경험을 쌓아 가길 바란다는 말을 후배들에게 하고 싶다.

죽은 듯 잠든 듯,
마취의 세계

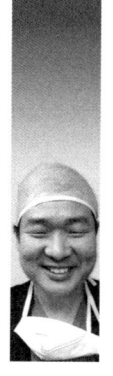

| 백남순 |

1996년 순천향대학교 의과대학을 졸업했다. 마취통증의학과 전문의. 현재 경기도의료원 포천병원 마취통증의학과장으로 재직 중이다.

10년 만에 다시 마취통증의학과 소개글을 부탁받았다. 별 생각 없이 승낙한 후, 10년 전 『의사가 말하는 의사』 초판에 내가 썼던 글을 보니 쓴웃음만 나왔다. 마취통증의학과를 소개하기는커녕, 어설프게 가르치고 자기 푸념만 늘어놓은 글로 가득했다. 이번에는 정말 개인적인 얘기는 빼고 사실적인 내용 위주로 쓰고자 했다. 그러나 '내가 왜 마취통증의학과를 선택했는지'는 꼭 설명하고 넘어가야 할 부분이라, 다시 개인적인 얘기로 돌아갈 수밖에 없겠다.

의과대학을 다니다 보면, 정말 지긋지긋하게 많은 전문 과목을 공부하고 외우고 시험까지 본다. 그러나 그게 다였다. 정작 중요한 것은 환자들의 증상과 질병을 연결하는 능력과 무슨 약을 하루에 몇 알 투약하는지였으나, 그것은 학교에서 가르쳐 주지 않는 내용이었다. 그런데

도 의과대학을 졸업하고 의사면허증을 받았다.

약 이름도 모르던 공중보건의사

의과대학 졸업 후 의사 면허를 받은 사람에게는 두 가지 길이 있다. 첫째는 대학병원에서 인턴·레지던트 과정을 거치며 전문 과목을 수련하는 것이고, 다른 하나는 군대 대신 시골 무의촌(無醫村) 공중보건의사로 근무하는 것이다. 대학병원에서 인턴·레지던트로 5년을 버티는 것은 지옥 같은 생활이라고 생각했다. 의과대학 시절도 답답했는데, 5년을 더 감옥 같은 대학병원에서 갇혀 지내기는 싫었다. 간혹 시간이 남더라도 밀린 잠을 자는 게 전부인 그런 생활 말고, 조금은 다른 삶을 살고 싶었다. 그래서 나는 가족, 친지들의 반대에도 불구하고 대학병원 수련 대신 시골 무의촌 공중보건의사를 택했다.

3개월의 군사훈련 후 발령받은 곳은 충청남도 홍성군의 작은 보건지소. 홍성군 읍내에서도 버스를 타고 1시간을 더 들어가야 하는 외진 곳이었다. 나를 포함해서 간호조무사 등 모두 6명이 근무했고, 지소 안쪽에는 나와 치과 의사 몫으로 작은 방 2개가 있었다.

선배 공중보건의사 한 명이 웃는 얼굴로 나를 반겼다. 전임 공중보건의사로 나에게는 의과대학 3년 선배였다. 그의 첫마디부터가 황당했다. "자! 이제 네가 이곳 보건지소 소장이야. 내일부터 환자들을 보면 된다. 엄청 편한 곳이니까 맘 편히 있다 가면 돼. 혹시 모르는 게 있으면 직원들한테 물어보고." 그게 끝이었다. 뭐라고 물어볼 틈도 없이 그는 손 흔들며 사라졌다. 그리고 귀여운 인상의 간호조무사가 인사를 건네 왔고, 그녀의 도움으로 나머지 직원들과도 순식간에 인사를 마쳤다. 훈련소에서 갓 나온 터라 시커먼 얼굴에 짧은 스포츠머리로 연신 고개를 꾸벅거리는 내 모습은 내가 봐도 의사처럼 보이지 않았다.

그러고 있을 즈음, 드디어 첫 번째 환자가 보건지소 문을 밀고 들어왔다. 직원들은 내가 어떻게 환자를 대하나 궁금한 눈치였다. 그것은 환자도 마찬가지였다. 갑작스레 의사가 바뀐 데다 생긴 것도 의사처럼 보이지 않으니, 뭔가 꺼림칙한 눈으로 나를 보는 듯했다. 머릿속이 하얘졌다. 어떻게 왔냐는 등 어디가 아프시냐는 등 횡설수설 몇 마디가 오간 뒤, 약을 지어 줄 테니 잠시 나가 계시라고 했다. 누가 들어도 감기 환자인데 도대체 무슨 약을 얼마나 써야 하는지 배운 적이 없었다. 바로 선배에게 전화했지만, "옆에 있는 간호조무사에게 물어봐"란 대답뿐이었다.

그때서야 간호조무사의 얼굴을 쳐다보았다. 다행스럽게도 귀여운 인상에 말투도 친절했다. 이미 의사의 자존심 따위는 없었다. 어떻게 처방해야 하는지 물으니, 간호조무사는 친절하게도 비슷한 감기 환자 차트를 가져다주었다. 그리고 조심스런 표정으로 비슷하게 베끼면 된다고 얘기해 줬다. 얼굴이 붉어질 겨를도 없이 차트 베끼는 데에 몰두했다. 그러나 그것도 만만치 않았다. 선임자가 써 놓은 감기 처방은 글씨가 엉망이어서 약 이름이 뭔지조차 알아보기 힘들었다. 가장 큰 문제는 내가 약의 종류와 이름을 전혀 모른다는 것이었다. 그대로 베끼려 해도 뭘 좀 알아야 베끼지. 대략 5분 동안 선임자가 적어 놓은 약품명을 따라 그렸다. 모두가 나를 비웃는 것 같았다. 다행스럽게도 더는 환자가 오지 않았다.

그날 밤 보건지소에 있는 약이란 약은 다 꺼내 놓고 약 이름과 쓰는 방법을 메모하기 시작했다. 시간 가는 줄도 모르다가, 답답한 마음에 보건지소 밖으로 나가 보니 새벽 공기가 싸늘했다. 그게 나의 첫 번째 진료였다.

의사로서 겪은 첫 번째 죽음, 그리고 마취과

보건지소에서 환자 보는 일이 조금 익숙해지자, 나는 뭔가 보람찬 일이 없을까 찾아 나섰다. 그리고 대학병원에 남았다면 상상도 할 수 없었던 일을 시작했다. 홍성군에서 알게 된 몇몇 지인들과 작은 지방신문을 만든 것이다. 취재와 신문 배포까지 자원해서 했다. 예전부터 신문 만드는 일에 관심을 가지고 있었기에 하루하루가 정말 보람찼다. 일주일에 한 번 있는 편집회의 때는 밤새 논쟁하면서도 즐거웠다.

공중보건의 생활이 보람찰수록 대학병원으로 돌아가 전문 과목을 수련해야 한다는 사실을 받아들이기 어려웠다. 지금 이대로가 가장 행복하다고 생각했다. 그러나 결국 공중보건의사를 마치자마자 대학병원에 들어갔고, 지금의 마취통증의학과에서 수련하게 되었다. 갑작스런 결정을 하게 된 이유는 공중보건의사 생활이 끝나 갈 즈음에 발생한 한 가지 사건 때문이었다.

3년의 의무 기간이 끝나기 몇 달 전, 보건지소 앞에서 교통사고가 났다. 그날 저녁도 친구들과 신문 내용을 의논하기 위해 나가려던 차였다. 보건지소 앞에서 갑자기 쾅 하는 소리와 함께 사람들이 웅성웅성하는 소리가 들렸다. 곧이어 근처 고등학생 몇몇이 나를 찾아와 "사람이 죽었어요! 사람이!"라고 소리치는 게 아닌가. 순간 머릿속이 복잡해졌다. 나는 의사다. 교통사고 환자가 길바닥에 누워 있으니 당장 달려가서 그들을 살려야 한다. 그러나 나에겐 그럴 능력이 없었다. 나는 의과대학을 졸업했을 뿐, 죽어 가는 사람을 살릴 만큼의 능력은 없었다. 어쨌든 그곳에 의사는 나 하나였기에 나는 사고 현장으로 달려갈 수밖에 없었다.

사고 현장에는 이미 마을 사람들이 몰려와 있었고, 길바닥에 한 여학생이 죽은 듯 누워 있었다. 가슴이 두근거렸다. 시간은 이미 저녁이었기에 캄캄한 밤에 죽은 듯이 보이는 사람을 살펴본다는 게 너무나 무서웠다. 길 위의 여학생은 숨도 쉬지 않았고 의식도 없어 보였다. 이미 죽은 것 같았다. 그리고 또 다른 여학생 한 명이 트럭에 튕겨 나가 근처 비닐하우스 속에 처박혀 있었다. 무서웠고 들어가기 싫었지만, 어쩔 수 없이 비닐하우스 안으로 들어갔다. 여학생의 얼굴이 온통 피범벅이었지만 다행히 숨은 쉬고 있었다. 이미 죽은 것처럼 보이는 첫 번째 여학생보다는 이 여학생이 살 가능성이 높다고 판단한 나는 여학생을 비닐하우스 속에서 끄집어냈다. 그리고 같이 근무하고 있던 치과 의사 차에 여학생을 싣고 읍내에 있는 소규모 종합병원으로 향했다. 위급한 환자를 이송할 때는 원래 환자 옆에서 의사가 관찰하면서 이송하는 게 원칙이지만, 그럴 수가 없었다. 온통 얼굴에 피범벅을 하고 기괴한 숨소리를 내뱉는 환자와 그것도 한밤중에 뒷좌석에 같이 앉아 있을 용기는 애초에 없었다. 모든 게 그저 빨리 지나가기만을 바랐다. 도저히 내가 어떻게 해 볼 수 없는 상황이었기 때문에, 가급적 빨리 그 여학생을 근처 병원으로 옮겨 놓고 돌아가고만 싶었다.

그렇게 읍내 종합병원으로 옮겨진 여학생은 도착하자마자 상태가 너무 위중해 더 큰 대형 병원으로 향해야 했다. 그리고 며칠 후 결국 뇌

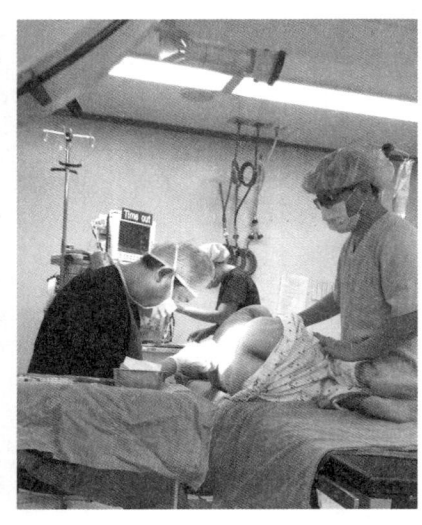

:: 통증 치료실에서 신경차단 및 통증 치료를
시행하는 모습.

수술을 받았으나 죽었다는 소식을 들었다. 문제는 또 있었다. 내가 이미 죽은 것으로 생각해 별 신경도 쓰지 않았던 첫 번째 여학생이 퇴원했다는 소식이었다. 단순 타박상 이외에는 멀쩡하다고 했다. 내가 의사라는 게 의심스러웠다. 어떤 의사가 죽고 사는 것도 구별하지 못할까? 어떤 의사가 죽어 가는 환자를 겁내고 도망치려고만 할까?

심각한 우울증에 빠져 있을 때, 대학병원에서 흉부외과를 전공하고 있던 친구가 놀러 왔다. 나는 친구에게 며칠 전 사건을 얘기하며 물었다. "너처럼 똑똑한 애가 왜 다들 가기 싫어하는 흉부외과를 택했냐?" 그 친구는 이렇게 말했다. "내 앞에 죽지 않고 도착한 환자를 최소한 죽이지는 않기 위해서 흉부외과를 선택했다." 그 순간 영감을 얻었다.

내가 어찌 살든 간에 내가 의사라면 갖춰야 할 기본적인 기술과 지식이 있다. 그리고 내 앞에 살아서 도착한 사람은 절대 죽이지 않는다는 자신감도 필요했다. 내과, 외과, 산부인과, 소아과, 정형외과 등등 수많은 전문 과목이 있겠지만 그런 자신감을 심어 줄 만한 전문 과목은 마취통증의학과라고 생각했다. 마취통증의학과는 하루에도 수차례씩 사람의 의식을 없앴다가 다시 살려 내야 하기 때문이다. 죽은 듯, 잠든 듯 보이는 세상에 대해서 가장 해박한 지식을 가지고 있을 것이라 생각했다.

마취과 의사에 대한 세 가지 편견

마취통증의학과를 선택하기 위해서는 일반인들뿐 아니라 의사들 사이에서도 만연했던 편견 한 가지를 넘어야 했다. 흔히들 의사라고 하면 내과와 외과, 이렇게 둘로 보며 마취과 같은 서비스 파트는 공부 못하는 인생 낙오자들이나 가는 분야라고 생각했었다. 의사 사회를 다룬 드라마에서 주인공은 항상 수술을 집도하는 외과 의사들이었다. 그러다 보니 외과 의사 뒤에서 수술이 안전하게 진행되도록 돕는 마취과 의사는 별 볼 일 없는 의사로 간주되었다. 그건 나의 부모님도 마찬가지였다. 마취통증의학과를 선택하고 부모님께 허락을 구하러 갔더니, 어머님의 첫마디가 걸작이었다. "힘들게 의과대학을 보내 놨더니, 마취 기술자가 돼서 돌아왔냐!" 어머님께 마취과 의사는 병원 내 단순 기술자 중 한 명일 뿐이었다.

마취통증의학과에 대한 편견은 이것 말고도 아주 많다. 그중 대표적인 편견 세 가지를 꼽아 본다면 이렇다. 첫째, 마취과 의사는 환자를 직접 보지 않고 단순 마취만 한다고 생각한다. 최근 들어 수술 및 마취 사고가 알려지기 시작하면서 마취 관련 기준이 크게 강화되었다. 마취과 의사는 수술 전에 반드시 환자를 대면해야 한다. 그리고 마취 관련 설명과 동의를 구해야 하고, 마취 후 합병증에 대해서도 반드시 설명해야 한다. 만약 상태가 위중한 환자의 경우에는 직접 환자 및 보호자들에게 마취로 인한 사망 가능성까지 설명해야 한다. 뿐만 아니라 수술 전 환자 상태를 파악해야 하고, 교정이 필요하거나 추가적인 검사가 필요할 경우에는 이를 시행해야 한다. 만약 이런 과정이 생략된 채 수술을 진행하다가 마취 사고가 발생할 경우, 그 1차적인 책임은 마취과 의사에게 있기 때문이다. 수술 중 발생할 수 있는 각종 합병증은 물론 심지어 심장마비 같은 위급 상황에서도 대처해야 하며, 그 1차적인 책임 또한 마취과 의사에게 있다.

둘째, 마취과 의사는 외과 의사가 요청하는 수술은 무조건 해 줘야 하는 단순 서비스 파트라는 편견이 있다. 의사들 중에서 수술을 시행하는 전문 과목은 아주 많다. 일반외과, 산부인과, 정형외과, 신경외과, 비뇨기과, 이비인후과, 안과, 흉부외과, 심지어 내과나 치과에서도 수술을 시행하겠다고 계획서를 올린다. 때문에 개별 외과 의사의 요청대로 수술이나 마취를 진행하기란 애초부터 불가능하다. 질병의 위중함에 따라 수술의 우선순위를 정하고 이를 효율적으로 관리해야 환자 및 외과 의사의 불만을 최소화시킬 수 있다.

셋째, 마취과 의사는 모든 최첨단 의료 시설이 집중된 수술실 내에서만 환자를 보고, 정작 위급 환자가 발생하는 곳에서는 전혀 관여하지 않는다는 편견이다. 그러나 이 또한 사실과 다르다. 마취통증의학과 교과서에도 나오지만 마취과 의사는 수술과 관련된 경우 응급실, 일반병실, 중환자실 등에서 환자를 직접 봐야 하는 책임을 맡고 있다. 뿐만 아니라 모든 진료과에서 도저히 처치가 곤란한 악성통증 환자를 진료하는 책임을 지고 있다.

응급실에서 수술실로, 그리고 회복실까지 쉬지 않고 달린다

마취통증의학과를 선택한 걸 후회한 적은 한 번도 없다. 오히려 자랑스러울 때가 더 많았다. 대학병원은 말할 것도 없고 지금 내가 근무하는 포천의료원에서조차 환자 생명이 경각에 달렸을 때, 동료 의사들은 나를 찾는다.

교통사고로 한쪽 팔 전체가 뜯겨 나간 환자가 응급실에 실려 왔다. 처음 환자를 진료한 정형외과 의사는 후송되는 동안 피를 많이 흘렸고 환자가 심장 질환을 앓고 있다는 얘기에 내과 협의 진료를 요청하려고 했다. 그러나 그 짧은 순간 환자는 과도한 출혈과 심장 부담을 견디지 못하고 숨쉬기를 멈춰 버렸다. 응급실 간호사는 재빨리 병원 전체에 '응급실 심폐소생술'을 방송하며 도움을 요청했다. 수술실에서 일하고 있던 나는 방송을 듣자마자 응급실로 뛰어갔다. 응급실에서는 이미 동료 의사 몇 명이 심폐소생술을 시행하고 있었다. 그러나 심폐소생술에서 가장 기본적인 기관내삽관이 안 되어 있었다. 나는 곧장 환자에게 다가가 기관내삽관을 시행하고 인공호흡기를 부착한 후, 동료 의사들과 심장 압박을 이어 갔다. 대략 1시간 동안 심장 압박, 대량 수혈, 약물 처치, 심장 제세동이 진행됐고 환자의 심장 박동이 서서히 되살아났다.

응급실에서 더 이상 지체할 수 없기에 정형외과 의사와 상의해 응급 수술을 진행하기로 결정했다. 그러나 환자는 수술실로 옮기는 도중에 사망할 것 같은 상태였다. 어쩔 수 없이 응급실에서 수술실까지 간

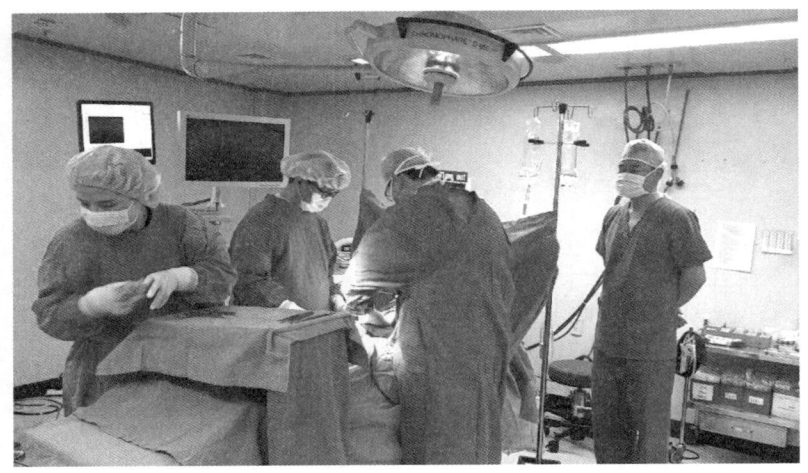

:: 수술실에서 복강경으로 담낭 절제를 시행하는 중 환자 상태를 감시하고 수술 상태를 관찰하는 모습.

혈적인 심폐소생술을 시행하며 갈 수밖에 없었다. 수술실로 옮겨진 환자는 이미 의식도 없고 숨쉬기도 멈춘 채 다만 심장만 약하게 뛰고 있을 뿐이었다. 수술실에 도착하자 이제까지 심폐소생술을 함께 시행했던 내과 의사들은 "고생하세요"란 말만 남기고 나가 버렸다. 심폐소생술은 계속 이어졌고, 수술이 시작됐다. 워낙 상황이 급하다 보니 수술이 어떻게 진행되는지는 관심 밖이었다. 간호사 한 명은 간헐적인 심장 압박을 시행하고, 한 명은 심장 작용 약물을 주입하고, 또 다른 한 명은 계속 피를 짜서 환자에게 주입하고. 간혹 피가 튀어도 무시했다. 수술 중 환자의 뇌 상태, 심장 상태, 허파 상태를 감시하고 처치하는 일에 몰두했다.

대략 2시간 후쯤 무사히 수술은 끝났지만, 환자의 심장과 혈압 상태가 워낙 좋지 않아 중환자실로 옮길 수가 없었다. 다시 간헐적인 심폐소생술을 시행하면서 중환자실로 환자를 이송했고, 그곳에서도 자리를 떠나지 못하고 의식 상태 및 심장 상태를 호전시키는 일에 전념했다. 다음 날 아침, 환자의 의식이 조금 돌아오고 숨쉬기가 좋아지자 주변 의사들의 "참 다행입니다"란 칭찬이 뒤따랐다.

내가 마취과 의사로서 하는 일이 바로 이런 것이다. 거의 죽음 직전의 환자라도 다시 살려서 수술을 진행할 수 있도록 돕고, 중환자실에서의 회복까지 돕는 게 마취과 의사가 하는 일이다.

극심한 통증으로 고통받는 사람들을 위해

마취통증의학과 의사는 수술실 밖에서도 매우 중요한 일 한 가지를 해결해 줘야 한다. 통상적인 방법으로는 도저히 해결하기 힘든 통증에 시달리는 환자들이 있다. 수술이나 질병으로 인한 통증은 흔하고, 대부분 단순 진통제나 마약성 진통제로 해결 가능하다. 그러나 간혹 도저히 어떻게 해 볼 도리가 없을 정도로 극심한 통증에 시달리는 환자들이 내원한다. 가장 대표적인 예가 말기암 환자의 암성 통증이다.

내과 및 외과 의사들은 말기암 환자에게 마약성 진통제를 쓰다가 이마저도 여의치 않게 되면, 통증치료실에 문의한다. 이 경우 마취통증의학과 의사는 우선 통증 위치를 파악하고 환자의 척추뼈와 척수신경 사이 공간에 가느다란 카테터를 삽입한다. 그리고 이 카테터를 통해 소량의 마취제와 마약성 진통제를 신경에 직접 주입한다. 단 몇 분 만에, 온통 찌푸리고 있던 말기암 환자의 얼굴이 펴지고 평온해진다. 이제 주변을 둘러볼 여유가 생기면서 가족들을 알아보고는 눈물을 흘린다.

말기암 환자들은 공통적으로, 도저히 어떻게 해 볼 길이 없는 극심한 암성 통증에 대한 두려움을 느낀다. 그리고 대부분의 의사들은 극심한 암성 통증에 적절히 대처할 수가 없기에 심각한 통증 환자를 만나면 저절로 회피하고 싶어진다. 그러나 마취통증의학과 의사는 환자의 통증을 전부는 아니더라도 일부는 확실히 경감시킬 수 있다는 자신감을 가지고 있다. 그래서 통증 치료를 담당하는 의사는 통증 환자에 대한 귀찮음보다는 인도주의적인 연민을 가질 여유가 있다. 거의 모든 만성 통증 환자는 우울증과 수면 장애를 동반하고 있는 탓에, 통증치료실 의사는 항우울제 및 수면제에 대한 지식까지 갖춰야 한다. 또 거의 모든 만성 통증 환자는 의사 혹은 가족, 친지들로부터 버려졌다는 소외감을 가지고 있기 때문에 이들에게 통증을 충분히 경감시킬 수 있다는 믿음을 심어 줘야 한다.

다만 통증치료실에서 통증 환자를 진료하다 보면 한 가지 아쉬운 점을 느끼게 된다. 통증에 관련된 최신 지식이나 장비에 대한 아쉬움은 절대 아니다. 극심한 통증과 겹쳐 있는 우울증, 수면 장애, 사회적 소외감 등에 적절히 대처하기 위해서는 다양한 환자와 다양한 대화를 나눠 보는 게 중요한데, 통증치료실 담당 의사는 일상적인 질병과 일상적인 환자를 접할 기회가 별로 없다. 감기 환자, 요통 및 관절통 환자, 고혈압 및 당뇨 환자 등, 가급적이면 많은 종류의 환자를 두루 만나보고 대화하는 방법을 알아야 한다.

그런 점에서 인도주의실천의사협의회가 주최하는 각종 의료 봉사 활동이 좋은 기회라고 본다. 섬 지역 의료 봉사, 노숙인 의료 봉사 같은 인의협 진료 지원 사업에 함께해 보는 것도 더 훌륭한 의사가 될 수 있는 좋은 방법이다.

| 이현의 |

한림대학교 의과대학을 졸업, 한림대 강남성심병원 신경과 수련의를 마치고 현재 분당 소재 요양병원에서 신경과 과장으로 봉직하고 있다. 인도주의실천의사협의회 회원이다.

삶과 죽음의 두물머리에서

인간이라는 주체, 즉 고뇌하고 고통받고 병과 맞서 싸우는 주체를 중심에 놓기 위해서는 병력을 한 단계 더 파고들어 하나의 서사, 하나의 이야기로 만들 필요가 있다. 그리고 그렇게 할 때에만 우리는 비로소 '무엇' 뿐만 아니라 '누구'를 알게 된다.

—올리버 색스

수련 병원에서 신경과 의사가 되다

"이 선생, 제대로 neurologic exam(신경학적 검사)을 한 거야? 지금 localization(증상으로 뇌의 병변 위치를 알아내는 일)이 맞는다고 생각해?" 내 앞에는 열 명이 넘는 교수님과 수련의들이 앉아 있었다. 아침이면 응급실이나 외래로 들어온 신환(新患, 새 환자)을 설명하기 위해서 콘퍼런스에 들어가는 일이 무엇보다 두려웠다. 신경과 질환은 증상과 진단 사이에 건너야 할 다리가 있다. 그 다리를 건너려면 아주 작은 난쟁이가 되어 뇌나 척수 속으로 들어가 돋보기 하나를 들고 병변을 알아내야 한다. 그러나 수련 초반엔 이런 진단을 내리는 일이, 차라리 난쟁이가 되는 것이 더 쉽지 않을까 싶을 만큼 어려웠다. 그래서 어떤 날은 뇌와 척수 사이를 오르락내리락하며 끝내는 어떤 답도 찾지 못한 채 불안한 마음으로 콘퍼런스방으로 들어가곤 했다. 잘 알기 위해서 이런 수련을 받는 것이지만, 그러기 위해서는 지금 내가 모르고 있다는 것을 드러내야만 했다. 그것이 꼬박 밤을 새워도 해낼 수 없을 것만 같던 1년 차 일보다 더 견디기 어렵게 느껴지기도 했다.

그러던 어느 밤, 밀려 있는 응급실 신환과 병동 오더, 중환자실의 어려운 환자들, 그리고 아침이면 간밤에 숙면을 취해 나오는 비교도 되지 않는 맑은 머리로 나를 시험에 들게 할 교수님들이 모두 한 덩어리의 거인이 되어 응급실 앞 가로등불 아래 어른거렸다. 기를 쓰고 해도 그날 밤 내가 해야 할 일의 반도 할 수 없을 것처럼 막막하고 다급한 마음이 들었다. 하필이면 그런 내 앞에 오토바이 한 대가 덩그러니 놓여 있었다. 오렌지빛 가로등이 약간 비스듬히 서 있는 오토바이를 유유히 비추고 있었다. 그때였다, 불현듯 어느 흑백 영화에서 오토바이를 타고 네거리를 질주해 달아나는 연인들이 떠오른 것은. 나는 더 이상 똑똑한 난쟁이가 되기를 포기하고 이곳을 벗어나야겠다는 생각을 했다. 미련 없이 흰 가운을 안내 데스크에 구겨 넣고 담벼락 사이로 난 좁은 골목길로 내달렸다. 그러나 여느 도망간 수련의들처럼 그다음 날 잡혀 들어와 다시 또 난쟁이가 되어 일해야만 했고, 그렇게 4년의 시간이 흐른 뒤 신경과 전문의가 되었다.

처음 주치의가 되는 수련 기간 동안엔 기억에 오래 남는 환자들이 많다. 그날도 병동 오더를 겨우 끝내고 잠시 자리에 누웠는데, 응급실에서 호출이 와 무거운 몸을 끌고 내려갔다. 40대 남자 환자가 30분 전에 갑자기 편마비와 실어증이 생겼다며 다급하게 응급실로 내원한 상태였다. 다부진 체격과 암팡진 입매 탓에 금방이라도 넥타이를 매 주면 일을 하러 나갈 듯 병원 밖 세상의 건강한 기운이 도는 환자였다. 가까이 다가가니 의외로 얼굴은 침착해 보였다. 다만 딸아이 손을 잡고 금방이라도 주저앉을 듯 어쩔 줄 몰라 하는 그의 아내만이 위급한 상황을 드러내고 있었다. 나는 여러 가지 신경학적 검사를 해 보고 rt-PA(혈전 용해 주사의 일종)를 쓸 수 있는 경우라 생각되어 얼른 위 연차 선생님에게 연락을 했다. 뇌경색 환자에게 발병 후 첫 세 시간은 골든 타임이라 하여 이 시간 안에만 병원으로 오면 뇌혈전을 녹여 주는 응급 주사를 맞을 수가 있다. 대부분은 이 시간을 놓치게 되므로 내게는 이 주사의 효과를 제대로 수련할 기회가 없던 차였다. 예상대로 환자는 주사를 맞을 수 있는 조건이었고, 며칠 뒤 편마비와 실어증이 다 호전되어 응급실 앰뷸런스를 타고 들어왔던 그가 아무 일도 없었던 듯 걸어서 나갔다. 거의 한 달 만에 오프(off, 휴식일)를 받아 집에 가 보니 그가 보낸 문어 한 마리가 내 앞으로 배달되어 있었다. 육십 평생 그렇게 큰 문어는 본 적이 없다며, 껄껄 웃으시던 아버지 얼굴이 아직도 선하다.

1년 차 말 설 연휴의 어느 날이었다. 병원 떡국으로 한 살을 더 먹고 응급실과 의국을 오가고 있었다. 그러다 치과에서 치료를 받다 감염된 세균이 뇌염을 일으켜 간질을 하는 여자 환자를 보게 되었다. 전에도 외래를 통해 입원했던 환자였다. 앰뷸런스에 실려 온 그녀는 내가 응급실로 내려갔을 때 이미 발작이 멈추어 자꾸 집에 가겠다면서 벗은 발을 침대 난간에 올려놓으며 떼를 쓰고 있었다. 설득하려 했으나, 그녀는 막무가내로 집에 가게 해 달라며 가뜩이나 명절에 당직까지 서야 하는 나의 신경을 곤두서게 했다. 보낼 수도 보내지 않을 수도 없는 상황인지라, 그렇게 가고 싶으면 각서라도 쓰고 가셔야 한다고 어깃장을 놓으며 그녀와 언성이 높아졌다. 근 한 시간을 실랑이하고 나니 나와 뭔 상관인가 싶어져 될 대로 되라는 심정으로 그녀를 포기한 채 그냥 의국으로 올라와 버렸다. 그리고 얼마 지나지 않아 응급실에서 다시 전화가 왔다. 결국 집으로 가던 중 병원 정문에서 다시 발작을 일으켜 응급실로 돌아온 것이다. 내려가 보니 그녀는 무섭게 온몸에 힘을 준 채 경련을 하고 있었다. 혀를 깨물어 피까지 머금은 채 경련하는 그녀를 보니 조금 더 인내심을 가지고 붙들었어야 한다는 후회가 밀려왔다. 내가 무척 따랐던 간질 교수님은, 발작은 환자의 뇌를 칼로 긁는 것과 같아서 초를 다투어 그 발작을 끝내야만 한다고 했다. 그래서 나는 지금도 간질을 일으키는 환자를 볼 때면, 환자의 두개골이 쩌억 벌어진 채 호두 같은 뇌가 예리한 칼끝에 긁히는 환영이 떠오르곤 한다. 가까스로 그 환자의 발작이 멈추도록 주사제를 투여했다. 아마도 그녀는 지금도 여러 종류의 약을 복용하고 발작을 조절하며 살고 있을 것이다.

그런데 그녀를 잊을 수 없는 이유가 하나 더 있다. 이 질환으로 도리어 어떤 면에서는 그녀의 인생에 다행스러운 일이 생겼기 때문이다. 쌍꺼풀이 크게 진 눈과 사각턱, 까만 단발머리 때문에 퍽 인상이 강했던 그녀 옆에는 꼭 샌님처럼 곱게 생긴 남편이 따라다녔다. 그는 그녀가 간질에 걸리기 전에 지독한 우울증을 앓고 있었고 가족들에게마저도 속내를 잘 드러내지 않아 힘들었다고 했다. 그러나 감정과 관련된 측두엽에 병변이 있었던 그녀는 오히려 우울증이 호전되어 버렸다. 적어도 발작이 멈춰 있는 동안에는 밝은 수다쟁이로 변했기 때문이다. 그래서 나와 동갑인 그녀는 입원해 있는 동안 마치 오래된 친구처럼 나에게 끝도 없는 수다와 웃음을 주었다. 집에도 못 가고 마음 둘 데가 없던 나도 그녀와 한껏 가까워져 퇴원할 때는 친한 친구와 헤어지기라도 하는 듯 안아 주며 아쉬워하기까지 했다.

두 사례처럼 좋은 후일담이 남는 경우도 많지만, 신경과 질환에는 길고 지난한 병과 싸움을 해야 하는 경우가 더 많다. 우리가 익히 알고 있는 치매는 물론이요, 신경에 생기는 자가 면역 질환, 파킨슨병과 같은 이상 운동 질환, 루게릭병과 같은 운동 신경의 퇴행성 질환 등 시간이 지날수록 점점 악화되어 환자의 남은 삶을 고통으로 얼룩지게 하는 병들이 많기 때문이다. 두 분이 해로하며 잘 지낼 일만 남은 노부부에게 치매는 재앙이다. 칠십을 훌쩍 넘긴 할아버지의 외도를 의심하고 남편이 자기를 죽이려고 독을 탔다는 피해망상증이 생긴 할머니가 있었다. 할아버지는 그간 이루 말할 수 없는 어려움을 겪다가 예전이라면 눈 감고도 찾을 집을 더는 혼자서 찾아올 수 없게 된 할머니를 보고서야 병원을 찾아왔다. 결국 치매 진단을 받고서 그간의 이상 행동이 병 때문임을 알게 된 할아버지는 병인 줄도 모르고 할머니를 때리며 날마다 부부 싸움을 하셨다며 눈물을 흘렸다. 아마 그 할머니는 결국 할아버지는 물론 자신마저도 잃어버린 채 생을 마감하셨을 것이다.

수련 기간을 돌이켜 보면, 뇌와 신경에 관한 전문 지식을 습득해야 하는 일이 무척 힘들었다. 뇌 속에 들어 있는 각종 구조물들의 이름과 기능을 모조리 외워야 했기 때문이다. 게다가 영어로 된 교과서를 읽어

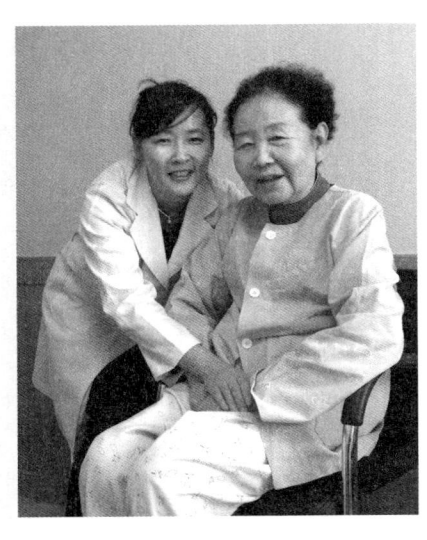

:: 요양병원 환자와 함께.

가면서 뇌 촬영 MRI를 공간적으로 인지하는 일, 손발 끝까지 분포된 온몸의 신경과 근육들을 외우고 근전도 검사 등 여러 수기를 배우는 일도 쉽지 않았다. 무엇보다 밤에 갑자기 발병하여 촌각을 다투며 빨리 치료해야 하는 병들이 있어서, 밤 당직을 서는 일이 몹시 어렵고 두려웠다. 다시 돌아간다면 더 잘 해낼 수 있을 것도 같지만 여타의 삶이 그렇듯, 좋았든 좋지 않았든 수련 기간도 결국 지금 나의 흔적이 된 것이라고 생각한다. 무엇보다 내가 돌봤다고 생각한 내 환자들에게서 받은 흔적이 의사로서의 삶에 가장 견고한 발판으로 자리 잡았다. 책으로는 결코 알 수 없는 병의 경과를 그들의 고통을 통해 날것으로 내 머릿속에 각인할 수 있었고, 그 고통의 중심에는 병이 아닌 삶이 있다는 것을 알아 가던 시간이었다.

요양병원에서 '병'이 아닌 '인간'을 만나다

수련 병원에서 전문의를 취득한 나는 요양병원의 신경과 과장으로 봉직하게 되었다. 내 환자 중에는 스물을 갓 넘긴 나이에 밤길을 오토바이로 질주하다가 경추 손상과 뇌출혈이 생긴 환자가 있었다. 그는 사지 마비에 볼 수도 말을 할 수도 없었다. 음식도 경관 튜브를 통해 조제식을 받아먹어야 했다. 사고는 그렇게 그를 몸 안에 가두었다. 게다가 경추 손상 환자에게서 보이는 중추성 신경 통증이 그를 가장 힘들게 했다. 그런 그가 유일하게 할 수 있는 일은 듣기였다. 아프냐고 물으면 눈을 깜박하며 대답을 했다. 그러고는 온 얼굴을 찌푸리며 무언가를 말하고 싶어 했다. 그것도 얼굴 한쪽은 마비가 되었기에 나머지 한쪽만을 찌푸리면서. 입 주위에 잔뜩 힘이 들어간 채, 삐죽이 내민 입술이 옴지락거리면 정말이지 무언가 말이 나올 듯했다. 그러나 말하는 뇌가 망가진 그는 생각을 말로 표현할 수가 없었다. 한참을 애쓰다 일그러진 골을 따라 눈물이 흘러내렸다. 그런 그를 위해 겨우 생각해 낸 것이 스마트폰에서 나오는 음악과 책 읽어 주는 프로그램이었다. "음악 틀어 줄까?" 하고 물어보면 그의 눈이 깜박거리며 덜 마비된 손의 엄지에 힘이 들어갔다.

그 엄지는 타인과 그를 이어 주는 유일한 다리였다. 그 엄지를 처음 알게 된 날도 여느 때처럼 통증과 강직 때문에 그의 몸이 뻣뻣해졌다. 차라리 진정 주사로 잠을 좀 재워 주는 게 더 낫지 않을까 하다가 덜 마비가 된 오른손이 들썩이는 것이 보였다. '최고'라는 뜻을 보일 때처럼 네 손가락은 손톱이 손바닥으로 파고들 만큼 꼭 쥐고 엄지만을 치켜들었다. 잘못된 운동 신경 때문에 일어나는 일이었다. 치켜든 엄지가 마치 손에서 튕겨 나오고 싶어 안간힘이라도 쓰는 듯, 혹은 그렇게 계속 힘껏 원을 그리면 갇힌 몸 안에서 나와 날아가기라도 할 듯, 계속 허공을 향해 힘껏 삐뚤삐뚤 원을 그렸다. 그도 나도 '최고'일 것이 없는 이 상황에, 그의 엄지만은 마치 우리가 '최고'라는 듯 그렇게 멈출 줄을 몰랐다. 나는 얼른 그 엄지를 잡아 주었다. 누구도 그 엄지를 잡지 않을 수 없을 만큼 애타게 그 손가락은 잡히기를 원하는 듯 보였다. 막상 엄지를 잡자 더 놀라웠던 것은 그것에 들어가 있는 힘이었다.

언젠가 양평 두물머리에 갔던 일이 떠올랐다. 간유리 같은 안개 속에서 여명이 주홍 감빛으로 물들어 오고, 거무룩한 강은 오래된 느티나무를 제 품에 안아 물 위로 그림자를 드리우고 있었다. 그림자를 안은 강물은 두 물줄기로 흘러들었을 테지만 이제 경계는 사라지고 다만 흘러갈 뿐이었다. 그곳 두물머리에서 릴낚시로 잡았던 잉어가 생각났다. 황갈빛 비늘의 잉어가 숨을 거두기 전까지 온몸으로 자갈밭 위에서 팔딱대던 힘. 그 힘이 그의 엄지로 고스란히 옮겨 온 듯했다. 가만히 손가락을 감싸 안으니, 내 엄지와 검지 사이의 골을 파고들며 계속 원을 그렸다. 오직 엄지 하나만으로 전해 오는 그 집요함이 섬뜩했다. 침대처럼 누워만 있는, 그래서 침대처럼 무심히 지나칠 정도로 아무런 인기척조차 내지 못하는 그였다. 그런 그가 내 손의 골로 파고드는 맹렬함이란······.

두어 달이 지난 후 연이어 설사를 하더니 꼬리뼈가 드러날 정도로 욕창이 심해졌다. 하루에 두 번씩 소독을 해 주어도 점점 살이 썩어 들어갔다. 게다가 패혈증까지 와서 곤욕을 치렀다. 두물머리의 황갈빛 잉어가 더는 몸부림을 치지 못하고 느티나무 그림자에 잠기듯, 그의 엄지도 힘이 풀려 갔다. 게다가 살이 쑤욱 내린 몸이 마치 생선 가시처럼 앙

상했다. 내가 처음 봤을 때만 해도 엄지를 잡으면 눈꺼풀에 힘이 들어가면서 금방이라도 일어날 듯했는데, 언젠가부터 엄지를 잡아도 이름을 불러야만 겨우 눈꺼풀을 위로 올렸다. 사람 눈 속에 뭐가 있기에 품고 있는 감정을 알아차릴 수 있는지 모르겠지만, 그의 눈은 분명 달라져 있었다. 예전에는 마치 색색의 유리 조각들이 반사되어 무늬를 빚는 만화경처럼 그의 마음도 눈으로 반사되어 나오는 듯했다. 그러나 이제 들어오는 빛이 막혀 먹빛이 된 만화경처럼 희망도 분노도 사라진 체념이라고밖에는 말할 수 없는 그런 눈빛이 되어 갔다.

요양병원에는 저렇듯 몸은 망가졌어도 정신은 온전한 환자들이 있는 반면에, 몸은 성한데 정신이 온전치 않은 삶을 보내는 노인들도 많다.

"아따, 저 어린년이 우리 영감 이불 속에 들어가서 안 나오는디 어째서 나를 이렇게 안 보내 준다요."

황 할머니는 할아버지가 바람을 피운다는 망상을 할 때면 아무도 말릴 수가 없었다. 저러다가 밤이 되면 당신의 이미 죽은 엄마가 왔다며 침대에서 내려오려고 했다. 또 어떤 날엔 애기를 말죽거리 밑에서 데려와야 한다며 침대 한구석을 만지작거리며 그 애기를 데려다 달라고 성화였다. 아흔 살이 넘은 할머니는 유방암이 뇌로 전이되면서 망상과 환각에 시달렸다. 정신이 온전할 땐 더는 살고 싶지 않다며 곡기를 끊고 싶어 하기도 했다.

"선생님, 제 소원이 이제 그만 살고 싶다는 거요잉."

가끔 죽음으로써만 끝날 것 같은 고통을 가진 환자들을 볼 때면, 그들에게 무엇이 더 나은 일일까 혼란스럽기도 하다. 앞의 두 환자 이야기는 요양병원에서 흔히 볼 수 있는 안타까운 모습이다.

물론 우리 병원에는 걸을 수 있을 정도의 편마비 증상을 호전시켜

보려고 열심히 재활을 하는 환자들도 많다. 어떤 환자는 다시 세상 안으로 들어가기 위한 쉴 틈 없는 재활 치료로 오히려 얼굴 한 번 보기 힘들 때도 있다. 그러나 그런 노력에도 세상 안으로 돌아가기가 결코 만만한 것은 아니다. 그렇게 되돌아가지 못한 세상 대신 어쩔 수 없이 다시 병원을 택하게 되는 경우도 많다. 그 잃어버린 세상이란 직장과 같은 공적 영역이기도 하지만, 적지 않은 환자들에겐 안타깝게도 가족이라는 끈끈한 관계를 의미할 때도 있다. 그러나 이렇게 달라진 그들의 상황도 받아들일 수밖에 없는 삶의 한 부분이 된다.

요양병원은 삶과 죽음의 두물머리다. 두물머리의 강물이 그렇듯, 이곳에서 일하다 보면 삶과 죽음이 별개라는 생각을 점점 하지 않게 된다. 삶과 죽음은 단절되어 있지 않고 연결된 고리이다. 그리고 그 고리의 중심에 '병'이 아닌 병든 '인간'이 있다. 수련 병원에서는 '병'을 알기 위해 애썼다면, 이곳에서는 병든 '인간'을 알아 가는 일에 더 마음을 쓰게 된다. '병'이 고착되고 정체된 무엇이라면, 병든 '인간'은 얼마든지 유동적이며 잠재적이다.

막힌 물줄기는 결국 어떤 식으로든 새 길을 내기 마련이다. 그 속에는 결코 과학이나 객관으로는 도저히 설명되지 않는, 생명의 힘이 가진 적응과 선용이 있다. 나는 그것을 내가 일하는 요양병원의 내 환자들을 통해 깨닫곤 한다.

차트에 있는 환자들의 이름 중에는 거의 몇 년째 올라 있는 이름도 있다. 내가 만약 다른 형태의 병원에 근무했다면 나는 그들을 밖에서 바라보며 장애를 가진 환자로만 생각했을지도 모른다. 그러나 몇 년씩 매일을 함께하다 보면 더는 그들의 밖에만 서 있을 수 없다. 색색의 유리 조각이 반사되는 광경이 아름다운 만화경을 들여다보듯, 희망과 절

:: 진료실에 있는 필자의 모습.

망, 온전함과 온전치 못함, 잊혀 버린 기억과 잊힐 수 없는 기억이 만들어 내는 환자들의 마음속 만화경을 보게 된다.

병은 그래서 끝이 아니다. 길 끝에서 돌아서면 바로 거기가 길의 시작이라고 얘기하던 어느 시인의 글처럼, 병은 달라질 수밖에 없는 그들의 현실과 내적 세계를 동틔우는 또 하나의 시작이다. 그리고 그 긴 여정이 단단하게 잘 여물기 위해서는 눈에 보이는 치료보다 더 중요한 것이 있다. 그것은 온전치 않은 몸으로든, 자기 자신마저 잃어버리는 정신으로든, 다만 그들이 이생에 남아 있는 것을 고마워하는 사람들이 내미는 사랑 어린 손길이다. 그런 환자와 보호자들을 묵묵히 뒤에서 바라보며 북돋워 주는 것이 내가 할 일이라고 생각한다. 그것이 죽음으로 향하는 순간일지라도….

신경과에 대하여

신경과에서 다루는 병들을 대략 살펴보면, 간질과 실신, 두통과 신경 통증, 수면 장애, 치매와 행동 신경학, 파킨슨이나 무도증 같은 이상 운동 질환, 신경 매독이나 뇌염 같은 감염성 질환, 뇌경색과 뇌출혈이 속하는 뇌혈관 질환, 다발 신경증, 수초 탈락병, 척수와 운동 신경계 질환, 말초 신경 질환, 근육 질환, 신경계 종양 등 온몸에 분포되어 있는 신경과 관련된 병이다. 4년간 수련을 받고 전문의 자격을 취득하면 대학병원에서 교수로 봉직하거나, 급성기 병원이나 단독 신경과 외래 병원에서 외래를 본다. 그리고 만성기 병원에서 재활 요양하는 환자들을 돌보기도 한다. 여하튼 힘든 수련 기간을 지내고 나오면 각자 자기가 원하는 형태의 병원에서 훨씬 자유롭게 신경과 의사의 삶을 살아가게 된다. 짧은 지면으로 더 도움을 드리지 못한 부분은 좋은 책을 소개하는 것으로 대신하고 싶다. 올리버 색스의 『아내를 모자로 착각한 남자』와 『화성의 인류학자』, 김종성 교수님의 『뇌과학 여행자』, 나덕렬 교수님의 『앞쪽형 인간』을 추천한다. 이분들은 박학한 신경학자인 데다가 문학적 감수성도 뛰어나 환자 사랑까지 우러나도록 좋은 책을 쓰신 분들이다. 내 졸고가 미처 제공하지 못한 신경과에 대한 이해를 훨씬 넓혀 줄 것이다.

세상과 소통하는
영혼의 창을 지키는 파수꾼

| 조수근 |

서울대학교 의과대학을 졸업하고 서울대학교 병원에서 인턴 수련을 받았다. 경기도 양평군 보건소에서 공중
보건의사로 군역을 마치고, 서울아산병원에서 안과 전공의 과정을 밟은 후 안과 망막분과 임상강사를 거쳐
임상조교수로 근무했다. 현재 강릉아산병원에서 근무하고 있으며, 『한국산문』을 통해 등단하여 수필가로도
활동하고 있다. 인도주의실천의사협의회 회원, 한국장애인부모회 회원으로 몸이 아픈 사람들뿐 아니라 사회
적으로 어려움을 겪는 사람들에게도 관심을 쏟으려고 노력하고 있다.

1

뿌옇게 흐려진 시야는 한 치 앞을 분간할 수가 없다. Illuminator(조
명 기구)의 불빛조차 희미하게 그 존재만 간신히 드러내고 있을 뿐 어
디로 나아가야 할지 판단이 서지 않는다. 컴컴한 어둠 속에서 Vitreous
cutter(유리체 절제기)만이 묵묵히 제 할 일을 하면서 고요를 깨고 있
다. 조그마한 실수가 파국을 불러일으킬 수 있기 때문에 섣불리 전진할
수가 없다. 숨소리마저 죽이고 야금야금 전진한다. 부유하는 핏덩이들
을 조금씩 조금씩 제거하는 중인데 시간이 얼마나 흘렀는지 모르겠다.
이윽고 선홍색의 시신경 유두가 보이기 시작하고 아래에서 소리가 들
린다.

"선생님, 조금씩 밝게 보이는 것 같아요."

당뇨 합병증의 하나인 당뇨 망막증으로 인해 눈 속 출혈이 생긴 환자의 수술은 그렇게 성공적으로 마무리되어 갔다.

2

실험실이 있는 융합연구관. 병원 본관 너머 한강으로 해가 뉘엿뉘엿 저물고 있다. 올림픽대로와 강변북로를 둘러싼 건물들의 그림자와 불그스레한 햇살이 한 폭의 풍경화를 만든다. 하지만 그런 풍경에 넋을 놓고 빠져 있을 시간이 없다. 오늘은 실험실의 쥐를 잡는 날이다.

HARVEST! 미숙아 망막증 동물 모델 실험으로 당뇨약인 메트포르민(metformin)의 효과를 확인해 보려는 것이다. 시간을 지체했다가는 후드가 있는 현미경을 예약된 시간에 쓸 수 없다. 그렇게 되면 실험실이 텅 빈 밤늦은 시간에 죽은 쥐를 들고 돌아다녀야 한다. 연구 실적이 많고 연구비도 많이 타 온 교수님들은 연구원들을 따로 두고 있어서 직접 실험을 하는 경우가 거의 없다. 하지만 나는 갓 발령받은 임상조교수인 데다 아직 박사 과정에 있어 학위 논문 실험을 직접 해야 한다. 수술복 같은 실험 가운을 입고 글러브를 끼고 에어 샤워를 한 다음 동물 실험실에 들어간다. 제 어미의 젖을 빨고 있는 새끼 쥐들을 안락사시켜야 하는 이 순간이 가장 싫다. 하지만 어쩌랴. 안락사를 시킨 다음 안구를 적출하고 포르말린에 고정한다. 이제 동물 실험실 밖으로 나와 안구를 분리한다. 현미경을 보면서 완두콩보다도 작은 생쥐 안구에서 망막을 분리해 내어 염색약에 담근다. 이제 이틀 정도를 냉장고에서 염색되도록 기다려야 한다. 오늘이 금요일이니 일요일에 다시 와서 염색이 잘 되었는지 확인하고 표본용 슬라이드를 만들어야 한다. 이번 주말도 실험실에서 보내야겠구나.

3

헐레벌떡 회의실로 들어간다. 지각이다. 조용히 문을 열고 맨 뒷자리에 앉는다. 건너편에서 선배 교수님이 내 얼굴을 한번 보고 시계를 한번 본다. 나는 입 모양으로 소리는 내지 않고 "외래 때문에"라고 한다. 점심시간을 이용해 임상 연구 회의가 열렸다. 황반 변성(고령의 망막에 생기는 퇴행성 질환으로 실명을 유발할 수 있다)에 대한 새로운 신약이 개발되었는데, 1상, 2상 임상 연구가 끝나고 3상 연구가 미국, 유럽, 일본 그리고 우리나라에서 동시에 시작된다. 우리 병원 망막팀이 이번 임상 연구에 함께하게 되었다. 불과 10년 전만 해도 안과 분야 다국적 제약회사의 임상 연구가 국내에서 시행되는 경우는 없었다. 그러나 최근 우리나라의 의학 수준이 올라가고 우리의 임상 수준 또한 다른 선진국과 어깨를 나란히 하거나 오히려 앞서가면서 이러한 임상 연구를 같이 수행하는 경우가 드물지 않게 되었다. 안과 교수, 안과 임상강사(안과 전문의 자격을 취득하고 세부 분과를 더 배우기 위해 수련 병원에서 진료와 수술 등을 더 깊이 공부하는 전문의), 안과 기사, 임상연구 전문 간호사 등이 한자리에 모이기가 쉽지 않아 점심시간을 이용해 회의를 한다. 약제에 대한 설명, 연구 디자인, 환자 안전에 대한 문제 등에 관한 설명이 이어진다. 점심으로 나온 도시락이 눈으로 들어가는지 입으로 들어가는지도 모르겠다.

4

"김 선생, 이번 목요일 임상연구센터에 연구 간호사, 이번 연구에 참여하는 선생, 그리고 나와 교육을 받으러 가야겠어."

"선생님의 연구팀이 임상 시험 규정을 위반하였습니다. 동의서 취득 과정에서 규정을 위반한 사실이 발견되었으므로, 연구에 참여하는 환자에게 동의서를 규정에 맞게 다시 받으시고, 연구 관련자들은 동의서 관련 규정에 대한 교육을 이달 말까지 이수하시기 바랍니다."

메일을 보자마자 전화를 돌린다.

환자를 상대로 하는 임상 연구를 시행하려면 임상 연구에 관한 일정한 교육을 받고 자격증을 소지해야 한다. 그리고 일정한 기간마다 연구 진행 상황을 보고하며, 등록된 환자의 동의서 사본을 제출해야 한다. 처음 임상 연구 심의 위원회에 제출한 연구 계획서와 다르게 연구가 진행되거나, 여러 임상 연구 규정에 어긋나는 행위가 발견되면 제재가 뒤따른다. 가벼운 위반일 경우에는 교육을 새로 받는 것으로 끝난다. 이번 경우에는 새로 들어온 임상강사를 미처 연구자로 등록하지 못한 채 환자에게 동의서를 받게 한 것이 잘못이었다.

외래 진료가 끝나고 한숨 돌릴 시간에 임상연구센터에 가서 교육받을 생각을 하니 피로가 더 밀려온다.

5

"어떤 전공의가 이런 실수를 했어요?"

"실명을 공개할 수 없는 것 아시잖아요?"

"이번 안건은 안과에서 발생한 near miss(근접 오류: 환자에게 위해가 발생하기 전에 오류가 발견되어 환자의 안전에 문제는 생기지 않았으나, 제도적인 개선으로 해결하지 않으면 같은 오류가 재발될 가능성이 있는 환자 안전 문제 사례) 건입니다."

PI(performance improvement) 실장님의 표정이 그리 밝지 않다. 환자 안구에 시술을 하는 과정에서 시술 부위 표시가 제대로 되지 않아 반대편 눈에 시술이 이루어질 뻔한 일이 발생했다. 나는 안과 PI 담당이라 아침부터 회의에 불려 나와 있다. 다행히 담당 간호사가 시술 전 시술 부위가 왼쪽 눈인지 오른쪽 눈인지 한 번 더 확인한 덕분에 엉뚱한 사고는 막을 수 있었다. 모든 수술, 시술 환자는 부위 표시를 병동에서부터 하고 내려와야 하는데, 안과가 아닌 다른 내과 계열 병동에 입원한 환자여서 부위 표시를 놓치는 일이 발생했다. 이러한 오류에 대한 보고가 올라왔다고 해서, 오류를 보고한 사람, 오류를 범한 사람에게 징계를 내리지는 않는다. 일일이 징계를 내리기 시작하면 이러한 오류들은 오히려 은폐되고, 절차와 제도의 개선을 통해 해결되어야 할 환자 안전 문제가 은폐되면 결국 환자의 사고로 이어지기 때문이다. 사람이 하는 일에 어떻게 실수가 없을까 하겠지만, 단 한 번의 실수도 용납되지 않는 것이 의료 행위이다.

다행히 근접 오류에서 발견되어 회의 끝나고 회진 돌러 병동으로 올라가는 발걸음이 가볍다.

6

30분이 훌쩍 지나갔지만 스크린에 비친 슬라이드는 세 번째 장을 넘어가지 못하고 있다. 발표 슬라이드를 엉성하게 만들고 공부를 충분히 하지 못해 주제에 대한 이해가 부족한 것이 윗분 교수님의 질문 한 방에 발각되고 말았다. 발표하는 전공의가 질문에 제대로 대답을 못하자 질문은 1년 차 전공의부터 2년 차, 3년 차, 그러다가 결국 수석 전공의에게까지 올라간다. 뒤에서 급하게 책을 뒤지는 전공의도 있고, 옆자리에 앉은 임상강사에게 물어보는 전공의도 있다. 아침 7시 15분부터 시작된 콘퍼런스(전공의들의 교육을 위해 주제를 바꾸어 가며 질환에 대해 요약 정리하여 발표하고 실제 환자 사례를 통해 공부하는 시간)가 8시가 가까워지고 있지만 끝날 기미가 보이지 않는다. 8시에 수술장에 내려가야 하는 전공의와 과장 회진을 준비해야 하는 전공의는 앞에서 일갈하고 있는 교수님의 눈치만 살피고 있다. 이쯤에서 내가 끼어든다.

"이번 주제에 대해 더 공부해서 다음 주에 한 번 더 발표해. 도대체 준비를 어떻게 한 거야!"

그러면서 '어, 이거 내가 전공의 때 듣던 꾸중인데' 하는 생각이 퍼뜩 스친다.

7

"김 선생은 뭐하고?"

"안구 내 염증이 심하고 항생제 주사로는 해결이 안 될 것 같다며 수술을 빨리 하는 게 좋겠다고… 선생님께 연락을 드려 보라고…."

당직 전공의는 말끝을 흐린다.

광주에 있는 개인의원에서 부원장으로 일하고 있는 대학 동기가 오랜만에 서울에 올라와서 약속 장소로 막 나가던 참에 전공의가 전화를 해 왔다. 2년 차 임상강사들이 이제 좀 수술이 손에 익어 주말에 불려 나가는 일이 좀 줄어드나 했더니 그것도 아니다. 차를 반대 방향으로 돌린다.

일단 검사실로 환자를 불러 올려 세극등으로 진찰을 한다. 이미 고름이 눈 속에 가득 차 있다. 이대로 내일 아침까지 두면 망막이 다 녹아 내려 버릴 듯하다. 수술방이 비는지, 수술방에 들어올 수 있는 안과 간호사가 있는지, 없다면 호출 대기 중인 간호사를 알아내라는 등등을 지시하고 보호자를 만난다. 환자의 상태를 설명하고 있는데 전공의가 다가와 귓속말을 건넨다.

"오늘 뇌사자가 있어 장기 이식 수술이 한꺼번에 열리는 데다가 복막염 환자와 뇌출혈 환자까지 있어 전신 마취는 두 시간 정도 더 기다려야 할 것 같습니다. 염증이 심해 국소 마취로는 환자가 통증을 못 견딜 것 같은데 어떡하죠?"

"……."

다행히 한 시간 후에 마취과에서 수술방을 열어 주어 수술을 무사히 끝낼 수 있었다. 밖에서 보는 것보다 염증이 심하지 않아 환자가 조금이라도 시력을 회복할 수 있을 듯하다. 수술장 밖에서 기다리던 보호자들에게 수술 경과를 설명하고 샤워실로 향한다. 수술복을 입고 있는 내 모습이 오늘따라 썩 괜찮아 보인다.

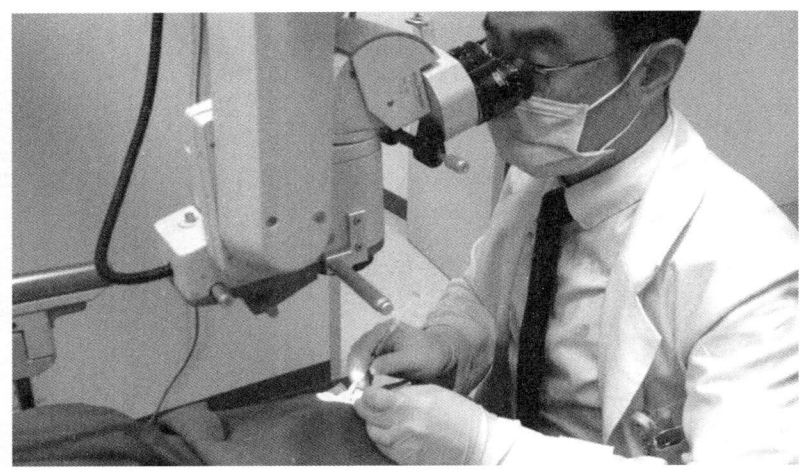

:: 안구에 주사를 놓고 있는 필자.

8

"산동(눈 속을 진찰하기 위해 동공을 안약으로 크게 확대하는 것. 약을 넣고 20~30분이 지나야 눈 속을 관찰하기 좋을 정도로 동공이 확대된다)을 얘기한 게 언젠데 이제야 전화해서 산동하라고 하면 어쩌니?"

무균실 앞에서 전공의 선생에게 괜한 짜증을 부린다. 하릴없이 30분을 무균실 앞에서 기다려야 할 판이다. 기다리면서 환자의 차트를 열어 본다. 백혈병 환자다. 골수 이식이 실패해 재발한 환자, 면역력이 극도로 나빠져 무균실에 있는데 어제부터 눈이 보이지 않는다고 한다. 모든 검사 수치가 붉은색으로 표시되어 있을 정도로 병세가 심한 환자다.

덧가운을 입고 모자와 마스크를 착용하고 왕진 도구를 소독한 다음 무균실로 들어간다. 눈 속에서 출혈이 발생했다. 그러나 수술을 할 상황이 못 된다. 피가 흡수되기를 기다려 보는 수밖에. 환자의 전신 상태를 확인하니 눈이 보이고 안 보이고는 사치스러운 문제일 수도 있겠다는 생각이 들 정도다. 보호자와 담당 간호사에게 설명을 하고 나오려는데 따라온 전공의가 보호자의 손을 잡아 주고 있다.

기특한 녀석.

9

진료실 입구에 '30분 지연'이라는 글씨가 떴다.

나는 알고 있다. 30분이 사실은 한 시간이라는 사실을. 그렇다고 지방에서 자녀들을 데리고 여기까지 온 분들을 대충 볼 수는 없다. 학회를 다녀오느라 일주일 진료를 못 봤더니 예약 환자가 엄청나다. 진료실에 들어오는 분마다 죄송하다는 말을 내가 먼저 건넨다. 밖에서는 이럴거면 예약 시간을 뭐하려 잡아 주느냐는 격앙된 목소리도 들린다.

"아이고, 우리 선생님 식사는 하셨어요? 이렇게 바쁘셔서 어쩐데."

환자분이 건네는 따뜻한 말 한마디에 다시 기운을 얻는다.

10

일주일에 세 번 정도 보는 외래 진료도 없고 수술도 없는 반나절이다. 다행히 회의도 없다. 콘퍼런스나 랩 미팅(lab meeting)도 없다. 점심을 먹고 오랜만에 여유롭게 내 연구실로 들어간다. 방을 같이 쓰는 성형안과 후배도 자리를 지키고 앉아 있다.

지나가면서 보니 논문을 쓰느라 분주하다. 옆에는 참고할 논문들을 출력해서 여기저기 벌여 놓았다. 아이패드나 데스크톱 모니터로 보라고 해도 자기는 인쇄된 활자로 봐야 머리에 쏙쏙 들어온단다.

자리에 앉아 컴퓨터를 켠다. 다음 주에 열릴 심포지엄(특정 질환의 관련 의사들이 모여 최신 논문이나 연구 성과를 발표하고 치료 경험을 공유하는 학술회의)에서 발표할 자료를 준비해야 한다. 각 대학병원과 종합병원의 내로라하는 의사들이 참석하니 어설프게 발표했다가는 망신을 톡톡히 당할지도 모른다. 오늘도 저녁을 집에서 먹기는커녕 아이들 자기 전에 얼굴 보기도 힘들게 생겼다.

11

연단에 선 수상자가 소감을 말하면서 뭐라고 하자 청중들이 일제히 웃는다. 나도 따라 웃는다. 말이 너무 빨라 무슨 이야기인지 이해를 못했지만, 다 같이 웃는데 멀뚱멀뚱할 수는 없으니 나도 따라 웃는다. 한국에 돌아가면 영어 공부 좀 더 열심히 해야겠다는 다짐을 한다. 이번에 시카고에서 열린 미국 안과학회는 전 세계의 안과 의사들이 몰려오는 가장 큰 국제 학술 대회 중 하나이다. 최신 연구 성과들을 목격하고 거장들의 강의를 듣고 다른 의사들의 치료 경험을 공유할 수 있는 자리다. 엄청난 연구 성과들과 대가들의 발언을 접하면서 내 꿈도 한껏 커진 듯하다.

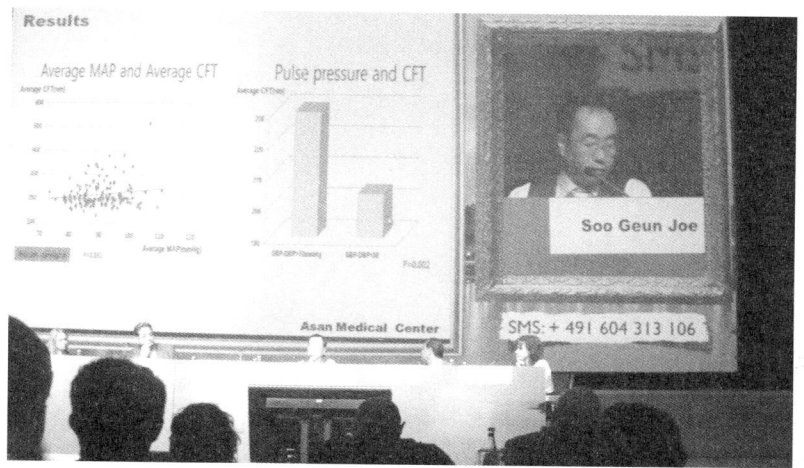

:: 국제 학회에서 연구 결과를 발표하는 필자의 모습.

12

기자를 하는 형이 늦는다고 연락이 왔다. 그 선배는 늘 바쁘다. 종합병원에 근무하는 나보다도 열 배는 더 바빠 보인다. 하기야 보건복지부 출입 기자단의 대표이니 어찌 그렇지 않으랴.

대학 때 인문학 서적을 같이 읽고 공부해 보자며 시작했던 모임이 졸업 후 1년에 한 번 얼굴만 보는 식으로 근근이 유지되다 올해부터 다시 3개월에 한 번 정도 정기 모임을 가지기로 했다. 가정의학과 의원을 개원한 선배, 의학 전문 기자로 일하는 선배, 다시 한의대를 들어가 한의사 면허도 같이 가지고 있는 선배, 안과 의원으로 개원가에서 활약하고 있는 친구, 대학병원에서 내과 교수를 하는 후배 등이 모였다. 의사를 그만두고 증권사에서 일하는 선배는 한 번 모임에 나오더니 더 이상 뵙기가 어렵다.

밥을 먹으면서 책 이야기는 산으로 가고, 보건복지부에서 일하는 한 선배의 최근 인터뷰 기사가 화제에 오른다. 의사들은 보험 정책에 민감할 수밖에 없으니.

안과 의사가 되려면

이상은 내가 서울아산병원에서 임상조교수로 근무하던 시절의 경험을 담은 글들이다.

안과는 말 그대로 눈을 치료하는 전문 분야다. 이 안과도 각막 분과, 녹내장 분과, 사시신경소아안과, 망막 분과, 성형안과 등 다섯 가지 세부 분과로 나뉜다.

눈의 앞쪽 부분을 진료하는 각막 분과에서는 백내장, 라식, 각막 이식, 각막염, 건조증 등을 주로 담당한다. 녹내장 분과는 시신경의 점진적인 손상으로 시야가 좁아지는 질환인 녹내장에 특화된 분과이다. 사시신경소아안과에서는 눈 운동과 시신경의 이상 등을 치료한다. 눈의 뒤쪽 부분인 유리체, 망막 등에 발생한 질환을 다루는 망막 분과에서는 황반 변성, 당뇨 망막증, 포도막염, 망막 박리 등을 치료한다. 마지막으로 성형안과에서는 눈 말고 눈 주위를 둘러싼 구조물, 예를 들면 눈꺼풀, 눈물 기관, 눈 주위 뼈 등에 발생한 질환을 맡는다. 물론 개원의들은 이 다섯 가지 분과를 포괄적으로 진료하며, 종합병원의 세부 분과 전문의들은 그중 한 분야를 좀 더 깊이 연구하고 공부하게 된다.

안과 의사가 되는 길은 다른 전문의와 동일하다. 먼저 의과대학이나 의학전문대학원을 졸업하고 의사국가고시에 합격해야 한다. 이렇게 해서 의사 면허를 취득한 다음 인턴이라고 불리는 수련의 생활을 한다. 종합병원의 각 임상과를 1년 동안 돌면서 여러 과의 경험을 쌓는 것으로, 의과대학생일 때 실습으로 들어가서 보는 것과는 다르게 의사로서 의료 행위를 실제로 수행하면서 겪어 보면 각 임상과에 대한 새로운 것들을 배울 수 있다. 그리고 나에게 어떤 임상과가 맞는지, 인턴 수련이 끝난 후 4년간의 전공의(레지던트) 생활을 어떤 임상과에서 할지 결정하는 중요한 순간이기도 하다. 인턴이 끝나고 정신과, 내과 등 여러 임상과 중에서 안과에 지원하여 다른 경쟁자들을 물리치고 합격하면 4년간의 전공의 생활을 하게 된다. 이 기간 동안 안과 교수들을 도우면서 실제로 환자를 진찰하고 치료하는 것을 보고 배우게 된다. 각종 집담회(콘퍼런스)를 통해 환자 사례를 배우고, 질환에 대한 요약 정리를 하고, 최신 논문들도 익히게 된다. 국내 혹은 국제 학회에 교수들과 함께 참가하여 시야를 넓히고 전 세계에서 다양하게 연구되는 주제들을 배우게 된다. 전공의 생활이 끝나고 전문의 자격 시험에 합격하면 안과 전문의 자격증을 얻는다. 지금까지 안과의 여러 분야를 공부했지만, 앞에서 말한 다섯 가지 세부 분과 중 한 분야를 더 깊이 공부하고 싶다면 임상강사 혹은 전임의(펠로) 수련을 또 받을 수 있다. 예전에는 대개 개원을 하지 않고 종합병원이나 대학병원에 남기를 원하는 의사들만 임상강사를 거쳤지만, 최근에는 전문 분야를 더 공부하고 임상 경험도 더 쌓기 위해 임상강사 수련을 받는 의사들이 늘어나는 추세이다.

안과도 다른 임상과와 마찬가지로 환자를 진찰하고 치료한다는 점은 동일하다. 다만 신경과 의사는 신경계 질환을, 피부과 의사는 피부 질환을, 안과 의사는 눈과 관련된 질환을 본다는 점이 다르다. 임상과는 크게 수술을 하는 분야와 수술을 하지 않는 분야로 나눌 수 있다. 수술을 하는 과는 외래 진료 외에 수술이라는 또 다른 행위를 수행해야 한다. 이런 임상과들은 수술로 인한 압박감과 긴장 등이 수반되는 경우가 많고 수련 생활도 조금 더 힘들 수 있다. 하지만 수술을 하지 않는 임상과도 긴박하게 환자를 치료해야 하는 응급 상황이 많고, 수술은 아니지만 환자 몸에 수술보다는 가벼운 시술(예를 들면 흉관 삽입술, 중심 정맥관 삽입술)을 해야 하는 경우도 많으며, 진료와 공부를 병행해야 하므로 수련 생활이 힘든 것은 비슷하다고 생각된다.

안과에서는 진료를 통해 환자를 치료하는 것도 중요하지만 수술 또한 중요한 요소이다. 현미경으로 눈을 직접 들여다보면서 수술할 때는 미세한 눈 조직을 다루기 때문에 섬세하고 정밀한 손재주가 필요하다. 작은 실수가 환자의 실명으로 연결될 수 있기 때문에 민첩하고 재빠른 판단력도 중요하다.

한때는 피부과, 안과, 성형외과에 전공의 지원자들이 몰려 '피안성'이라는 말도 유행했다. 상대적으로 개원하기가 쉽고 고가의 시술이 많다는 이유 때문이었다. 흉부외과, 신경외과, 일반외과, 산부인과 같은 생명과 직결된 의료 행위를 해야 하는 분야보다는 직업 스트레스가 적고 수련 환경이 편하리라는 기대도 있었을 것이다. 하지만 안과, 특히 종합병원의 망막 분과는 응급 수술도 많고 수련 과정이 그리 편하지 않다. 개원하는 의사들의 여건도 다른 분야의 의사들과 마찬가지로 점점 나빠지고 있다고들 한다. 하지만 의사들 먹고살기가 어려우니 이제라도 의대를 그만두라는 말은 내가 의대생이던 시절에도 듣던 것이다. 어떤 직업을 가지든, 어떤 전문 분야를 택하든 내가 즐겁고 보람된 일을 찾는 것이 중요하다고 생각한다.

의사의 삶에서 어떤 분야의 전문의가 되는가도 중요하겠지만, 어디서 근무하는가, 즉 개원을 하는가. 전문병원의 봉직의로 지내는가, 혹은 종합병원의 스태프로 일하는가 등도 중요한 문제다. 많은 의사들이 개원을 하고 있지만, 종합병원에서 의사 겸 행정가로 활약하는 의사들도 있다. 개원의는 지역사회에서 환자와 가장 밀접하게 접촉하는 1차 의료의 최선봉이다. 종합병원, 특히 대학병원급의 전문의들은 좀 더 특화된 질환에 집중하여 연구하고 진료를 한다. 환자를 보며 진료하는 시간은 개원의보다 상대적으로 적지만, 논문을 쓰고 실험을 하고 각종 임상 연구를 하거나, 다른 의사들에게 자신의 연구 결과를 설명하고 최신 연구 성과를 소개하는 학회 심포지엄 활동으로 바쁘게 지낸다. 하지만 종합병원에 있다고 해서 삶의 여유가 전혀 없는 것은 아니다. 개인의 능력, 인생의 가치와 목표, 또 하루하루 살아가는 방식에 따라 삶의 모습은 달라진다.

다시 한 번 강조하지만 의사의 삶에서 가장 중요한 것은 자기가 하는 일에서 얼마나 보람을 느끼는가가 아닐까 한다. 그 보람을 환자 진료를 통해 찾을 수도, 실험실에서 찾을 수도, 병원 행정 업무에서 찾을 수도, 기사를 쓰면서 찾을 수도, 보건 정책을 수립하면서 찾을 수도, 혹은 법정이나 WHO(세계보건기구) 같은 국제기구 활동에서 찾을 수도 있다. 의사라는 직업은 의외로 이렇게 다양한 곳에서 보람을 찾을 수 있는 일이다. 다양한 의사들의 모습 중 한 단면을 내 글을 통해 이해했기를 바란다.

특별한 듯 특별하지 않은
응급의학과 의사

| 김대희 |
충남대학교 의과대학을 졸업하고 현재 가톨릭대학교 인천성모병원 응급의학과 임상조교수로 근무하고 있다.

20대 초반으로 보이는 젊은 남성이 사고를 당하여 응급실에 실려 왔다. 의식은 없었고, 혈압과 맥박도 불안정하였다. 안면부(얼굴)는 형체를 알아볼 수 없을 정도로 훼손되었고, 가쁜 숨을 몰아쉬고 있었지만 점차 약해지고 있었다. 안면부 손상으로 인한 호흡 곤란과 그에 따른 저산소증 때문에 나타난 증상이 분명하였다. 즉시 엠부주머니(산소 공급장치)를 급히 짜면서 산소를 최대한으로 공급하였지만 환자의 증상은 호전되지 않았다. 이러한 경우 보통은 '기관삽관술'을 시행하면 간단히 해결되지만, 이 환자의 경우에는 안면부 손상이 심하여서 이마저도 여의치 않았다. 결국 '윤상갑상연골절개술'을 시행하기로 결정하였다. 시술 준비를 요청하자, 소란스럽던 외상처치실에 순간 정적이 흘렀다.

가장 기억에 남는 환자

'윤상갑상연골절개술'은 경부(목)의 피부를 절개하고 후두에 있는 반지 모양의 윤상연골과 방패 모양의 갑상연골 사이의 공간에 구멍을 만들어 기도를 확보하는 시술이다. 위험도 크고, 부작용도 많기 때문에 일반적인 시술로 기도 확보가 불가능한 경우에만 시행하는 특수한 시술이다. 그만큼 환자의 상태가 좋지 않다는 뜻이기 때문에, 순간 정적이 흐른 것이다.

갑작스레 환자감시장치의 알람이 요란하게 울리기 시작하였다. 90퍼센트 전후에서 유지되던 산소포화도 수치(정상은 98~100퍼센트)가 떨어지고 있었다. 시술 준비가 끝났을 때는 78퍼센트로 떨어져 있었다. 다급하게 매스를 집어 들고 모니터를 등진 상태로 시술을 진행했다.

"환자 상태 좀 알려 주세요!"

"지금은 62퍼센트예요. 그런데 계속 떨어지고 있어요. 60퍼센트, 58퍼센트, 55퍼센트, 52퍼센트…." 책임간호사는 당황한 목소리로 대답했다.

그 뒤로도 산소포화도 수치는 계속 떨어졌다. "이대로 가다가는 심장이 멈출 것 같아요!" 다급한 외침이 들렸다. 다급하고 당황스런 마음은 마찬가지였지만, 침착하자고 속으로 수없이 외치면서 시술을 계속 진행하였다. 결국 '35퍼센트'가 되었을 때 환자의 기도를 확보할 수 있었다. 확보된 기도를 통해서 다시 엠부주머니를 짰다. 계속해서 떨어지기만 하던 산소포화도 수치가 30퍼센트 초반에서 잠시 유지가 되더니, 이내 오르기 시작했다. 마음의 여유를 찾고 고개를 돌려 직접 모니터를 쳐다봤을 때는 50퍼센트를 넘어가고 있었다.

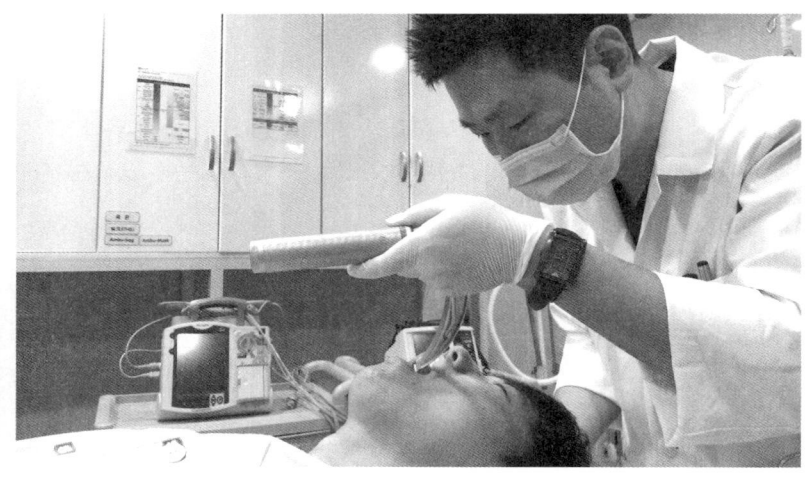

:: 기관삽관을 시도하는 필자.

그 뒤의 상황은 긴장이 풀려서인지 정확하게 떠오르지 않는다. 다만, 한 달 정도가 지난 뒤에 그 환자가 수차례 수술을 받은 끝에 건강하게 퇴원했다는 소식을 들은 것이 희미하게 기억난다. 하지만 환자에게 '윤상갑상연골절개술'을 시행했던 5분 남짓한 순간은 벌써 6~7년 전의 일인데도 불구하고 또렷하게 머릿속에 남아 있다. 아마도 응급의학과 의사로 일하는 동안에는 절대 잊히지 않을 것 같다.

'응급하지 않은' 환자가 70퍼센트

응급실 하면 대부분의 사람들은 앞서 기술한 상황과 비슷한 장면을 떠올린다. 생명이 경각에 달린 환자와 그를 치료하기 위해 분주히 움직이는 의료진, 응급실 내부에는 팽팽한 긴장감이 흐르고…. 아마도 각종 미디어의 영향일 것이다. 극적인 요소를 강조할 수밖에 없는 속성상 응급실을 배경으로 하는 드라마나 영화들은 하나도 빠짐없이 그런 위급한 상황을 다루고, 다큐멘터리나 여타 교양 프로그램 역시 별반 다르지 않다.

이에 비해서 개인적으로 응급실을 이용한 경험이 있는 사람들은 전혀 다른 기억을 떠올린다. 배가 아프거나, 열이 나거나, 혹은 어딘가를 가볍게 다쳐서 응급실에 갔는데, 환자들이 너무 많아서 도떼기시장 같았다고, 그 속에서 몇 시간을 참고 기다려도 의사 얼굴 제대로 보기도 힘들었다고 말한다. 대부분 사람들의 경험 속에서는 미디어에 나왔던 응급실의 긴박한 모습을 찾아볼 수 없다. 응급의학과 의사로서의 경험 역시 비슷하다. 출근하여 만나는 환자 중 생명이 경각에 달린 위중한 환자는 열에 한 명을 넘지 않는다. 상황이 이렇다 보니 나의 주된 업무는 진찰, 검사 결과 설명, 퇴원 시 상담 등이지 응급 시술이나 중증 외상 처치가 아니다.

그렇다면 이처럼 상반된 응급실 모습 중 무엇이 실체에 가까울까? 상반된 두 가지 모습 모두 응급실의 모습이지만, 후자의 모습이 실제 응급실의 모습과 더욱 유사하다. 사실 응급실에 내원하는 환자 중에서 앞서 기술한 환자와 같은 그런 응급 환자는 극히 일부에 불과하다. 병원에 따라서 조금씩은 다르지만, 응급실에 내원하는 환자 중에서 119 구급차로 오는 환자의 비율은 통상적으로 30퍼센트 내외이다. 남은 70퍼센트의 환자들은 걷거나, 대중교통을 이용하거나, 아니면 자기 차를 타고 직접 응급실을 찾아온다. 스스로가 판단하기에도 구급차를 부를 상황은 아니라고 여기기 때문이다. 구급차를 이용하여 내원한 환자들 경우에도 모두 위중해 응급실에 내원한 것은 아니다. 구급차로 내원한 환자 중 입원이 필요한 경우는 절반을 넘지 않는다. 의학적 기준만으로 판단한다면, 응급실에 내원하는 환자들 중 대다수는 '응급하지 않은' 이유로 응급실을 찾는다는 말이다.

　그렇다면 응급실마다 넘쳐나는 수많은 사람들은 대체 어떠한 일로 응급실을 찾은 것일까? 예상하기가 어려울 경우 본인의 일이라고 가정하면 쉽게 상상할 수 있다. 예를 들면 길을 걷다 발목을 접질렸는데 그 후로도 계속 아팠을 때, 갑작스레 코피가 나서 지혈을 시도하였지만 잘 멈추지 않았을 때, 평상시와 달리 생리통이 견디기 힘들 정도로 심할 때, 몇 시간이 지나도록 딸꾹질이 멈추지 않았을 때 등 흔히 경험하지 못한 상황이 발생하였을 때 사람들은 보통 어디를 가장 먼저 떠올릴까? 응급실이다. 정확히는 응급실 이외의 대안을 떠올리기가 힘든 게 우리 현실이다.

　그렇다고 하여 응급실이 이렇게 경황 없는 상태에서만 찾는 곳은 또 아니다. 어떤 경우에는 합리적 판단의 결과로서 응급실을 찾기도 한다. 만일 누군가 단순한 감기 기운이 있는 것 같은데 직장 때문에 다음 날 일과 시간 중에는 도저히 시간을 뺄 수가 없을 것 같다면, 월요일부터 해외로 여행을 가려고 하는데 주말이라서 상비약을 구할 곳이 없다면, 그러한 경우에는 어디부터 떠올릴까? 그뿐인가. 건강검진에서 암을 진단받았는데 가고 싶은 병원의 대기 환자가 많다는 얘기를 들었다면? 허리 수술 전에 MRI를 찍어야 하는데 한 달을 기다려야 된다면? 아마도 십중팔구는 응급실을 떠올릴 것이다. 환자 개인의 입장에서는 응급실 고유의 목적에 해당하지 않지만 응급실을 이용하는 것이 자신의 문제를 해결하는 가장 손쉬운 방안이기 때문이다.

　이렇듯 다양한 환자들이 다양한 이유를 가지고 찾는 곳이 응급실이다. 따라서 응급의학과 의사는 응급실을 찾는 환자들의 다양한 의료적 요구를 해결할 수 있어야만 한다. 흔히들 생각하듯이 위중한 환자를 위한 전문적인 치료만으로는 응급의학과 의사로서 역할을 수행할 수 없는 곳이 응급실이다.

응급의학과 의사가 하는 일은?

응급의학과 의사가 수행하는 역할은 매우 다양하다. 그럼에도 응급실 환자를 진료하는 것이 가장 중요한 역할이라는 사실에는 이견이 없을 것이다. 1년 365일, 1일 24시간 동안 한순간도 빠짐없이 수행되어야 하는 고유한 역할이기 때문이다. 원칙적으로 응급의학과 의사는 응급실에 방문하는 모든 환자를 진료한다. 우선 환자가 호소하는 증상에 따라 환자를 분류하고, 적절한 검사를 시행한다. 의무 기록을 작성하고, 환자의 통증을 조절하며, 필요 시 급성 처치를 시작하여 환자를 안정시키는 것도 응급의학과 의사의 몫이다. 이러한 과정을 통해서 환자의 질병을 진단하고, 진단에 따라서 적절한 치료를 제공하며, 치료 후 귀가를 결정하는 역할을 한다. 또한 전문적인 치료가 필요할 경우 각 임상과에 협진을 요청하는 역할도 수행한다.

응급의학과 의사의 고유한 역할은 현대 의학의 추세와 깊은 관련이 있다. 현대 의학의 큰 특징은 세분화와 전문화이다. 각 질환별 혹은 장기별로 세분화된 임상과로 나뉘어서 과별로 고유한 의료서비스를 제공한다. 그 결과 환자들은 보다 전문적인 양질의 의료서비스를 쉽게 받을 수 있었다. 하지만 세분화와 전문화는 포괄적인 의료서비스를 받기 어렵게 만들어 효율성이 떨어지는 단점을 초래하였다. 특히 이러한 비효율성은 초기 진료가 환자의 예후에 큰 영향을 미치는 응급의학 영역에서는 큰 문제로 지적되었다. 특히 여러 가지 질환을 가지고 있는 환자의 경우 치료 방침의 우선순위, 시술의 시행 등이 늦어져 환자를 잃는 경우가 빈번하게 되었다. 따라서 환자가 응급실에 내원한 초기부터 포괄적인 양질의 의료서비스를 제공함과 동시에 필요할 경우 각 임상과에 협진을 요청하는 역할을 수행하는 전문 인력의 양성이 필요하게 되었다. 이 과정에서 태어난 임상과가 응급의학과이다.

응급실 환자의 진료를 전담하는 응급의학과 의사는 외래나 입원 환자를 진료하지 않는 것을 원칙으로 한다. 하지만 병원 사정에 따라서 상당수 응급의학과 의사는 심폐소생술 후 생존 환자, 중독 환자, 환경 손상 환자 등을 입원시키고 치료한다. 이 외에도 외상 환자, 중환자, 소아 환자 등의 환자를 전담해서 진료하는 응급의학과 의사도 있지만, 아직까지는 소수에 불과하다. 또한 일부 응급의학과 의사는 전공을 버리고 1차의원을 개원하기도 하지만, 응급의학이 정착된 최근에는 그 수가 급감하고 있는 추세이다.

응급의학과 의사 중에는 의료 기관에서 일하지 않는 경우도 적지 않다. 병원 전 응급의료체계에서 일하는 응급의료 지도의사가 대표적인 경우다. 응급의료 지도의사란 응급 현장의 환자 이송 중 응급구조사가 실시하는 응급 처치에 대한 의료 지시와 평시 교육을 전담하는 의사이다. 최근 응급의료체계의 중요성이 강조되면서, 응급의료 지도의사의 역할 역시 강조되고 있는 추세이다. 이 외에도 재난응급의료와 관련된 정부 기관, 응급구조학과, 각종 소생술 교육기관, 군부대 등 응급의학과 의사가 일하는 영역은 상대적으로 광범위이고, 향후에도 지속적으로 확장될 가능성이 크다.

응급의학과 의사가 되려면?

　응급의학과 의사가 되는 방법은 일반적인 전문의 취득 과정과 다르지 않다. 우선 의과대학 혹은 의학전문대학을 졸업한 후 수련의(인턴) 과정 1년을 수료하면 응급의학과 전공의 선발 과정에 지원할 수 있다. 응급의학과 수련 과정이 생긴 후 한동안은 지원자가 부족하여 정원이 미달되는 병원이 많았지만, 최근에는 정원이 미달되는 병원을 찾기 힘들 정도로 선호도가 크게 상승하였다. 이는 응급의학과 의사를 필요로 하는 의료 기관이 늘고, 응급의학과 의사의 처우가 개선된 점도 영향을 미쳤지만, 삶의 질을 중시하는 사회 분위기와도 큰 관련이 있다. 응급의학과 의사의 경우 출퇴근 시간이 정확하고, 퇴근 이후에는 신경 쓸 환자가 없다는 점에서 다른 의사들에 비해서 상대적으로 더 자유롭기 때문이다.

　응급의학과 전공의 과정은 대부분의 임상 과목과 같은 4년 과정이다. 4년의 수련 과정을 마치고 전문의 시험에 합격하면 응급의학과 의사가 될 수 있다. 수련 과정은 병원마다 다르겠지만, 흔히 1년 차 때는 응급실 환자 중 경증 환자에 대한 1차의료를 담당한다. 2, 3년 차 때는 주로 중환자를 담당하고, 병동 환자의 주치의 역할도 수행한다. 4년 차 때는 환자 진료와 함께 교육, 연구, 행정 등 의국장으로서의 역할도 수행한다.

　전체적인 응급의학과 전공의의 삶은 그리 녹록치 않지만 그렇다고 매우 힘들지도 않다. 전공의 수련이 이루어지는 대형 병원 응급실은 하루에도 100~200명의 환자가 내원하고, 중환자 비율도 높은 편이다. 또 일부 참을성 없는 환자나 보호자 혹은 술에 취한 환자가 응급실 내 난동을 부리거나 의료진을 폭행하는 일도 벌어진다. 따라서 응급의학과 전공의의 노동 강도는 꽤나 높은 편이다. 하지만 출퇴근 시간이 정확하고, 퇴근 이후에는 신경 쓸 환자가 없다는 점에서 상대적으로 휴식 시간이 많은 것도 사실이다.

응급의학과 의사로서의 삶

조금은 황당할 수도 있지만, 나는 중학교 시절 응급실을 다룬 외국 의학드라마를 보다가 처음으로 응급의학과 의사로 살고 싶다는 꿈을 꾸게 되었다. 막연하기만 했던 응급의학과 의사로서의 삶을 의대 진학 후에는 선배들을 통해서 보고 들을 수 있었고, 그 뒤부터는 응급의학과 의사 외에 무엇인가가 되고 싶다는 생각을 한 적이 없었다. 그래서일까? 응급의학과 1년 차 첫 당직 근무의 기억이 잊히지 않는다.

지금처럼 전자차트가 아니라 종이차트를 쓸 때였는데, 차트 끝에 'EM R1 김대희'라고 처음으로 서명하고 너무 좋아서 소리를 지를 뻔했다. 어린 시절의 꿈을 이뤘다는 생각에 마치 세상을 다 가진 것 같은 느낌이었다. 말 그대로 행복한 순간이었다.

그로부터 십수 년이 흘렀다. 그동안 나이도 먹었고, 체력도 그때 같지 않다. 또한 결혼을 하여 가정을 이뤘고, 두 아이의 아버지가 되었다. 그리고 무엇보다도 마음이 많이 변했다. 더 이상 응급의학과 의사로 일한다는 사실만으로 마냥 행복하지는 않다. 그럼에도 불구하고 만일 누군가가 응급실에서 낮밤을 바꿔 가면서 남들 쉴 때 일하는 삶에 여전히 만족하느냐고 묻는다면, 주저하지 않고 그렇다고 대답할 것이다.

가끔이지만 의학드라마의 주인공 같은 성취감을 느끼기도 하고, 후배 의료인들을 교육하면서 선생으로서의 보람을 느낄 때도 있다. 또한 낮 시간에 자유로울 때가 많은 점을 활용하여 여러 시민단체 활동에 적극적으로 참여할 수도 있고, 예약된 외래 환자가 없어서 부담 없이 휴가를 내서 가족들과 시간을 보낼 수도 있다. 이 모든 것이 응급의학과 의사이기에 가능한 삶이다. 흔히들 생각하는 의사와 조금은 다른 삶을 살고자 한다면, 응급의학과 의사라는 직업은 분명히 많은 장점을 가지고 있다.

응급의학과 의사의 길을 선택하려는 후배들에게 당부하고 싶은 말

우선 응급의학과 의사의 길을 선택할 후배들에게 응급의료체계에 대한 올바른 인식을 가져 주기를 당부한다. 흔히들 응급의료체계를 응급실로 대표되는 의료 기관으로만 인식한다. 하지만 앞서 언급한 응급 의료의 특수성을 생각한다면 응급의료체계를 단순히 의료 기관으로만 인식하는 건 곤란하다. 응급실은 국민의 건강 및 안전과 직접적으로 관련이 있는 일종의 사회 안전망 혹은 복지체계의 일환이다.

잘 이해가 되지 않는다면, 응급의료체계에서 또 다른 한 축을 담당하고 있는 119 구급서비스를 생각해 보면 쉽다. 1980년대 초반까지는 119 구급서비스라는 사회 안전망이 존재하지 않았다. 모든 국민들은

:: 기아자동차 비정규직 노동자 정규직 채용을 위한 광고탑 위 고공 농성 의료 지원.

위급한 순간에도 각자 알아서 의료 기관을 찾아가야만 했다. 하지만 1980년대 중반 119 구급서비스가 국내에 첫선을 보인 후부터는 우리 사회에서 당연히 있어야 할 존재로 자리 잡았다. 필수적인 사회 안전망으로 인식되었기 때문이다.

그런 의미에서 응급실도 크게 다르지 않다. 따라서 응급실에서 일하는 응급의학과 의사도 119 구급대원과 마찬가지로 사회 안전망의 한 역할을 담당하고 있음을 반드시 인지해야 할 것이다. 물론 의료 기관의 90퍼센트가 민간 소유인 현실에서 쉬운 일은 아니지만 반드시 해결해야 하는 숙제라고 생각한다. 시장 논리에 의지해서는 응급실이나 그 속에서 일하는 응급의학과 의사 모두 온전히 자신의 역할을 다할 수 없기 때문이다.

다음으로 진료실 밖 사회에 대한 관심을 놓지 않기를 당부한다. 응급실에서의 진료는 일반적인 외래 진료와 여러 가지로 다르다. 일반적으로 외래 진료는 환자가 의료 기관을 직접 찾아가면서 시작된다. 따라서 질환의 종류나 위중한 정도와 상관없이 환자 역할을 수행 가능한 최소한의 의지와 사회경제적인 여유를 갖춘 사람들이 진료실을 찾는다. 하지만 응급실은 다르다.

응급실을 찾는 환자의 대부분은 환자 역할을 수행할 준비가 전혀 안 된 상태에서 어쩔 수 없이 급히 온 사람들이다. 그렇기에 응급실은 사회의 모습을 있는 그대로 보여 준다. 즉 환자의 평소 건강 상태는 물론이고 보건의료체계, 복지체계, 경제 상황, 사회 분위기 등 우리 사회를 둘러싼 모든 요소들이 그대로 드러난다. 따라서 사회에 무관심한 응급의학과 의사는 응급실을 찾은 환자들을 절대로 이해할 수 없다. 그리고 그러한 의사의 진료 행태는 환자의 건강에도 직접적으로 악영향을 미칠 수 있음을 반드시 명심해야 할 것이다.

그런 의미에서 응급의학과 의사로서의 삶을 한 번쯤은 상상해 보았던 모든 이들에게 마지막으로 당부하고 싶다. 응급실은 특별한 공간이 아니다. 아픈 사람이 찾는 여러 공간 중에 한 공간일 뿐이다. 응급의학과 의사 역시 특별한 사람이 아니다. 의사라는 직업을 가진 여러 사람들 중에 한 사람일 뿐이다. 그럼에도 불구하고 응급실은 특별한 공간이 되어야만 한다. 응급의학과 의사 역시 특별한 사람이 되어야만 한다. 응급실은 우리 사회의 민낯을 자주 마주할 수밖에 없는 공간이고, 응급의학과 의사는 그 공간 속에서 누구든지 차별하지 않고 최선의 치료를 제공해야 할 의무를 지닌 사람이기 때문이다. 앞으로 후배 응급의학과 의사들이 일하게 될 응급실은, 지금까지와 달리 사람과 사람이 서로 돕는 따뜻한 공간으로 기억되기를 바란다.

남자만 오는 곳?
남녀노소 모두 오는 곳!

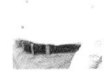

| 이종우 |

경북대학교 의과대학를 졸업하고 동 대학원에서 석사 및 박사 학위를 받았다. 2001년 비뇨기과 전문의 자격을 취득한 뒤 세강병원 비뇨기과장, 차의과대학 부속 구미차병원 기획실장, 비뇨기과장을 역임했다. 현재 탑연합비뇨기과 시지점 원장으로 재직 중이다.

내가 필진으로 참여했던 『의사가 말하는 의사』가 세상에 선을 뵌지 10년이 훌쩍 지나, 개정판 출간에 다시 참여해 달라는 요청을 받고 한참을 망설였다. 세상에 자신을 드러내는 일이 부끄럽기도 하지만, 자신이 내뱉은 말과 글에 그만큼 책임이 따른다는 것을 잘 알고 있기 때문이다. 하지만 의사의 길을 가고자 하는 후배들에게 조금이라도 길라잡이의 역할을 할 수 있기를 바라는 마음으로 '비뇨기과 의사로서의 삶'에 대해 진솔하게 얘기해 볼까 한다.

사회의 모순에 눈감지 않는 의사가 되기 위해

요즘은 의과대학 학제가 의학전문대학원과 의과대학으로 양립되어 있는데 내가 입학했던 1986년은 의예과 입학 후 2년간의 이수 과정을 거치고 의과대학 의학과에 진급하는 것으로 제도가 단일화되어 있던 때였다. 의예과에 입학하면 으레 의과대학에 입학했다고 얘기해도 통용되던 시절이었는데, 이는 의예과 과정을 마치면 대부분 의과대학에 진학할 만큼 의예과 과정이 수월했기 때문이었을 것이다.

물리학, 화학, 생물학 등의 기초과학, 철학, 어학, 심지어 체육까지 의예과 과정에 포함되어 있었던 것을 상기해 보니 꽤 좋은 제도였다는 생각이 든다. 의학은 결국 사람을 위한 학문이니 의예과 시절 인문학적 소양을 길러야 하는 것이 너무나 당연하기 때문이다.

당시엔 의예과를 예과라고 부르고 의과대학 의학과를 본과라고 불렀는데, 그만큼 본과 과정이 혹독하다는 의미이기도 했다. 그러니 대부분의 의예과 입학생들은 그 시기에 충분히 놀고 다양한 경험을 하자는 심리가 많았을 것이다. 나 역시 입학 후 시험 기간을 제외하고는 술집으로, 미팅 장소로, 당구장으로 전전했는데 지금 돌아보면 어떤 의사가 되어야겠다는 생각이 뚜렷이 없었기 때문인 것 같다.

전두환 정권이 정당성을 확보하기 위해 대대적인 유화 조치들을 시행하던 터라 당시 학원가는 일견 매우 자유로운 분위기였다. 학과마다 학생회가 만들어지고 학회나 서클 등을 통해 진보적인 사상과 이념이 광범위하게 퍼졌다. 나는 대학의 낭만을 만끽하는 한편 우리 사회의 모순에도 눈뜨기 시작했다. 특히 1987년은 호헌 철폐, 대통령 직선제 쟁취를 외치는 민주화 요구가 전국적으로 들끓었고, 6월항쟁에 참여한 일은 사회에 대한 비판적 시각과 저항 정신을 체득하는 중요한 계기가 되었다.

의학과 진학 후에도 나는 지속적으로 학생운동에 참여했다. 그러면서 의과대학을 그만두고 사회운동에 투신하느냐, 의사가 되느냐 하는 본격적인 고민과 내적 갈등이 시작되었다. 결론을 내리지 못하고 1년 휴학을 한 뒤 고민을 정리해 보자고 생각했다. 한데 의외로 고민은 쉽게 정리되었다. 결론은 사회적 모순에 눈감지 않는 의사가 되어야겠다는 것이었다. 나아가 개인적 다짐과 결단을 넘어 조직을 만들어야겠다는 것으로 생각이 자연스럽게 확장되었다.

다시 학교로 돌아와 졸업준비위원회(졸준위)를 결성해 바람직한 사회 진출 형태를 고민, 모색했다. 졸업 후에는 '올바른 의료 실현을 위한 경북대 의사 모임(올경의)'을 만들고, 타 의과대학 출신 의사 모임과 연대 활동도 했다. 그리고 마침내 1995년, 대구경북 인도주의실천의사협의회(대경 인의협)라는 지역 단일의 진보적 의사 단체 창립이라는 결실을 거두었다. 임상의이자 올바른 의료 실현을 위한 실천가로서의 삶을 위한 터를 닦은 셈이었다.

의사 단체를 만들기 위해서는 시간이 절대적으로 필요했기 때문에 의사 면허를 취득하고 의대를 졸업하자마자 곧바로 공중보건의를 지원했다. 당시에는 병원에서 인턴, 레지던트 과정을 거친 우수(?) 인력을 군의관으로 우선 배치하였기에 의사 면허만 취득한 이들은 공중보건의로 배속될 수 있었다. 그렇게 나는 3년의 시간을 얻었다.

주경야독! 그 3년 동안 근무 시간에는 무의촌 진료로, 근무시간 이후에는 지역의 양심적, 진보적 의사 단체를 결성하기 위한 준비 작업으로 정말 열심히 살았다. 그때 같이 고민하고 열정을 함께 나누었던 분

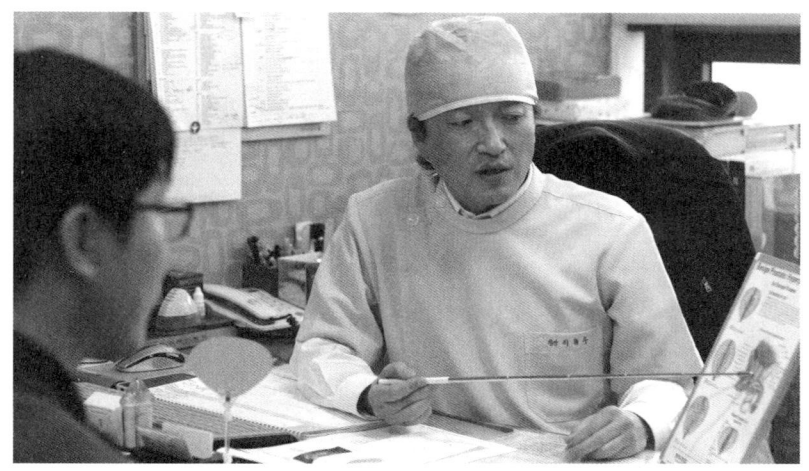

:: 진료 중인 필자의 모습.

들에게 이 지면을 빌려 다시 한 번 감사의 마음을 전한다.

수련 과정 힘들지만 분위기 좋은 비뇨기과 선택

공중보건의를 마치고 수련을 하기 위해 모교인 경북대학교병원 인턴 과정에 들어갔는데, 갓 의과대학을 졸업하고 3월에 입사한 인턴 동기들과 달리 나는 군 복무 규정에 의해 5월에야 입사가 가능했다. 요즘과 달리 당시 공중보건의는 무의촌에서 거의 기관장급 대우를 받았는데, 병원에 인턴으로 들어와 보니 거의 심부름꾼 수준이었다. 의과대학 후배들이 레지던트 선배인 경우도 수두룩했으니, 직급으로는 아래인 내가 좌충우돌한 건 어찌 보면 당연한 일이었다. 그때의 에피소드를 하나 소개할까 한다.

인턴으로 입사한 후 첫 근무지가 산부인과였는데 환자의 혈액을 채취하는 일이 내게 맡겨졌다. 의과대학 시절 잠시 실습 돌면서 경험해본 게 고작인 데다 무의촌 보건지소장 3년 동안 어깨에 들어간 힘도 채빠지기 전에 혈액 채취라니…. 그래도 인턴 업무라서 어쩔 수 없이 수행하기로 하고 산부인과 병동에 근무하던 간호사에게 각 병실별로 혈액 채취할 환자 명단과 주사기 등을 준비하고 따라다니라고 오더를 내렸다. 그 순간, 대꾸도 없이 미친 놈 보듯이 위아래로 날 쳐다보던 간호사의 눈빛은 지금도 잊을 수가 없다. 그때 옆에 있던 산부인과 레지던트 선배의 불호령, "야, 임마! 네가 해!" 그렇게 험난한 나의 인턴 생활은 시작되었다. 요즘 인턴 제도 폐지를 위한 논의가 한창인 걸로 알고 있는데, 나는 단호히 없애야 한다고 생각한다. 인턴은 미생! 완전 노동착취다!

인턴 과정에서는 앞으로 전공할 과를 모색해야 하는데, 나는 처음부터 외과 계열을 생각하고 있었다. 서양의학의 가장 큰 장점이 성패가 뚜렷하고 드라마틱한 외과적 수술에 있다고 생각하고 있었고, 내과 계열에 비해 공부보다는 실습과 경험이 더 중시되는 것이 내 성향과도 잘맞기 때문이었다. 대체로 분석적, 연역적 인간형은 내과 계열에, 경험적, 귀납적 인간형은 외과 계열에 맞는 편인 듯하다.

내·외·소·산(내과·외과·소아과·산부인과를 부르는 의사 용어)을 통상 메이저 과라 하고 나머지 과를 마이너 과라고 하는데, 대체로 메이저 과의 수련이 고되고 힘든 편이다. 그래서 요즘 인기 없는 과들은 대부분 메이저 과들이다. 이 분류에 의하면 비뇨기과는 마이너 과이지만 수련 과정을 보면 메이저 과 못지않게 힘이 든다. 요즘 가장 인기가 없는 과가 흉부외과가 아니라 비뇨기과인 것은, 여러 이유가 있겠지만 예상과 달리 수련 과정이 힘들고 목숨이 왔다 갔다 하는 중병도 많이 다루기 때문이지 않을까 싶다.

아무튼 내가 비뇨기과를 선택한 이유는 지금 와서 생각하면 너무 황당하지만, 전적으로 사람 때문이었다. 당시 내가 있던 비뇨기과 의국 분위기가 너무도 인간적이고 재미있는 분들이 많았다. 원래는 일반외과나 신경외과로 갈까 생각하다가 그 분위기에 빠져 전격적으로 비뇨기과를 선택하게 되었다. 원래 무언가를 선택할 때 깊이 고민하지 않는 낙관적인 성향도 크게 한몫했을 것이다. 그래서 의국 생활 4년을 후회 없이 보냈다. 그 시절 많이도 힘들었지만 정말 보람 있게 보낼 수 있었던 데에는 당시 의국 분위기가 가장 큰 역할을 하였음을 부인할 수 없다. 지금도 분위기 좋지 않은 과에서 수련한 의사 후배들 중에는 그때의 트라우마에서 자유롭지 못한 경우가 많다. 전문의가 된 이후의 전망도 중요하지만, 4년간의 삶도 소중하므로 과를 선택할 때는 의국 분위기도 매우 중요하다는 점을 강조하고 싶다. 아무리 어려운 시기라도 좋은 사람들과 함께라면 잘 헤쳐 갈 수 있는 법이니까.

비뇨기과는 남자만 가는 곳이다?

비뇨기과에 대한 오해 중 단연 압도적인 것은 남성만 오는 곳이라는 인식이다. 그러니까 발기부전 또는 성병 보는 곳으로 비뇨기과를 오인하고 있다는 점이다. 비뇨기과 의사들 중에도 남성의학에 관심이 많아서 지원했다는 분들이 많은 것을 보면 남성기능 분야가 비뇨기과의 전부인 것처럼 알려져 있는 게 현실이다. 의사들조차 비뇨기과에서 무슨 일을 하는지 잘 모를 정도로 비뇨기과는 특수한(special) 과라고 볼 수 있다. 미국에서는 일반외과를 수련하고 비뇨기과를 전공하는 경우가 많은데, 이는 비뇨기과 영역의 진단과 치료가 매우 복잡하고 다양하다는 사실을 보여 주는 것이다.

자, 그렇다면 정말 비뇨기과는 남자만 오는 곳인가? 답은 당연히 '절대 아님'이다. '남녀노소 모두' 올 수 있는 곳이 비뇨기과이다. 이해를 돕기 위해 비뇨기과에서 다루는 장기와 연구 분야를 간략히 소개한다.

● **비뇨기과에서 다루는 장기** 신장 · 요관 · 방광 · 요도를 아우르는 요로계, 정낭 · 전립선 · 고환 · 음경을 포함하는 남성생식기계, 부신과 같은 내분비계

● **비뇨기과의 연구 분야(분과)** 비뇨기계 종양, 전립선, 요로결석, 요로내시경, 요로감염, 배뇨 장애 및 요실금, 야뇨증이나 선천성 비뇨기계 장애를 다루는 소아 비뇨기과, 그리고 남성의학

이처럼 남성의학은 비뇨기과의 수많은 분과 중 한 영역일 뿐이다. 비뇨기과학회나 필자가 이사로 있는 비뇨기과의사회에서 비뇨기과에 대한 정확한 인식을 위해 대국민 홍보를 강화하고 있음에도 인식이 달라지지 않는 것은 국민 건강 차원에서도 안타까운 일이 아닐 수 없다. 필자가 생각하기에는 일본식 용어인 '비뇨기'를 그대로 차용해서 발생한 문제가 아닐까 싶다. 차라리 '요로생식기과'라고 구체적으로 명명하는 것이 어떨까 생각한다.

비뇨기과 교수로서의 치열한 삶

2001년에 전문의를 취득하고 대구 지역의 중소병원에서 비뇨기과 과장으로 봉직하던 중, 한 선배로부터 신생 의과대학 부속병원에서 근무해 보지 않겠느냐는 연락을 받았다. 마침 인의협 회원이자 산업의학과 전문의인 아내가 그 병원에 근무하던 참이었다. 대학교수 신분이 되면 임상 경험도 많이 쌓을 수 있을뿐더러 하고 싶은 공부도 더 할 수 있을 것이라는 판단으로 옮기게 되었다.

앞에서 비뇨기과의 연구 분야를 소개했는데, 내가 관심을 가진 분야는 배뇨 장애 분야와 요실금이었다. 종양 분야에도 관심이 많았지만, 배뇨 장애는 남녀노소를 막론하고 누구나 겪을 수 있는 질환인 데다 누구에게도 말하기 어려워 스트레스가 이만저만이 아닌 영역이기 때문이다. 더구나 배뇨 장애 진단을 위해서는 비뇨기과 의사들이 가장 어려워하는 요역동학 검사 분야를 알아야 해서, 전공의 시절 부족했던 공부를 더 깊이 할 요량으로 전공 분야를 배뇨 장애 및 요실금으로 정했다.

마침 그 시기 요실금 수술의 신기원이 열렸다. 성공률이 90퍼센트 이상인 테이프 수술의 다양한 방법이 국내에 소개되었는데, 대학병원으로 이직한 상태라 아무래도 손쉽게 신기술을 습득할 수 있었다. 또 병원에서 의사회 총무, 봉사회 회장 등의 보직을 맡아 교수들을 위한 연구 환경 조성 사업을 적극 주장할 수 있는 위치에 있었기에 동료 의사들의 지지를 바탕으로 단기 연수 프로그램을 추진했다. 연수지는 호주 멜버른의 왕립여성병원이었다. 그 병원의 의사가 세계적으로 권위 있는 분이었고, 2002년 한국에 초청 강연을 왔을 때부터 유심히 지켜보았던 터라 열심히 메일을 보내서 단기 연수 허가를 받아 낸 것이다.

그 결과 2003년 초, 3개월간 요실금 수술 및 배뇨 장애 치료법을 배우기 위해 호주 멜버른 왕립여성병원으로 단기 연수를 다녀왔다.

연수 병원에서 인상적이었던 것은 선진적인 수술 기법만이 아니었다. 병원 내의 분업 시스템이 매우 효율적으로 갖추어져 있었고, 마취과 전문의가 수술 내내 환자를 살필 뿐만 아니라 집도의와 부단히 소통하면서 수술실의 긴장을 완화하기 위해 노력하고 있었다.

3개월의 연수를 마치고 한국에 돌아오니 배뇨 장애 및 요실금 분야에서만큼은 자신감을 가질 수 있게 되었다. 의사는 겸손하기도 해야 하지만, 자기 분야에서 자존심이 없으면 환자를 대상으로 한 치료의 성과는 그만큼 떨어질 수밖에 없다. 그래서 친절한 의사가 되기 위한 인문학 공부, 실력 있는 의사가 되기 위한 의학 공부와 다양한 연수에 적극적으로 참여하는 것이 필수다.

대학병원에 있는 동안 정말 열심히 살았다. 2002년 이직하면서 아예 이사를 했다. 대구에서 출퇴근하면서는 환자를 열심히 볼 수가 없었기 때문이다. 대구에서 태어나 35년을 대구에서 살았으니 다른 곳으로 떠나고 싶은 심리도 한몫했으리라 본다.

가끔씩 서울에 있는 의대생들을 위해 서울로 올라가 수업을 하는 것도 재미있었고(내가 맡은 강의는 역시 배뇨 장애 및 요실금 분야였다), 배뇨 장애 요실금 분과학회에 소속되어 연구에 참여하는 일도 보람 있었지만, 무엇보다도 환자를 수술하고 당직콜을 받아 출동하는 역동적인 삶이 참 즐거웠다. 또 진료부장, 기획실장 등의 주요 보직을 수행하면서, 지방의 작은 의대 부속병원이지만 강하고 실력 있는 병원을 만들겠다는 포부도 컸다. 그 포부를 실현하기 위해 임상 의사들의 연구 환경을 조성하기 위해 노력했고, 병원의 공동체 문화를 만들기 위해 병

:: 의료민영화 반대 시위에서 필자와 동료들의 모습.

원 직원을 포함해 60여 명으로 구성된 봉사회의 회장을 맡아 열심히 지낸 나날들이었다. 봉사회의 이름도 한마음, 한뜻으로 지역사회를 위해 봉사하자는 의미로 '한마음 봉사회'라고 짓고, 이주노동자 무료진료소 운영, 위탁 시설 진료, 양로원 방문 등 활동을 신심으로 신명나게 했다. 봉사회 회원들과 함께 보낸 5년은 지금도 가슴 따뜻한 추억으로 남아 있다.

내가 지향했던 병원 모델은 미국 텍사스 주의 작은 도시 휴스턴의 엠디 앤더슨(M. D. Anderson) 병원이다. 수년째 미국 최고의 암 센터로 선정될 만큼 유명한 병원인데 우리 병원이 그렇게 되지 말란 법이 없다고 생각했다.

과거 정부에서 의과대학 신설을 대폭 허용하면서 내건 조건이 지방에 병원을 설립하라는 것이었는데, 그렇게 만들어진 병원들이 차병원, 길병원, 을지병원 등등이다. 당시 조건은 일정 규모 이상의 병원을 조성하는 것이었는데, 우리 병원은 그 기준에 미달되어 신·증축해야 하는 상황이었다. 나는 병원 신·증축이 도약의 계기가 될 것으로 생각하고 임상교수회의 등을 통해 수렴된 많은 아이디어를 본원에 제안했다. 그러나 현실과 이상은 다른 법! 뭔가 일이 진척되지 않고 자꾸 미루어지는 느낌, 지방에 투자를 꺼린다는 느낌을 지울 수 없었고 차츰 지쳐가기 시작했다. 몇몇 동료들이 이직하거나 개원하는 가운데, 개원은 생각지도 않던 나에게 새로운 제안이 들어왔다.

5명의 비뇨기과 의사들과 공동 개원·공동 경영

과거 비뇨기과 의사들은 대부분 개원의였다. 비뇨기과가 특수과라는 것은 중소병원에 비뇨기과가 거의 없다는 것만 보아도 알 수 있다. 그래서 전문의가 되고 나면 교수가 되는 길 외에는 병원에 취직할 수 있는 경우가 많지 않아 대부분 개원을 선택하게 되는 것이다. 요즘은 남성의학에 대한 관심도 많아지고 배뇨 장애, 요실금, 종양 등 비뇨기과에 대한 인식이 많이 개선되었지만, 과거만 하더라도 '성병 보는 과' 정도로 치부되었기에 비뇨기과 의원을 열면 굶어죽기 십상이었다. 그래서 개업을 하더라도 대부분 '피부비뇨기과'라는 이름으로 했다. 왜하필 '피부'비뇨기과일까?

과거 전국에 의과대학과 부속병원이 많지 않던 시절, 대부분의 병원에서는 피부과와 비뇨기과가 분리되지 않은 채 피부비뇨기과 의국이란 이름으로 불렀다. 의국이라는 표현도 일제의 잔재로, 전문의 제도가 없는 일본의 특징을 그대로 드러낸 말이다. 즉 보스 중심의 조직을 일

컫는 말이 의국인데, 좀 과장하면 보스의 허락을 받아야 타 병원에 취직하거나 개원이 가능한 도제 시스템인 것이다.

비뇨기과를 피부비뇨기과로 합쳐 부른 이유는 아마 매독 치료 때문이었을 것이다. 피부과와 비뇨기과가 다루는 분야가 엄연히 다르지만 매독의 주증상이 피부 궤양이라는 점을 생각해 보면, 과거 매독이 창궐하던 시절에는 피부과와 비뇨기과가 협진해야 할 필요가 있지 않았을까? 어린 시절 내가 살던 대구 중심가에도 유명한 피부비뇨기과가 몇 개 몰려 있었는데, 그중에 절반은 피부과 전문의요 절반은 비뇨기과 전문의였다. 그런 현상은 아직도 이어지고 있다. 특히 과거에 개업한 비뇨기과 선배들의 의원 상호는 대부분 '○○피부비뇨기과 의원'이다. 지금은 피부과는 대부분 미용, 성형, 탈모 등 돈 되는 쪽으로 전환되었고, 비뇨기과도 아예 피부과를 떼고 비뇨기과 진료만 전문으로 하는 개원이 늘어 가는 추세이다.

교직에 몸담은 지 6년째이던 2007년, 아주 친한 선후배 개원의들로부터 만나자는 연락을 받았다. 직감적으로 개원하자는 얘기임을 알아차렸다. 당시 비뇨기과 전문 진료를 표방하며 대구에 처음으로 두 군데에 연합의원을 개설한 선후배들이었다. 법적으로는 별개의 의료 기관이지만 공동 경영을 하고 있었고, 체외충격파쇄석기, 방사선 촬영기, 초음파 등 최신 장비를 갖춰 대구에서는 꽤 유명한 의사들이었다.

개원은 아예 생각도 안 하고 병원 발전을 위해 최선을 다하던 시기였으므로 갈등하지 않을 수가 없었다. 그러나 내가 비뇨기과를 선택했던 것이 좋은 사람들 때문이었던 것처럼, 힘든 전공의 시절 동고동락했던 선후배들을 생각해 2, 3일 숙고 끝에 연합의원에 합류하기로 결정했다. 그렇게 6년 만에 다시 대구로 돌아왔다.

현재 내가 몸담고 있는 연합의원에는 5명의 비뇨기과 의사가 있다. 각기 관심 분야도 달라서 공통으로 보는 영역 외에 요실금, 전립선, 요로결석, 남성 수술 등 각자 장기를 가지고 환자 진료에 임하고 있다. 복잡하고 비싼 대학병원을 가지 않더라도 대학병원급 외래와 종양 수술을 제외한 대부분의 수술을 시행함으로써 보다 질 높은 의료를 지역민에게 제공하기 위해 노력하고 있다. 무엇보다 5명의 전문의가 대화와 타협을 통해 현재까지 아무런 잡음 없이 병원을 경영할 수 있게 된 것에 감사한다.

공동 개원의 장점은 공간과 장비, 인력 등을 공유함으로써 투자비를 줄일 수 있고, 각자의 분야에 집중함으로써 보다 질 좋고 폭 넓은 의료를 제공할 수 있다는 것이다. 무엇보다 진료 중에 발생한 어려움을 서로 상의할 수 있으며 휴가를 마음껏 쓸 수 있다는 엄청난 매력을 지닌 개원 형태라고 자신 있게 말할 수 있다. 단, 대화와 타협이 몸에 밴 민주적 인간형이 먼저 되어야 할 것!

의사는 머리보다 가슴이 더 중요하다

요즘 의과대학 들어가기가 하늘에 별 따기라고 한다. 그러나 의사는 똑똑하기에 앞서 가슴이 따뜻하고 상식적 판단력을 갖추는 게 더 중요하다. (특별히 공부 잘하는 학생은 과학자나 기초의학 연구자가 되면 좋겠다. 인류의 미래를 위해!)

돈을 벌려면 기업가가 되는 게 훨씬 낫다. 안정적인 삶을 위해 전문직을 선호하는 세태를 나무랄 수는 없으나, 의대에 입학했거나 의사 면

:: 세월호 참사 진상 규명을 요구하는 시위를 마치고 동료들과 함께 선 필자의 모습.

허를 취득한 후배들에게는 세상을 향해 눈을 열고 타인을 향해 손을 뻗으라고 조언하고 싶다. 억지 친절로 환자를 대하는 것도 하루이틀이다. 환자들은 누구보다 빨리 의사의 진정성을 알아차린다. 그러니 봉사와 마음공부를 게을리할 수가 없다.

환자는 약자이고, 의사의 미래이기도 하다. 약자의 고통을 이해하는 공감 능력이야말로 의사와 병원 경영의 필수 조건임을 잊지 말아야 할 것이다.

오늘도 나를 찾아 주신 환자들이 인생의 스승임을 되새기며 스멀스멀 올라오는 나태함과 자만심을 다잡는다. 내 나이 49세, 인생의 절반을 의사로 살았다. 또 다른 인생이 어떻게 펼쳐질지는 10년쯤 뒤에 『의사가 말하는 의사』 3판에서 확인해야 될지도 모를 일이다.

동굴 속을 헤매는 이들에게 내미는 손길

| 이승홍 |
원주의과대학을 졸업하고 2013년부터 서울시립은평병원에서 정신건강의학과 전공의로 수련 중이다. 에스프레소와 카레라이스를 좋아한다. 제18대 대한전공의협의회 복지부회장을 역임했고, 현재 인도주의실천의사협의회 정책위원, '건강과대안' 운영위원으로 활동하고 있다.

"왜 하필 정신 나간 사람들 보는 과를 하려고 그러니?"

정신건강의학과(이하 '정신과'로 약칭)에 지원하겠다고 밝혔을 때 부모님이 보인 첫 반응은 다소 부정적이었다. 아버지의 표정은 실망감에, 어머니의 표정은 걱정에 가까웠다. 이어진 아버지의 반응은 완곡한 만류였고, 어머니는 내과, 소아과 등 다른 과를 제안했다. 정신과를 꼭 하고 싶다는 결심을 재차 밝히자 부모님은 "네가 좋다면 우리도 응원하겠다"며 수긍하셨다. 지금 돌이켜 보면 부모님도 정신과 의사가 어떤 일을 하는지 잘 몰랐기 때문에 그런 반응을 보였던 것 같다. 사실 나도 정신과에 입문해 경험을 쌓기 전까지는 정신과가 어떤 분야인지 정확히 알지 못했다.

"미친 거 아니야? 이거 완전 또라이네!"

세상에는 미쳤다고 손가락질받는 사람들이 있다. 스스로 자기가 미친 것 같다고 말하는 사람들도 있다. 이 관용적인 표현은 때론 친근한 사람들 사이에서는 농담으로도 쓰이지만, 대개는 비난, 배제, 혐오의 의미를 담고 있다. 나는 더 이상 '미쳤다'는 표현을 입에 담지 않는다. 왜냐하면 우선 정신과 의사가 그런 차별적 표현을 쓰는 것이 윤리적이지 않기 때문이고, 무엇보다 '미쳤다'는 말의 의미가 너무 모호하기 때문이기도 하다. 다른 사람들에게서 '미쳤다'는 소리를 듣는 행동은 그 원인과 양상이 실로 다양하다. '현실 검증(reality testing)'이 되지 않는 데서 기인하는 경우도 있고, 충동 조절이 되지 않아서 유발되는 경우도 있다. 또 여러 가지 병리가 섞여 있는 경우도 있는데, 그런 병리는 일시적일 때도 있지만 평생에 걸쳐 지속되기도 한다. 남들 눈에 드러나지 않은 채 본인의 내면에서만 소용돌이치기도 하고, 본인만 모르는 채 주변 사람이 먼저 문제를 인식하기도 한다. 정신과 의사에게 '미쳤다'는 표현은 그 속에 담긴 차별적 편견 외에는 큰 의미가 없는 말이다.

"선생님, 제가 정말 미친 건가요?"

진료를 하다 보면 본인이 미쳤는지 미치지 않았는지 명명백백하게 판별해 달라고 하는 사람들을 종종 만난다. 정신과 의사는 누군가에게 미쳤다는 낙인이나 찍고 다니는 존재가 아니다. 나는 우선 "애초에 그런 이분법은 큰 의미가 없으며, 당신이 스스로 다루기 어려운 마음의

:: 다른 사람들에게서 '미쳤다'는 소리를 듣는 행동은 그 원인과 양상이 실로 다양하다. 정신과 의사에게 '미쳤다'는 표현은 그 속에 담긴 차별적 편견 외에는 큰 의미가 없는 말이다.

고통이 있다면 그것을 듣고 싶고, 필요하다면 함께 해결해 나가도록 도울 수 있다"고 설명한다. 정신과에서는 자신의 진단명을 듣고 불쾌해하는 환자들의 모습을 자주 본다. 자신이 건강하지 않다는 의사의 소견을 듣는 것은 물론 우울한 일이겠지만, 특히 정신과의 경우 진단을 받아들이기가 더욱 쉽지 않은 것 같다. 일례로 '정신 분열병' 같은 경우 진단명이 주는 낙인 효과가 너무 커서 학회 차원에서 수년간의 논의 끝에 병명을 '조현병'으로 개명하기도 했다. 정신 질환에 대한 편견이 사회 저변에 흥건히 고여 있다 보니, 치료를 통해 도움을 받을 수 있는 사람들도 정신과 진료를 꺼리고 불필요한 수치심을 감당해야 한다. 하지만 환자가 이를 극복하도록 치료자가 적절히 돕는다면 편견도 뛰어넘지 못할 장벽인 것만은 아니다.

환자들이 정신과 치료에 편견을 갖는 데에는 여러 이유가 있겠지만, 특히 인권 문제를 빼놓을 수 없을 것이다. 본인의 의사와 상관없이 폐쇄된 병동에 입원한다거나 심지어 몸이 묶이기도 한다는 점 때문에 대중은 정신과 치료에 부정적인 이미지를 갖게 된다. 환자의 인권을 보호하는 동시에 의료인에게는 정당한 입원 치료의 법적 기준을 제시한 '정신보건법'이 우리나라에서 처음 제정된 것은 불과 1996년의 일이었다. 그전에는 '기도원' 같은 공인되지 않은 기관들이 난립했고, 아무런 법적 절차도 없이 환자들을 무기한 감금하여 심각한 인권 문제가 있었던 것이 사실이다. 지금은 입퇴원 절차나 병동에서의 기본권 제한이 법률에 따라 이루어지고 있는데, 물론 현재의 법적 절차에도 한계는 있다. 환자의 인권을 보호하는 것은 물론 치료받을 기회를 보장하도록 점차 개정될 필요가 있다는 문제 제기는 꾸준히 이루어지고 있고, 2016년에 정신보건법이 '정신건강증진 및 정신질환자 복지서비스 지원에 관한 법률'로 대폭 개정되기도 했다.

"강박해 주세요"

사실 내가 정신과에 들어가 주치의로서 내린 최초의 처방은 환자를 묶고(신체 강박, physical restraint) 안정제 주사를 놓도록 한 것이었다. 조증 삽화(manic episode)로 인해 극도로 과민하고 불안정한 기분 상태를 주소(主訴, 환자의 가장 주요한 호소)로 내원한 환자였다. 충동적이고 공격적인 행동이 조절되지 않는 바람에 타인의 안전을 위협할 정도에 이르러 이른바 보호자 동의에 의한 '강제 입원'을 하게 된 상태였는데, 내가 주치의로 배정받고 가 보니 환자는 자신이 보호병동에 입원하게 되었다는 사실을 받아들이지 못하고 흥분해 있었다. 대화로 설득하려 했지만 그는 누구의 말도 듣지 않고 치료진에게 욕설과 고성을 쏟아 내며 병동 문을 치는 등 격한 감정을 행동으로 표출(acting

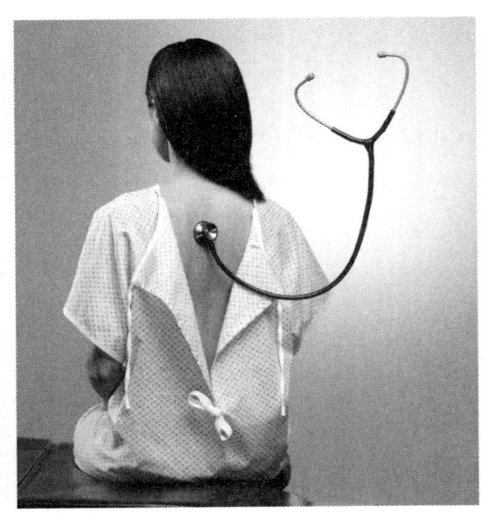

:: 내가 정신과에 들어가 주치의로서 내린 최초의 처방은 환자를 묶고 안정제 주사를 놓도록 한 것이었다. 병동은 곧 태풍이 지나간 자리처럼 조용해졌지만, 내게는 첫 번째 환자와의 첫 대면에서 강박 처치를 처방했다는 것이 몹시 씁쓸했다.

out)했다. 난생처음 겪는 상황에 내가 큰 혼란에 빠져 어리둥절해하고 있노라니, 마침 옆을 지나던 선배가 당장 응급 처치를 해야 하지 않겠느냐고 일깨워 주어 부랴부랴 강박과 주사 처방을 냈다. 병동은 곧 태풍이 지나간 자리처럼 조용해졌지만, 내게는 첫 번째 환자와의 첫 대면에서 강박 처치를 처방했다는 것이 몹시 씁쓸했다.

정신과 의사는 환자가 정신적 기능을 회복하여 보다 현실적이고 적응적으로 스스로를 조절하도록 돕는다. 대화와 정서적 지지로 도울 수 있는 경우도 있지만, 기분의 심각한 불안정성이나 환청 등의 증상에 압도되어 대화가 불가능한 경우도 있다. 환자가 불안정하여 자신이나 타인에게 위험한 행동을 하고 있는 상태라고 판단되면 물리적 방법을 동원해야 하는 순간도 있다. 신체적 구속보다 더 품위 있고 인권을 존중하는 방법이 있다면 좋겠지만 현재로서는 그 정도가 현대 의술의 한계다.

신체적 강박이 정신의학 교과서에 그 적응증과 방법론이 명시되어 있는 치료 행위라는 점을 알면서도 내가 주저했던 것은 생면부지의 사람을 강제로 묶는다는 죄책감 때문이었다. 하지만 정신과 의사는 자신의 감정에도 객관적일 수 있어야 한다. 환자를 강박하도록 했을 때 치료자에게 발생하는 죄책감은 환자의 치료를 방해할 뿐 아무런 도움이 되지 않으니 한쪽으로 치워 둘 필요가 있다.

"환자가 머리가 아프다기에 타이레놀을 처방했습니다"

처음 정신과에 입문했을 당시에는 환자를 돕는 것이 결코 간단치 않음을 매번 느끼곤 했다. 내가 입원 환자에게 타이레놀을 매일 처방한 것을 보고 선배가 그 이유를 묻자, 나는 환자가 두통을 호소해서라고 대답했다. 당시 나는 두통에는 역시 타이레놀이라고 생각했던 모양이다. 선배는 웃으며 환자에게 머리가 언제 주로 아픈지 더 자세히 물어보라고 했다. 내가 다시 물어보니, 환자는 환청이 자신에게 욕설을 할 때마다 불안하고 화가 났으며 그 스트레스가 심해 머리가 아프다고 표현했다고 했다. 나는 그 사실을 선배에게 부끄럽게 알린 뒤 환자에게 처방하던 타이레놀을 중단하고 그 대신 환청을 호전시키기 위해 사용 중이던 항정신병 약물의 용량을 조금 더 늘렸다.

정신과 의사는 환자가 하는 말을 액면 그대로 듣는 것이 아니라 그 이면에 어떤 현상이 자리 잡고 있는지 궁금해한다. 그것을 적절히 파악하지 못하면 환자를 제대로 도울 수 없기 때문이다. 정신과에 입문하면 가장 먼저 배우는 것이 여러 가지 생소한 단어와 개념들이다. 환자의 모습과 정신 병리를 명확하게 기술하는 기술정신의학(descriptive psychiatry)의 방법론을 배우는 것이다. 정신과에서 사용되는 단어들은 그 뜻을 이해하고 실제로 임상에서 사용해 보지 않고는 익힐 수가 없어 처음에는 외국어를 하나 더 배우는 느낌이었다. 정신과는 그만큼 의사들 사이에서도 전문성이 유달리 두드러지는 영역이다.

"정신과 의사세요? 벌써 내 속마음을 들킨 것 아닌가?"

정신과 의사가 환자를 진단하는 방식은 타과와 사뭇 다르다. 타과에서는 각종 영상 검사와 혈액 검사로 진단 절차를 진행하고 정량화된 검사 수치나 조직학적 소견을 근거로 '확진'을 내린다. 반면 정신과에서는 환자가 살아온 내력에 대한 정보를 모으고 언어적/비언어적 의사소통과 행동의 관찰을 통해 진단을 하며, 확진보다는 '임상적 추정'이라는 단서를 흔히 붙인다. 이런저런 심리 검사들이 진단에 보조적으로 사용되기는 하지만, 한 사람의 정신세계에서 어떤 일이 벌어지고 있는지 명료하게 보여 주는 검사 장비는 아직 개발되지 않았다. 정신과에 입문한 정신의학도 가운데 진단명이 명쾌하게 딱딱 떨어지지 않아 답답해하는 경우가 많은데, 이러한 진단적 모호함을 견뎌 가며 환자를 돕기 위한 최선의 진단적 가설을 수립해 나가려 노력하는 것이 정신과 의사가 하는 일이다.

정신과 의사는 기계로 된 검사 장비를 이용하는 대신 스스로가 정밀한 검사 장비가 되려 한다. 면담을 통해 필요한 정보를 모으는 동시에 환자의 감정과 사고 흐름을 살피고 그가 호소하는 것 이면에 어떤 병리가 숨어 있는지 가늠한다. 그런 일을 하기 때문인지, 사람들은 흔히 정신과 의사라면 장막 뒤에 숨어 냉정하게 꿰뚫어 보는 이미지를 떠올리곤 한다. 하지만 정신과 의사는 마음대로 남의 속마음을 훔쳐보고 헤집는 사람이 아니다. 환자가 의사를 믿고 내면을 노출해 스스로를 이해해 보려 하지 않으면, 아무리 뛰어난 정신과 의사라 하더라도 그의 마음속에서 무슨 일이 일어나고 있는지 충분히 이해하기 어렵다. 그리고 정신과 의사는 비록 평가를 위한 면담이라 하더라도 그 대화 자체에 지지적이고 치유적인 힘이 담기도록 노력한다.

"정신과 환자만 맨날 보다가 같이 미치는 거 아니냐?"

때론 몹시 엉뚱해 보이거나, 곁에만 가도 우울함이 전해질 것만 같은 정신과 환자들과 함께하는 것이 정신과 의사의 일상이다. 그래서인지 "정신과에서 일하면 환자에게 영향을 받아 정신적으로 힘들어지지 않느냐"는 질문을 종종 받는다. 결론부터 말하면 물론 그렇지 않다. 내가 정신과 수련을 받으며 느끼는 것은 오히려 나 자신의 마음을 좀 더 잘 관찰하고 정신적인 평정을 유지하는 방법을 알게 되어 좋다는 점이다.

물론 힘든 순간도 있다. 나를 비롯한 많은 정신과 의사들이 가장 어렵다고 느끼는 순간은 환자가 치료자에게 공격적인 태도를 보이는 경우일 것이다. 선의를 갖고 도우려는 치료자의 의도와 무관하게 치료자를 의심하거나 비난하고 공격적인 태도를 보이는 환자를 만날 때가 있다. 이는 물론 어려운 상황이지만, 치료자 자신이 느끼는 불안감이나

:: 환자가 그렇게 할 수밖에 없는 데에는 겉으로 보이지 않는 이유가 분명히 있다는 것을 늘 상기한다.

미움에 압도되지 않고 능숙하게 다뤄 나가는 법을 익히는 것이 정신과 수련에서 중요하다. 환자가 그렇게 할 수밖에 없는 데에는 겉으로 보이지 않는 이유가 분명히 있다는 것을 늘 상기한다.

한편으로는 조용한 진료실에서 은밀한 이야기를 나누다 보면, 이것이 정말 사람들 사이에서 일어날 수 있는 일인가 싶을 정도로 참혹한 이야기를 들을 때도 있다. 잔인한 학대나 폭력을 저지르는 인간이라는 존재에 회의감이 드는 순간도 있지만, 상대에 대한 씻을 수 없는 분노나 죽을 것만 같은 공포에 굴복하지 않고 생의 의지를 놓지 않는 환자들에게 작은 도움을 주면서 희망을 보기도 한다.

치유로 향하는 여정을 함께 걷는 사람

정신과 의사는 인간의 모든 고통을 치유해 주는 신적인 존재가 아니다. 스스로 모든 감정에 초탈한 신선 같은 존재도 아니다. 환자의 고통을 곁에서 지켜보며 때론 함께 흔들리기도 하는 한 명의 인간이지만, 그럼에도 불구하고 스스로를 지탱하며 환자가 고통의 소용돌이 속에서 빠져나오도록 손을 내미는 것이 정신과 의사의 일이다. 어려움에 처한 사람을 위로하려는 친절한 이웃과 정신과 의사가 다른 점이 있다면, 정신과 의사는 실질적으로 효용이 입증된 지식과 도구들로 무장하고 있다는 점이다. 어두운 동굴 속에서 함께 헤매지 않도록 정신의학의 이론들로 앞을 비추고, 지친 환자를 부축해 줄 수 있는 치료 도구들을 가지고 길잡이 역할을 하며 환자와 나란히 걷는다.

정신과 의사는 환자들의 문제를 좀 더 명확하게 규명하고 진단적 가설을 세워 일상생활에 방해가 되는 증상들을 해소하도록 돕는다. 우리는 당장의 감정적 고통을 경감해 주려 노력할 뿐만 아니라 그 예후를 예측하여 환자들이 가진 자원의 한계 내에서 최대한 개인적 만족과 사회적 적응을 성취하도록 돕는다. 우리는 환자들이 자기 자신을 위해 더 나은 판단을 할 수 있도록 돕는다. 우리는 궁극적으로 환자들이 현실 세계에 적응(adaptation)하도록 돕는다.

현대의 정신과 의사가 치료에 사용하는 가장 주된 도구는 다른 과와 마찬가지로 약물이다. 혹자는 정신과 약물은 모두 실제 효과가 없는 속임약(placebo)이라는 극단적인 주장을 하기도 한다. 하지만 약물 치료를 통해 고통에서 벗어난 많은 환자들을 본다면 결코 그런 주장은 하지 못할 것이다. 자살 외에는 고통을 벗어날 출구를 생각하지 못하겠다고 하던 사람이 적절한 약물 치료를 통해 다시 이전의 정신적 평형을 회복하여 삶의 소소한 기쁨을 누리게끔 변화하는 모습을 곁에서 지켜볼 때 정신과 의사는 보람을 느낀다.

정신과를 찾는 환자들 가운데는 조현병처럼 두뇌의 신경 기능 이상이 주요한 원인으로 보여 약물 치료가 중심이 되는 경우도 있는 반면, 약물 치료가 큰 도움이 되지 않거나 보조적인 의미만 갖는 경우도 있다. 정신과에서는 약물 치료 외에도 여러 가지 치료 기법들이 사용되고 있는데 그중 빼놓을 수 없는 것이 바로 정신분석 치료다. 프로이트가 무의식의 개념을 과학적으로 정립하고 정신분석 이론의 초석을 다진 이래 정신분석 치료는 1950~1960년대까지 정신의학의 근간을 이루었다. 프로이트 이후에도 여러 이론가들이 지식과 경험을 축적하며 수정을 거듭했고, 대상관계 이론, 애착 이론, 자기 심리학 등 새로운 조류가 형성되어 갈라졌다가 다시 통합되기도 하며 발전해 왔다.

전통적인 방식대로 카우치에 누워 대화하며 수년에 걸쳐 무의식을 탐색하는 분석 치료도 필요에 따라 여전히 쓰이고 있지만, 보다 짧은 치료 기간에 가장 큰 효과를 거둘 수 있는 정신분석 치료 기법들이 개발되어 임상에 적용되고 있다. 지금은 정신과 치료에 대한 약물학적 접근이 주류를 이루고 있고 뇌신경과학 분야의 연구가 주로 각광받고 있지만, 정신분석은 여전히 정신의학의 토대를 이루고 있다. 약물 치료를 할 때라도 환자의 무의식적 역동을 어느 정도 이해하지 않고서는 증상을 이해할 수도, 적절히 돕기도 어려운 경우가 많다. 정신분석과 약물 치료는 상호 보완적이며 상호 의존적이다. 둘 중 하나만을 택일해야 한다고 주장하는 정신과 의사는 없다.

자살 권하는 사회와 정신과 의사

정신과 의사는 주로 환자의 내면세계를 다루지만 사회를 조망하는 시각도 갖추어야 한다. 정신과 질환은 단지 생물학적, 심리적 요인만으로 설명할 수 없을 때가 더 많기 때문이다. 우리나라는 기본적인 빈곤을 극복하고 민주주의를 정착시킨 나라 중에서 유달리 극단적인 스트레스가 농축되어 있는 사회다. OECD 국가 중 가장 긴 노동 시간과 학습 시간, 광범위한 고용 불안정과 빈약한 노후 복지, 일상에 만연해 있는 폭력, 해소되지 않은 권위주의와 성 불평등, 모든 남성들이 공유하는 트라우마인 군대 등 사회 구성원 대부분이 극도의 스트레스 상황에 처해 있다. 매년 1만3000명 이상의 사람들이 자살로 생을 마감하는 바람에 한국의 자살률이 세계 1위를 다투고 있다는 암울한 통계는, 우리 사회 구성원들이 짊어진 현실의 무게를 반영하고 있다.

상황이 심각함에도 불구하고 국민들의 정신 건강 문제에 대한 국가적 대처는 여전히 미흡한 실정이다. 우리나라의 정신 보건은 만성화된 중증 환자를 돌보는 것에 대체로 초점이 맞춰져 있다. 중증 정신 질환이 만성화되기 전에 조기에 발견하여 관리하도록, 경증 환자들도 더욱 쉽게 정신과 의사와 만날 수 있도록, 나아가 모든 국민들이 만성적인 스트레스를 적절히 관리할 수 있도록 돕는 방향으로 정신 보건 정책이 발전되어야 한다. 우리 사회는 결국 이러한 시대적 과제를 외면할 수 없을 것이고, 향후 정신과 의사를 필요로 하는 분야는 점점 늘어날 수밖에 없을 것이다. 후일에는 폐쇄 병동에 입원한 중증 환자를 돌보는 정신과 의사보다 사회 각 분야에서 정신과적 전문 지식으로 새로운 역할을 하는 정신과 의사가 더 많아질지도 모른다.

:: 우리나라는 기본적인 빈곤을 극복하고 민주주의를 정착시킨 나라 중에서 유달리 극단적인 스트레스가 농축되어 있는 사회다. 자살률 세계 1위라는 오명이 한국 사회의 구성원들이 짊어지고 있는 심리적 짐의 무게를 반영하고 있다.

　내 경험과 지식이 아직 일천하여 그렇겠지만, 정신과 의사가 되는 데에 어떤 자질이 필요한지 똑 부러지게 제시하기는 어렵다. 내가 정신의학의 길을 택한 이유도 단 한두 마디로 설명할 수는 없지만, 임상 실습과 인턴 수련 중 만났던 정신과 환자들이 특별히 애틋하게 느껴졌던 것이 한 가지 이유였다. 일견 자기만의 세계에 빠져 있는 것처럼 보이는 정신과 환자들이 왜 그리 고통스러운 상태에 놓이게 되는지 너무 궁금했고, 할 수 있다면 어떻게든 돕고 싶었다. 지금도 그런 마음이 정신과 의사로서 환자들을 보는 데에 원동력이 된다.

　정신과 의사가 되기에 적합한 성격이나 자질로 정해진 것은 없겠지만, 인간 내면의 고통에 가까이 다가가 손잡길 두려워하지 않는 용기는 조금 필요할 것 같다. 또한 듣고 말하기를 주로 구사하는 직업인 만큼 언어적인 자질이 있다면 조금은 도움이 될 수 있다. 하지만 그런 점들은 부족하게 타고났더라도 수련을 통해 개발할 수 있다. 누구에게도 쉽게 이해받지 못하고 때론 막다른 곳에 내몰리기도 하는 환자들을 긍휼히 여기는 마음과 그들을 도우려는 꾸준한 노력이 가장 중요하지 않을까 싶다.

장애 극복을 넘어 사회적 참여를 추구한다

| 정형준 |

재활의학과 전문의로 대한스포츠의학회 정회원, 대한전기진단근전도의학회 정회원이다. 현재 건강보험심사평가원 전문위원, 건강보험정책심의위원회 상대가치기획단 전문위원으로 활동하고 있다.

재활의학이란 무엇인가?

지금은 대도시에서 길을 가면서 재활의학과를 흔히 만날 수 있지만, 재활의학은 불과 20여 년 전만 해도 작은 전문 의학 영역이었다. '재활'이라는 단어가 쉽게 와 닿는 만큼, '재활의학'은 전문적인 영역이라기보다는 어떤 질환에도 꼭 필요한 요소로 느껴진다. 대표적으로, 수술 후 "재활이 필요하다"는 언급에도 잘 나타나 있다. 맞는 이야기이지만, 흔히 이야기하는 '재활'이 재활의학과에서 다루는 전문 의학적 과정과 일치하는 것은 아니다.

지난 10여 년간 재활의학의 저변은 꾸준히 확대되어 왔다. 최근 들어서는 인기 전문 과목의 대열에 들어서기까지 한 것을 보고 많은 초기 재활의학과 의사들이 격세지감을 느낀다고 말한다. 이런 변화의 가장 큰 요인은 아무래도 노령화에 따른 재활 치료 대상의 확대일 것이다. 노인들의 경우 뇌혈관 질환의 유병률이 높을 뿐 아니라, 각종 근골격계 질환의 발생률도 높다. 보통 사람들은 자신의 생애 전체 의료비의 90퍼센트가량을 만 65세 이후에 사용한다. 즉 노인들이 많아질수록 전 국민 의료비가 증가하고 재활의학의 대상도 확대된다.

재활의학이 최초로 한국에 도입된 1970년대만 해도 만 65세 이상 노인은 전체 인구의 2퍼센트대였다. 본격적으로 재활의학이 국내 의과대학에 퍼진 1980~1990년대에도 노인 인구가 5퍼센트 미만이었다. 그런데 최근의 급격한 노령화로 2000년대 들어 10년 만에 노인 인구가 7퍼센트포인트가량 늘어 지금은 14퍼센트 수준이다. 이런 추세는 앞으로 더욱 빨라져, 2025년이면 한국은 노인 인구가 20퍼센트를 넘는 초고령 사회가 된다.

요즘에는 주된 분야가 뇌혈관 재활(주로 뇌졸중 후 재활 치료)이지만, 한국의 초기 1세대 재활의학과 의사들은 유아 황달과 조산 등으로 뇌성 마비에 걸린 아이들의 재활에 큰 기여를 했다. 지금의 인구 구조 변화는 의사들이 맡는 대상과 전문 과목을 변화시키고 있고, 향후 집중해야 할 분야도 다변화시키고 있다. 또한 '권역별 재활센터'가 들어서고 '재활 전문'이라든가 '재활'이라는 용어도 확산되면서, 이제는 재활의학이라는 단어의 친숙함이 배가되었다.

그런데 막상 재활의학이 무엇인지 물어보면 명확하게 대답할 수 있는 사람은 많지 않다. '재활'이라는 단어의 의미에 한정된 이해가 대부분이다. '재활'이라는 단어와 '재활의학'이 겹치는 부분이 물론 있지만, 실제로 재활의학은 '재활'이라는 의미로 환원되지 않는다. 전문 과목으로서 재활의학의 영어명은 '물리의학과 재활(physical medicine and rehabilitation)'이다. 즉 '재활 치료'만큼이나 '물리의학'도 중요시하는 분야이다.

물리의학이란 현대 의학의 근간인 '화학의학(약물 치료)', '수술의학(외과적 치료)'과 달리 과거부터 이어져 온 치료를 과학적으로 계승하고, 운동 치료 및 열치료, 냉치료 등을 발전시키는 학문이다. 물리의학의 최대 장점은 의존성이 낮고, 부작용이 적으며, 인체의 항상성을 유용하게 활용한다는 것이다. 더욱이 교육을 통해 자가 치료에 적용할 수 있으며, 장비나 약물 없이도 적용할 수 있어 비용 대비 효과도 좋다. 그러므로 물리의학에 강조점을 두는 것은 병원이라는 공간을 벗어난다는 뜻이기도 하다. 지역센터와 가정, 운동장 등에서 이용할 수 있는 것이 바로 물리의학이다.

그리고 뒤의 '재활'이라는 단어를 놓고 보더라도, 재활의학이 치료 후의 재활 프로그램을 뜻하는 것은 아니다. 재활을 뜻하는 영어 'rehabilitation'은 'habilitation'에 접두사 're'가 붙은 말이다. 의학적으로 'habilitation'은 『모스비 의학사전(Mosby's Medical Dictionary)』에 따르면 "훈련과 치료를 통해 일상생활 기능을 최대한 독립적으로 할 수 있도록 개인을 발전시키는 과정"이다. 즉 단순히 장애를 극복하기보다는 사람의 기능을 최대한 발휘하게 만든다는 개념이다. 이 때문에 일본 재활의학회는 공식 학회명에 '재활'을 쓰지 않고, '일본리해빌리테이션의학회(日本リハビリテーション醫學會)'라는 명칭을 사용한다.

한국의 재활의학은 1970년대 초 학회와 총회가 창립되고 수련 과정이 개설되었지만, 1982년이 되어서야 전문의 고시를 통해 전문의 자격증이 발급되었다. 초기에는 비인기 과목이고 수련 병원도 많지 않아서

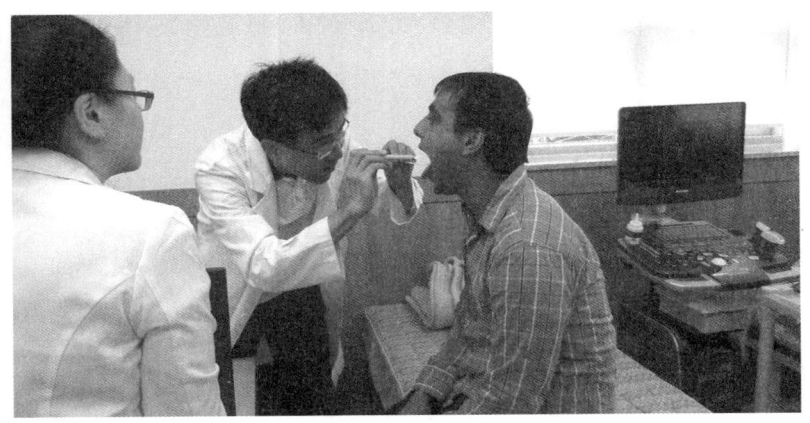

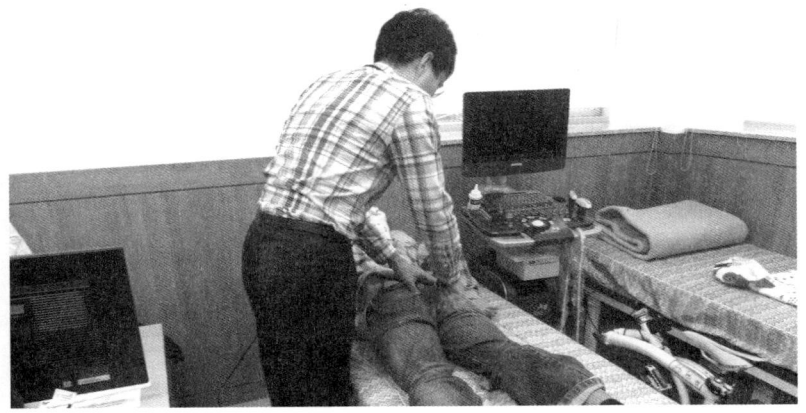

:: 환자들을 진료하는 필자의 모습.

10년이 지나도록 전문의가 200명도 배출되지 않았다. 학회 창설 초기에도 물리 치료는 정형외과에서 하는 것으로 인식되어 왔고, 뇌졸중 치료 등은 내과 영역으로 분류되어 있었다. 무엇보다 경제적 여유가 없어 재활 치료 영역이 대부분 가정과 사회에 맡겨진 실정이었다. 그러나 앞서 설명했듯이 '질병'보다 '기능'에 집중하는 특징이라든가, 화학의학(약물)이나 수술의학보다는 물리의학에 의존한다는 개념의 차이로 인해,

나날이 발전하는 분야가 되었다.

의사를 꿈꾼 적이 없었건만

원래 나는 대학에 진학할 때 컴퓨터 프로그래밍에 관심이 있어 전자공학과에 지원했으나 두 차례 낙방했다. 지금도 마찬가지겠지만, 특정 대학을 목표로 하다가 실패하면 후기 대학이나 정시 모집의 다른 군에서 성적에 맞춰 지원할 과를 고르곤 했다. 한국의 학벌 서열로 인해 명문대가 아니면 의대라도 가야 한다는 사회적 분위기가 만연했고, 나역시 여기에 순응했다.

의학에 목표를 두고 훌륭한 의사가 되겠다는 생각이 없던 사람들이 의과대학에 입학하면 어떻게 될까? 일부는 빨리 졸업하겠다는 생각으로 열심히 공부하지만, 상당수는 그냥 대학 생활을 즐기고 대충 졸업하겠다는 생각으로 바뀐다. 나는 후자를 선택했다. 그래서 대학 시절 수많은 사람들을 만나고 동아리에도 많이 참여했다. 지금 되돌아보면 당시 수많은 곳을 가고 수많은 사람들을 만난 것이 도리어 환자를 진료하는 데에 가장 큰 자산이 되지 않았나 싶다.

나는 입학하자마자 핵폐기장 강제 지정, 빈민촌 강제 철거, 노점상에 대한 공격, 그리고 민주적으로 결성된 노동조합 탄압을 목격했다. 의예과는 수업 시간이 많지 않아서 나는 이런 사회적 문제에 연대하고 참여했다. 그러다 보니 학업은 뒷전이 되어 의과대학의 수업을 따라가기가 힘들어졌다. 특히 의예과에서 배우는 과학 과목인 유기화학, 통계학등이 무척 딱딱했기에 공부에 대한 흥미도 점점 줄어들었다. 의사가 되겠다는 목표가 없었기 때문에, 나는 본과에 진학하고 나서 한 차례 낙제를 한 후 학교를 그만둘 요량으로 군대에 다녀오기로 마음먹었다.

군의관이나 공중보건의를 할 수도 있었지만, 나는 입대를 선택해 값비싼 교훈을 얻었다. 흔히 말하는 "군대를 다녀와야 남자가 된다"는 둥의 이야기는 모조리 사기라는 것이다. 군대는 말 그대로 '바보 국민' 양성소로서, 합리성과 자율성을 길러 주기보다는 시키는 대로 따르는 인간을 만드는 곳이었다. 특히 억압적이고 폐쇄적인 군대의 구조는 각종 부조리를 양산했는데, 대표적인 행태가 아프다는 사람들을 모두 '꾀병'을 앓는 사람으로 평가하는 것이었다. 물론 이런 관행에는 이해할 만한 구석도 있었지만, 병사들의 도덕적 해이에 초점을 맞추다 보니 정말로 아픈 사람들이 늦게 치료받는 일이 허다했다.

게다가 장교들은 내무반 내 사병들의 폭력을 고발하라고 했지만, 사실 내무반의 위계적 구조를 이용해서 군기를 잡으려 하는 이중성을 가지고 있었다. 이런 상황에서도 병사들은 단결하기보다 서로 아웅거리며 싸우곤 했으며, 일부는 '골목대장' 노릇에 빠졌다가 영창까지 갔다. 아무튼 이런 갖가지 상황을 겪으며, 사람들의 인식과 정신 건강에 사회적 조건이 미치는 효과를 체감했다.

그러다가 막상 전역을 하니 의과대학을 그만두고 다른 전공을 택하겠다는 생각도 곧 사라졌다. IMF 사태를 지나면서 대부분의 전공이 미래가 불투명해졌고, 내 나이도 많아져서 일단 졸업을 해야겠다는 생각을 먹었다. 다행히도 임상 과목 수업을 받으면서 의학에 대한 없던 관심이 생겼다. 특히 환자를 만나는 것은 내가 잘할 수 있는 일이라는 생각이 들었다.

건강과 질병에 대한 새로운 시각을 접하다

사실 의과대학 교육에서 재활의학 강의는 내과, 외과, 산부인과, 소아과 같은 핵심 과목은 물론이요, 정형외과, 흉부외과 같은 외과학의 분과와도 비교되지 않을 만큼 수업 시간이 적다. 그 당시 온라인 게임에 빠져 있던 나는 평소 수업 때 졸거나 딴짓을 하기 일쑤였으나, 유독 재활의학 시간에는 큰 흥미를 느꼈다. 다른 과목과 달리 ICF(International Classification of Functioning, Disability and Health)라는 틀에서 시작되는 의학 개념 덕분으로, 이는 향후 내 인식에 큰 변화를 일으켰다.

ICF란 우리가 흔히 병원에 가면 듣는 질병 분류(ICD: International Classification of Diseases)와 달리, 사람의 상태를 기능과 장애, 그리고 사회적 참여를 기준으로 분류하는 방법이다. 현재의 질병 중심 치료 체계에서는 그 개념을 실제 진료에 적용하기가 쉽지 않다. 우선 한국의 질병 분류와 행위별 수가제가 철저히 ICD에 기초하고 있기 때문이다. 또한 기능, 활동을 평가하는 것까지는 병원에서 그나마 가능하지만, 사회적 참여를 규정하는 것은 사회 제도와 관련이 있는 탓이다. ICF는 일반적인 치료의학에서는 좀처럼 접하기 어려운 기준이다. 하지만 이 지표는 현재의 치료의학이 가진 한계를 극복하기 위한 시도로서, 앞으로 의료 제도 및 건강을 위한 사회적 변화의 토대가 될 것이다.

내 경우 ICF 개념과의 만남은 그간 의학을 치료하는 학문으로만 생각하던 편협함을 극복하는 계기가 되었다. 나아가 환자 진료에서도 이미 진단된 질병이 아니라 환자의 사회적 상태, 기능, 주관적 불편함에 더욱 집중할 수 있게 되었다.

이런 개념적 장점에 깊은 인상을 받은 나는 후유 장애 문제와 빈곤

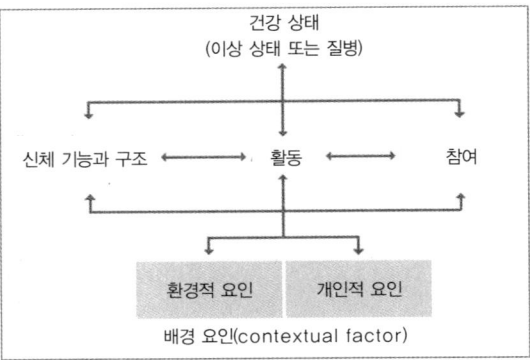

:: 2013년 WHO에서 발간된 ICF 사용 매뉴얼(좌)과 ICF 개념에서의 건강 상태(우).

층의 사회 재활에 접근할 수 있는 재활의학과에 지원하게 되었고, 높은 경쟁률에도 불구하고 교수님들과 선후배들의 도움으로 재활의학과 전공의 과정을 시작했다. 재활의학과는 과목의 특성상 사회 복귀를 염두에 두고 환자의 일상생활과 경제 상황, 가족 환경 등을 고려하여 치료하기 때문에, 의료 복지 문제에 더 큰 관심을 갖게 된다. 특히 지역사회 재활 프로그램에 대한 관심, 그리고 질병 치료 및 재활 치료로 활동성을 높이고, 의학적 치료를 완수하더라도 사회적 장벽이 높다면 건강이 결코 획득될 수 없다는 개념은 향후에도 사회적 참여와 발언을 하도록 나를 이끌었다.

재활의학의 수많은 영역

마지막으로 그간 내가 만나 온 다양한 재활의학 영역을 소개하려고 한다. 우선 최근에 사람들의 관심이 부쩍 커진 스포츠의학이 있다. 스포츠의학은 단순히 프로 스포츠단 팀닥터의 선수 건강 관리라든가 스포츠 손상에만 국한된 분야가 아니다. 앞으로 더욱 문제가 될 도핑과 관련된 조언과 의학적 판단을 제공하고, 레저 활동 등의 기량 향상을 위한 조언과 치료를 하는 등 그 영역이 점차 넓어지고 있다.

통증 치료는 최근 노인들이 늘어나고 노동 환경이 다변화하면서 영역이 점차 확대되고 있다. 특히 재활의학과에서는 각종 비수술적 통증 치료를 여러 가지 영역에서 구현할 수 있다. 그리고 의존성이 낮은 물리의학을 결합하여, 부작용을 최소화하고, 지속 가능한 통증 치료법을 제공한다. 통증 치료법은 다양하지만, 큰 장비나 공간 없이도 손쉽게 사용할 수 있는 술기가 많이 있어서, 최근 들어서는 '통증클리닉' 개원이 늘어나고 있다.

전기 진단은 최근 발달하고 있는 영상 검사 등과 달리 실질적인 신경이나 근육의 손상을 정량적으로 평가할 수 있는 방법이다. 흔히 근전도 검사로 알려져 있는데, 신경의 손상 정도와 재활을 통해 재생된 수준을 판단하는 훌륭한 진단법이다. 또한 치료 결과와 결합된다는 점에서 향후 발전 가능성이 무궁무진하다.

소아 재활은 1970년대까지 초기 황달을 적절히 치료받지 못한 뇌성 마비 환아들을 치료한 선도적 영역이었으며, 미숙아들이 많이 생기는 최근에도 여전히 중요한 영역으로 남아 있다. 무엇보다 아이들은 앞으로 남은 수명이 길고 우리 사회에서 함께 살아가야 하는 사회 성원이므로 그 중대성을 간과할 수 없다. 뇌성 마비 환아 및 장애아들의 가족과 우리 사회가 변화할 방향을 제시하는 것 또한 소아 재활 분야의 중요한 역할이다.

하지만 앞서 이야기했듯이 노령화로 인해 가장 많은 수요가 발생하는 분야는 바로 뇌졸중 재활이다. 심뇌혈관 질환의 예방법이 개선되더라도, 이 분야는 노인 인구의 절대적 증가로 인해 계속 발전할 수밖에 없다. 그래서 재활의학과 의사의 대부분은 재활병원이나 요양병원 등에서 노인들을 진료한다.

이처럼 재활의학 내에도 수없이 다양한 세부 영역이 있다. 그러나 무엇보다도 환자들, 특히 장애인에 대한 사랑과 적극적 접근을 실천하는 한편, 장애인의 사회 참여를 위한 대안을 마련하는 것이 재활의학의 가장 중요한 역할이다. 앞으로 더욱 많은 사람들이 재활의학에 참여해서 진정으로 ICF 개념을 구현했으면 한다.

노동자와 사회를 잇는 다리가 되어

| 김철주 |

2003년 조선대학교 의과대학을 졸업하고 2012년 서울대학교 보건대학원에서 산업의학 석사 과정을 수료했다. 2013년 한림대학교 직업환경의학과 전공의 수련 과정을 마치고 전문의 면허를 취득했다. 현재 준종합병원에서 직업환경의학과 과장으로 재직하며 특수건강진단을 담당하고 있다. 한국노동안전보건연구소 연구원, 인도주의실천의사협의회 회원으로 활동하고 있다.

직업환경의학과? 건강검진하는 곳 아냐?

2000년 처음으로 정규 수련 과정을 이수한 9명이 산업의학과(직업환경의학과의 예전 명칭) 전문의 자격을 취득한 지 15년가량 지났다. 하지만 아직도 많은 사람들은 직업환경의학과 의사가 직업병을 다루는 의사라는 정도만 짐작할 뿐, 구체적으로 무슨 일을 하는지는 잘 모른다. 심지어 다른 의사들도 기껏해야 건강검진하는 의사 정도로만 인식하고 있다.

일반 의사들은 건강보험 제도 아래 있으나, 직업환경의학과 전문의(이하 직환의)는 별도의 산업보건 제도에 속해 있다. 산업보건 인력이 하는 일도 일반 병원과는 확연히 다르다. 결국 직환의가 무슨 일을 하

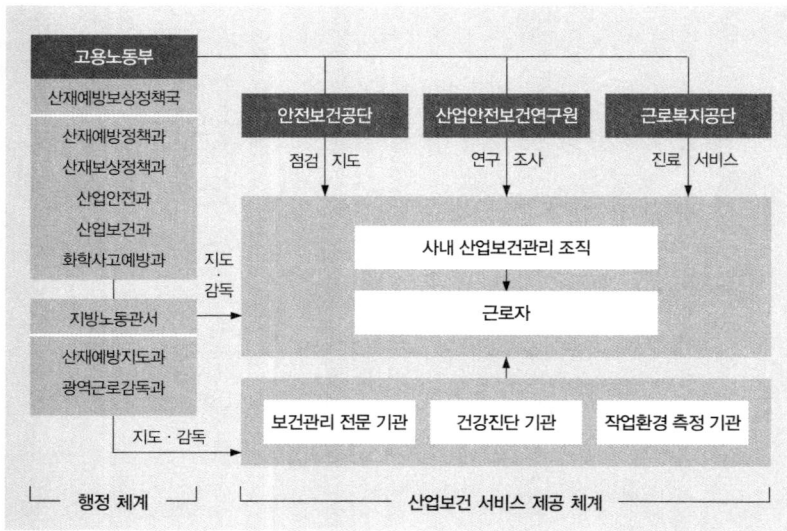

고용노동부			
산재예방보상정책국	안전보건공단	산업안전보건연구원	근로복지공단

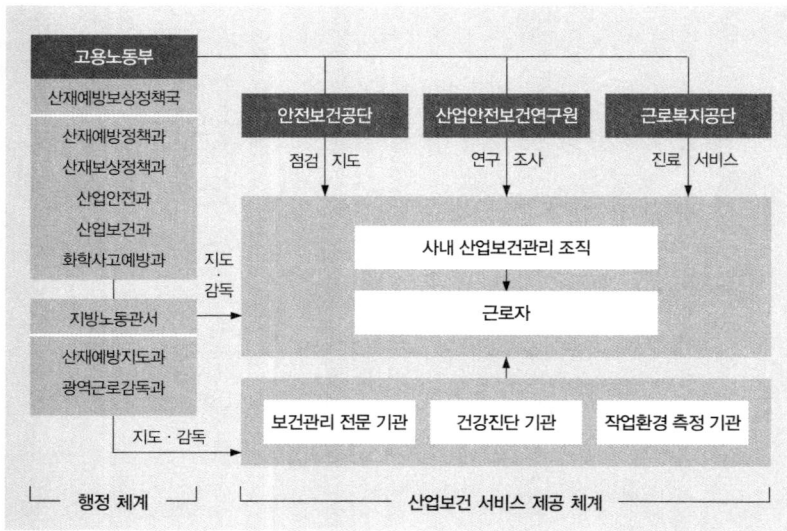

:: 우리나라의 산업보건 체계.

는지 정확히 알기 위해서는 우리나라 산업보건 제도를 이해하고 그 제도를 구성하는 인력들의 역할을 파악해야 한다. 생각보다 쉽지 않은 일이다. 고백하자면 나 역시 전공의 3년 차가 끝날 무렵에야 직환의가 무슨 일을 하는지 전체적인 그림을 그릴 수 있게 되었다.

전공의 트레이닝 과정은 지역(수도권 또는 비수도권)에 따라, 기관(대학병원 또는 산업안전보건연구원, 대학원 등의 연구 기관)에 따라 조금씩 달라지지만, 수도권 대학병원의 경우 다음과 같다. 1년 차에는 원내에서 또는 출장을 나가 특수건강진단을 제외한 각종 건강검진을 수행하고, 보건대학원에 진학하여 공부하면서 교수가 연구 책임자를 맡고 있는 각종 연구 보고서 작성에 보조 연구원으로 참여한다. 2년 차에는 보건대학원을 휴학하고 12개월간 임상 파견 업무(가정의학과와 비슷하다)를 본다. 3, 4년 차에는 연구 보고서 작성과 특수건강진단,

보건관리 위탁 등의 업무를 하며, 산업안전보건연구원, 직업성폐질환 연구소 등의 전문 기관에 파견되어 역학 조사를 수행한다. 아직까지 수련 기관의 교수 인력이나 수련 환경이 부족하기 때문에, 이를 보완하기 위해 전국의 전공의가 모두 모여서 받는 교육이 발달되어 있다. 이러한 교육은 필수 교육으로 분류되어 직업의학과 전공의라면 강제적으로 참여해야 한다. 이렇듯 전공의 과정은 인프라가 부족하긴 하지만 매우 역동적으로 이루어진다. 더불어 자기 공부를 할 수 있고, 응급실 당직을 서지 않아 밤에 잠을 잘 수 있다는 이점도 있다.

위의 체계도를 보면 일반 임상 의사가 보건복지부 소관인 데 비해 직환의는 고용노동부의 지휘를 받고, 건강보험공단이 아니라 안전보건공단과 관련되어 있음을 알 수 있다. 임상 의사는 건강보험에 의해 수가를 제공받지만, 직환의는 사업장과의 직접 계약을 통해 사업주에게서 수가를 받는다. 이러한 시스템의 차이는 일반 임상 의사와 다른 직환의만의 특성을 만들어 내고 있다.

직환의는 어디서 무슨 일을 하는가

큰 규모의 사업장에는 자체 보건관리자가 있지만, 작은 규모의 사업장은 보건관리를 담당할 전문 인력을 채용하기가 현실적으로 어렵다. 이 같은 문제점을 보건관리를 대행하는 전문 기관이 해결해 주고 있으며, 보통 간호사와 산업위생기사, 의사가 한 팀이 되어 업무를 맡는다. 업무를 제대로 수행하려면, 우선 사업장의 공정과 사업장에서 사용하는 유해물질을 이해하고 있어야 한다. 이를 포괄하는 학문이 산업

:: 보건관리 대행 업무를 수행하는 직업환경의학과 전문의들의 모습.

위생학으로, 이는 직업환경의학에서 중요하게 다뤄지고 있다. 보건관리의 종류에는 작업환경관리, 건강 상담 및 증진, 근로자 건강관리 등이 있으며, 사업장을 방문하여 이런 업무를 수행한다.

납이나 수은 같은 유해물질을 사용하는 사업장은 법에 따라 특수건강진단을 받도록 되어 있다. 이를 수행하는 의사는 법적으로 직환의만이 맡을 수 있다. 특수건강진단은 단순한 스크리닝 검사가 아니며, 산업위생학적인 이해를 바탕으로 질환과 업무의 관련성을 평가하며, 적절한 업무 배치와 사후 관리까지 포함한다. 병원 내에서도 특수건강진단이 이루어질 수 있으나 일반적으로는 사업장을 방문하여 검진을 실시한다.

조금 전 언급했듯 큰 규모의 사업장은 자체 보건관리자로 의사를 선임하며, 여기에 가장 적합한 의사가 바로 직환의이다. 업무는 작업환경관리, 건강 증진, 특수건강진단, 근골격계 진료 등으로 다양하며, 각

사업장마다 차이가 있다.

직환의는 공공 기관에서 근무할 기회가 많이 있다. 근로복지공단 산하 직업성폐질환연구소는 질병의 업무 관련성을 파악하는 역학 조사를 전문적으로 하는 기관으로, 직환의들이 연구위원을 맡고 있다. 역학 조사는 직업환경의학에서 중요한 부분을 차지하며, 전공의 트레이닝 과정은 역학과 통계학을 필수 과목으로 포함한다. 대부분의 직업환경 의학 전공의들은 트레이닝 과정 중에 야간 보건대학원에 진학하여 역학, 통계, 산업위생학 같은 학문을 공부한다. 안전보건공단 산하의 산업안전보건연구원은 우리나라 산업보건 정책의 중심 역할을 하는 기관으로, 역시 직환의들이 전문위원으로 일한다. 그리고 중소기업 근로자의 건강을 증진시키기 위해 전국에 근로자건강센터가 개설되어 있다. 여기서는 직업병 상담, 만성 질환 관리, 근골격계 질환의 운동 치료 등이 이루어진다. 이 외에도 지방 의료원, 산재병원, 국립암센터, 방사선보건연구원 등 많은 공공 기관에서 직환의를 필요로 하고 있다.

근로복지공단 산하 업무상질병판정위원회는 근로자가 산업재해를 신청하면 이를 심의하고 판정하는 곳이다. 일반 의사들도 위원으로 참여하긴 하지만, 산업위생학과 역학 지식이 있는 직환의가 필수적으로 배치되어 있다. 일반적으로 교수들이 많지만 일선 직환의도 어느 정도 경력이 쌓이면 위원으로 참여할 수 있다. 일반 병원에서 특수건강진단을 담당하는 나 역시 경인업무상질병판정위원회에 참여하고 있다.

직업환경의학에서는 질병이 있거나 산업재해를 당한 근로자가 업무를 수행하는 것이 적절한지 가늠하는 '업무적합성 평가'가 중요하게 다루어진다. 아직은 선진국처럼 상병급여(질병이 있을 때 건강보험에서 지급하는 급여)가 없어서 업무적합성 평가가 활성화되어 있지 않지만, 앞으로 상병급여가 도입되면 사회적으로 그 중요도가 높아질 것이다. 업무적합성 평가를 제대로 수행하기 위해서는 질병과 업무적 특성을 모두 파악하고 있어야 한다. 임상의학을 잘 알 수 있도록 전공의 트레이닝 과정 중 1년은 내과를 비롯한 임상과 파견으로 채워진다.

산업보건 연구를 직접 수행하는 것은 다른 임상과와 구별되는 직업환경의학의 특징 중 하나인데, 이는 직업환경의학이 예방의학에서 갈라져 나왔음을 생각하면 이해하기 쉽다. 주로 고용노동부에서 발주한 연구 과제들이 많으며, 대학병원 교수가 연구 책임자를 맡고 전공의는 연구원으로 참여한다. 많은 직환의들은 으레 전공의 때 1000페이지가 넘는 연구 보고서를 밤새 정리한 경험이 있다.

직업병과 환경성 질환을 진단하고 치료하는 외래 진료과는 주로 대학병원에 개설되어 있다.

왔노라, 보았노라, 눈물 흘렸노라

소설책을 좋아하던 문과 고등학생이던 나는 소망하던 방송국 PD와는 전혀 상관없는 의대에 입학했다. 예과 초기에는 도서관에 틀어박혀 이문열 전집을 읽기도 했다. 「그해 겨울」 같은 다소 낭만적인 대학 생활을 기대했으나 현실은 달랐고, 학생회 활동을 하면서 점점 사회 현실에 대한 관심이 증가했다. 중간중간 돈도 벌고 노동의 의미도 느껴 보기 위해 건설 현장에서 일용직으로 일하기도 하고 외국인 노동자 진료 봉사 활동에 참여하기도 했으니 어쩌면 직환의가 될 운명이었는지도 모르겠다. 의사가 되어서는 2008년 광우병 촛불 집회에 진료단으로 나

:: 현장을 방문하여 검진 중인 필자의 모습.

가 현장을 목도하기도 했다.

그때껏 나는 다른 의사 친구에 비해 비교적 사회를 잘 안다고 자부해 왔으나, 직환의가 되어 중소 규모의 공장을 다니면서 내 생각이 틀렸음을 깨달았다. 정말 새로운 세상이 펼쳐져 있었다. 대기업이 전체 고용의 10퍼센트 정도를 차지한다는 것은 이미 알고 있었지만, 대기업에서 일하지 않는 사람들이 어디에 있는지는 알지 못했다. 공단이 그렇게 많고 공장 기숙사에 사는 사람들이 그렇게 많은지 미처 몰랐다. 전태일 열사가 활동하던 시절에나 그랬을 거라고 생각했다. 반도체를 생산하는 사업장은 파주, 해남, 거제도 등 그야말로 전국에서 사람들을 채용했고, 이들은 기숙사에서 살며 일하고 있었다.

진짜 놀라운 것은 그들이 최저 임금을 받으며 주야 2조 2교대로 하루에 12시간씩 일한다는 사실이었다. 반도체 생산 공장에서 반도체 설비를 운전하는 일은 여성이 담당하는데, 이들은 고등학교 3학년 때 입사한다. 처음 겪는 주야 2교대 근무에 적응하지 못하여 건강 상태는 점점 악화되어 가고, 대다수가 피곤함을 호소하고 생리 불순에 시달리기까지 한다. 채용 시에 검진을 받을 때는 생기발랄하던 여고생이 1년 만에 피곤에 찌든 근로자로 변하는 것이다. 결국 대다수가 1년을 못 넘겨 퇴사하고, 그 자리는 다른 고3 학생이 채우게 된다. 더 놀라운 일은 몇 달을 쉬고 나서 비슷한 공장에 취직하여 2교대 근무를 다시 시작한다는 것이다. 최저 시급을 받는 사람들에게 최선의 선택은 일을 많이, 특히 야간에 하면서 보수를 많이 받는 것이고, 그러는 가운데 건강이 위협받게 된다. 이러한 환경은 직환의들의 직무 스트레스 또한 높이게 된다. 바쁘게 돌아가는 검진 시간에 최선을 다해 수면 위생을 설명해 주지만, 그것만으로는 부족하다는 것을 직환의와 근로자 모두 알고 있다.

'나는 우리나라 산업보건을 개선시키고 노동자의 건강을 지키는 전문가'라는 자부심 가득한 직업의식과 '회사라는 거대 조직을 상대하는 한낱 힘없는 개인일 뿐'이라는 현실 인식 사이에서 갈팡질팡하면서 때론 보람을, 때론 무력감을 느끼게 된다. 언젠가 여성들이 많이 근무하는 사업장에서 채용 시에 근로자의 사전 동의 없이 임신 검사를 한다는 것을 알게 되었다. 유해물질을 사용하는 사업장 환경에서 자기도 모르게 임신한 상태인 근로자를 보호하려는 좋은 목적도 있었으나, 법을 떠나 인도적인 차원에서 해서는 안 되는 일이었다. 다음 날 사업장 담당자를 만나 설득했고, 그날부터 임신 검사는 사라지게 되었다.

특수건강진단에서는 검사할 유해물질을 선정하는 일이 중요한데, 누락된 유해물질이 있으면 사업장의 담당자를 설득하여 추가시킨다. 또 적합한 보호구가 부족한 경우에도 이를 구비하도록 설득한다. 이처럼 정당성을 가지고 진심으로 바꾸고자 노력하면 어떤 문제든 해결할

:: 출장검진소 내부의 전체 풍경.

수 있다는 생각이 들 때도 있다. 그러나 반대로 무력감이 들 때도 많다. 하루에 12시간씩 2교대로 일하는 사업장의 일부 근로자들의 건강 상태가 너무 좋지 않아 자세히 물어보았더니, 12시간을 일하고 나서 사내 전문대학에서 4시간씩 강의를 듣고 잠을 거의 자지 못한 채 다시 일어나 일을 시작한다는 것을 알게 되었다. 원래는 3교대로 8시간씩 일하고 사내 전문대학 강의를 듣는 식이었으나, 생산 물량이 증가하는 바람에 이렇게 돼 버린 것이다. 2교대를 3교대로 전환하거나 강의 듣기를 중단하도록 설득하자 사업장 보건관리자도 동조해 주었으나, 집행부를 설득하는 데는 실패했다. 절대적 수면 시간이 부족한 근로자에게 의사라는 존재는 너무도 무력할 뿐이었다.

거대한 벽을 마주한 것처럼 이야기가 전혀 통하지 않는 사업장도 있다. 원청 사업장은 규칙을 잘 지키지만 그 하청 사업장은 그러지 않는 경우가 종종 있다. 심한 경우에는 유해물질이 있음에도 특수건강진단 자체를 거부하고 일반건강검진만을 요구하기도 한다. 이런 경우 똑같은 공정을 수행함에도 불구하고 원청 사업장 근로자는 특수건강진단까지 받고 하청 사업장 근로자는 일반건강검진만 받는 어처구니없는 상황이 발생한다. 우리 사회가 어디서부터 잘못되었으며 어떻게 개선해야 하는지 참 막막하고, 이 상황에 끼어 있는 나 자신이 우습기도 하고 슬프기도 하다.

'아직'과 '이미' 사이에서

산업보건에 관련된 법과 제도는 우리나라도 선진국 못지않다. 그러나 근로감독관의 수가 부족하여 행정력이 미치지 못하고, 일부 대기업을 제외하고는 노조가 존재하지 않아 사업주가 선호하는 방향으로 흘러가며, 근로자의 산업보건에 관한 의식 수준도 떨어진다. 하지만 이런 열악한 상황에서도 작업환경 측정, 특수건강진단 제도를 통해 사업장의 유해물질을 관리하고 보건관리 사업장을 확대하며 근로자건강센터의 수를 늘리고 있다. 그동안 보호받지 못하던 서서 일하는 노동자, 야간 교대 근무 노동자, 경찰 노동자, 소방 노동자, 서비스 감정 노동자에게도 점차 관심을 두면서 이들을 제도권 안에서 보호하려 노력하고 있다. 이러한 일들을 성공시키려면 다양한 직종의 사람들이 힘을 모아야 하겠지만, 특히 직환의의 역할이 중요하다. 직환의는 가장 가까이서 노동자의 건강을 돌보며, 노동자와 사회 사이의 가교 역할을 하는 전문가라고 믿는다.

직환의의 미래는 장밋빛인가

최근 들어 다른 임상과 의사들이 직환의를 부러워하는 경향이 생기면서 전공의 지원자도 대폭 늘었다. 독일이나 일본이 직환의 제도가 시행되던 초기에 인정의(소정의 교육을 통해 직환의 면허를 취득한 임상의사)를 대거 양산하여 그 수를 늘린 반면, 우리나라는 1997년 발생한 외환 위기로 인해 정부의 산업보건 정책이 위축되고 사회적으로도 직환의 제도에 무관심해져서 인정의를 많이 배출하지 못했다. 이런 상황에서 야간작업 특수건강진단의 수요가 확대되자 전문의 공급이 부족해졌고, 그에 따라 직환의의 급여나 병원 내 위상이 올라갔다. 이러한 경향은 상당 기간 지속될 것이다.

그러나 우리나라 산업보건 체계가 여러 문제를 안고 있는 상황 속에서는 의사에게 어쩌면 가장 중요한 보상이라고 할 보람과 자부심을 느끼기가 쉽지 않다. 그리고 직환의의 역할을 회의적으로 생각하는 사람들도 많다. 이러한 현실을 개선하기 위해 학회 차원에서 직환의의 업무 능력을 향상시키고 우리나라 산업보건의 질을 높이기 위한 노력들을 기울이고 있다. 여러 헌신적인 교수들과 젊고 의욕 있는 직환의들이 있기에 이러한 노력이 결실을 맺으리라고 생각한다.

눈앞의 환자 한 명을 넘어, 사회 전체를 살리는 의학

| 김명희 |

예방의학 전문의. 한양대학교 의과대학을 졸업한 후 수련의와 예방의학 전공의 과정을 마쳤다. 이후 의과대학 예방의학교실의 전임교원으로 근무했으며, 현재 독립민간연구소인 사단법인 시민건강증진연구소의 상임 연구원으로 근무하고 있다.

"예방의학에서는 무얼 하나요?"

"예방접종하는 과인가요?"

"예방, 아 그거 좋은 거지요. 맞춤 예방의학 시대잖아요."

2015년 메르스 유행이 전국을 휩쓸기 전까지 예방의학이라는 전문 과는 대다수 시민들에게 매우 낯선 이름이었다. 사실 부모님은 아직도 내가 무슨 일을 하는지 잘 모르고, 어린 조카들도 고모는 도대체 뭐하는 사람이냐고 묻는다. 특징이 눈에 보이는 다른 임상 전문과들과 달리 예방의학은 뭐라 설명하기가 참 어렵다. 심지어 나의 세부 전공인 '역학(疫學)'을 소개할라치면, '도를 아십니까'의 역학(易學), 물리학의 역학(力學)이 아니라는 점을 먼저 이야기해야 한다. 그나마 메르스 유행을 거치면서 역학조사, 예방의학이라는 이름이 널리 알려진 듯하다. 전염병 유행 조사를 하고 방역 대책을 만드는 사람들. 예방의학 전문의가 할 수 있는 일인 것은 틀림없지만, 이것이 다는 아니다.

원진레이온 사건 보며 예방의학 필요성 실감

고용 불안과 불평등이 심화되면서 비교적 안정된 '전문직' 일자리 인기가 그 어느 때보다 높다. 의사는 대표적인 인기 직종으로, 의과대학 입학 성적은 모든 학과를 통틀어 최상위권에 해당한다.

하지만 내가 대학에 입학할 즈음인 1990년대 초에는 이 정도로 의대 입시 경쟁이 치열하지 않았다. 요즘은 드문 일이지만, 공부 잘하는 이과생들의 상당수가 공과대학 진학을 꿈꾸었고 나 또한 마찬가지였다. 하지만 불행인지 다행인지 전기 입시에서 공대에 낙방했고, 후기 입시에는 딱히 마음에 드는 공대 학과가 없어서 의대에 원서를 냈다. 그리고 덜컥 합격을 해 버려서, 좀 다녀 보고 아니다 싶으면 재수를 해야지 하는 마음으로 학교에 왔다. 어떤 의사가 되겠다는 생각은 전혀 없었고, 일가친척 중에 의사가 한 명도 없었기 때문에 인턴·레지던트 같은 기본제도조차 모른 채 의대 생활을 시작했다.

입학 직후부터 독서회 동아리와 의대 신문사 활동을 하면서 학생운동에 참여하게 되었고, 그러다 보니 의대 공부는 더 싱겁고 부질없게만 보였다. 그즈음, 선배들이 예방의학을 하면 의사를 하면서도 정책 개발이나 사회운동 같은 의미 있는 일을 할 수 있다는 이야기를 해 주었다. 지금 생각해 보면 좀 귀엽기도 하고 우습기도 하다. 선배라고 해 봤자 겨우 본과 2, 3학년이고, 예방의학에 대해 아는 것도 별로 없었을 텐데.

하여간 사회운동을 포기하지 않으면서도 의사의 삶을 이어 갈 수 있다는 말에 그냥 의대를 계속 다녀도 되겠구나 하는 막연한 생각을 했다.

이후 진로를 굳히게 된 결정적 계기는 '원진레이온 사건'이었다. 이 사건은 레이온 생산 공장에서 일하던 노동자들이 장기간 집단적으로 이황화탄소에 중독되어 사망하거나 질병에 걸렸는데도 직업병 인정을 받지 못해 오랫동안 싸워야 했던 사건이다. 요즈음의 삼성 반도체 백혈병 문제와 비슷한 일이라고 생각하면 쉽게 이해할 수 있을 것이다.

당시 구리시 인근 가난한 동네에서 주말 진료소 활동을 하던 본과 선배들을 따라 수십 차례 항의 집회에 참여하며 피해 노동자와 가족들을 만나고 공장 내부를 직접 둘러보기도 했다. 지금은 은퇴하신 서울대학교 보건대학원 김정순 교수님이 역학조사를 통해 이황화탄소 중독으로 인한 직업병임을 규명했다는 이야기도 선배들로부터 주워들었다. 이런 문제를 밝혀내고 개선하려면 정말 예방의학이 필요하구나 하는 생각을 하게 되었다.

최근에서야 알게 되었는데, 당시 함께 열심히 시위에 참여했던 친구는 노동자들을 잘 치료할 수 있는 실력 있는 내과 의사가 되어야겠다고 결심했다고 한다. 그리고 그는 실제로 내과 의사가 되었다. 똑같은 경험을 하고도 어떻게 이렇게 다른 결정을 내릴 수 있는지 신기하다. 사람마다 적성과 취향이 다르다는 것을 단적으로 보여 주는 사례가 아닌가 싶다. 어쨌든 잘 알지도 못하면서 이 길이 내 길이다 결심을 했다. 예과 2학년 때였다. 이 생각은 의대를 졸업하고 인턴 수련을 마칠 때까지 바뀌지 않았다.

현장 조사 2주 동안 낮엔 일하고 밤엔 빨래하고

예방의학과는 어떤 분위기의 의국에서, 어떤 주제에 관심 있는 지도교수를 만나느냐에 따라 전공의 수련 경험이 매우 달라진다. 표준 수련 지침이 있기는 하지만, 임상과처럼 '○○ 술기 ○○회 이상' 같은 구체적 지침을 만들기가 어렵다. 그래서 전공의 수련을 어디에서 받을지 잘 알아보고 지원해야 한다.

상당한 편차가 있기는 하지만, 대개 예방의학 전공의 과정에서는 각종 프로젝트나 사업을 통해 자료를 수집하고 분석하는 방법, 사업을 기획하고 현실을 진단하는 방법, 상황을 조율하고 현장에서 문제를 해결해 나가는 방법들을 배운다.

나의 경우에는 전공의 시절 매주 세미나에 참가해서 논문이나 텍스트북을 요약 발표하고, 1년에 최소 두 차례 학술대회에서 구연 발표를 하고, 각종 연구보고서 작성에 참여했다. 그런데 이렇게 논문이나 보고서를 쓰려면 당연히 1차 자료 수집이 되어야 한다. 당시는 아직 질병관리본부가 설립되기 전이고 역학조사관 제도가 막 도입되던 시점이었다. 마침 지도교수가 감염병 역학을 전공하셨던 터라, 전국에서 감염병 유행이 터지면 지도교수와 함께 '출동'을 하는 경우가 빈번했다.

세균성 이질이 유행하던 지방 소도시에서 2주 동안 보건소 대기의자에서 쪽잠을 자 가며 역학조사를 하고 자료를 정리하던 모습이 눈에 선하다. 유행이 그렇게 길어질 줄 몰라서 옷가지도 챙겨 가지 않았기 때문에, 낮에는 역학조사를, 밤에는 빨래를 해야 했던 '웃픈' 사연도 있다. 청소년 볼거리 유행 조사를 하러 제주도 출장을 갔던 적도 있다. 제주도 출장이라니, 이런 꿈만 같은 일이! 하지만 그다음 주부터 라면박

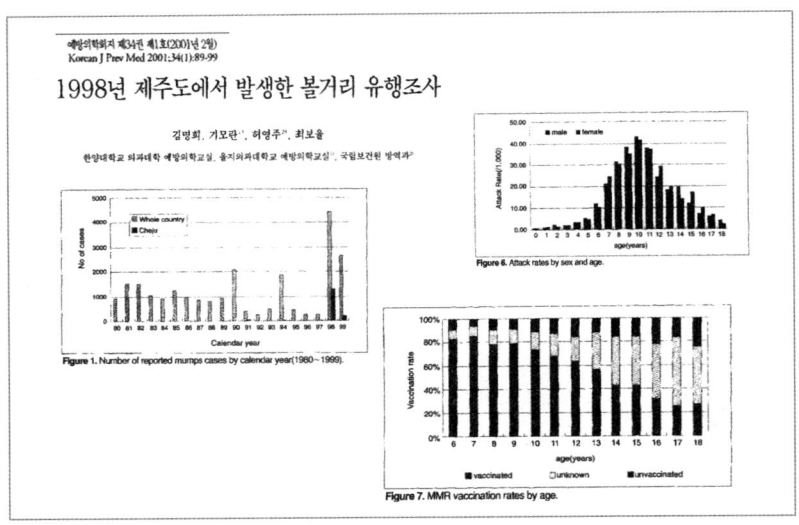

예방의학회지 제34권 제1호(2001년 2월)
Korean J Prev Med 2001;34(1):89-99

1998년 제주도에서 발생한 볼거리 유행조사

김명희, 가모란[], 허영주[], 최보율

한양대학교 의과대학 예방의학교실, 을지의과대학교 예방의학교실[], 국립보건원 방역과[]

:: 제주도 볼거리 유행 조사를 바탕으로 필자가 학회지에 제출한 논문.

스로 연일 배달되는 역학조사 설문지에 식겁했던 기억이 난다. 또 농촌 지역 주민들의 심혈관 질환 위험 요인을 파악하는 연구를 위해 가가호호 방문 조사를 하고 새벽부터 주민 검진을 하기도 했다.

이렇게 말하면 간단해 보이지만, 2주 정도 지속되는 현장 조사 기간 동안 쓰일 물품을 챙겨 운반하고, 조사요원들을 훈련시키고, 끼니를 챙기고, 현장 설비들을 세팅하고, 검체를 정리하고, 또 현장 조사 이후에는 자료의 입력과 관리를 책임지고, 분석하는 것까지 모두 전공의가 해야 할 일이다. 이게 무슨 전공의 수련인가 싶지만, 이런 사업을 기획하고 현장에서 주민과 다양한 참여자들을 만나고 조율하는 리더십은 예방의학 전공자가 갖춰야 할 필수 덕목이다. 요즈음에는 역학 연구나 데이터 수집과 관련된 인프라가 상당히 잘 갖춰져서 내가 수련 받던 시절처럼 '노가다'를 하는 경우는 훨씬 줄고, 연구직에 가까운 훈련의 비중이 월등히 높아졌다.

어쨌든 이렇게 수집된 자료를 분석해 문제의 원인을 밝히고 정책 근거를 마련하거나 구체적 정책 제안에까지 이르는 경험은 예방의학을 하는 큰 보람이다. 예컨대 제주도의 청소년 볼거리 유행 결과를 분석한 논문은 국내에서 MMR(홍역·풍진·볼거리 예방접종) 2회 접종 제도가 도입되는 데 근거 자료로 활용되었다.

물론 수련 과정은 힘들었다. 임상과처럼 야간 당직이나 휴일 근무가 정해져 있는 것은 아니지만, 연구도 사업 기획도 대개는 처음 해 보는 것이라 늦게까지 퇴근 못하는 날이 적지 않았다. 특히 암기가 주를 이루었던 의대 교육과 달리, 스스로 자료를 찾고 생각하고 판단을 내려야 한다는 점이 어려웠다. 또 예방의학은 연구자 혹은 기획자로서의 측면이 강하기 때문에 학위를 취득하는 것이 거의 필수적이다. 나 역시 전공의 과정을 하면서 보건학 석사를 마치고 의학 박사 과정에 진학했는데, 당연히 '주경야독'은 힘겹다.

연구자로, 행정가로, 운동가로… 다양한 진로 선택

예방의학을 전공한 사람들은 어디에서 무슨 일을 하고 있을까? 시민의 입장에서는 병원을 오가면서 많은 의사들을 만나지만 예방의학 의사는 아마도 마주친 적이 거의 없을 것이다.

예방의학 전공자의 전문성은 자료를 분석하고 해석하는 연구자, 보건의료 문제를 진단하고 정책 대안을 마련하는 행정가·정책가, 지역사회 보건 사업을 실제로 수행하는 실천가의 역할에 있다. 세부 전공에 따라 각 영역의 비중은 조금씩 다르다.

연구에 중점을 두는 경우, 대학의 교원으로 일하면서 연구와 교육 활동을 하거나, 공공·민간 연구 기관 등에서 연구 활동을 한다. 보건사회연구원이나 국립암센터 같은 곳이 대표적이다. 또 연구와 행정의 중간 지대에서 정책 실무를 맡기도 한다. 질병관리본부나 보건소에 근무하면서 감염병 역학조사, 만성질환 실태 조사, 질병 연구, 정책 개발과 집행 등의 업무를 하는 것을 들 수 있다. 병원에서 일을 하는 경우도 있는데, 이때에도 직접 환자를 진료하기보다는 공공보건의료사업실이나 국가지정 심혈관질환센터 등에 배치되어 지역사회 보건 사업을 기획하고 수행하는 업무를 맡는 것이 일반적이다. 보건행정에 더 관심을 두고 아예 보건복지부 공무원이 되는 경우도 있고, 국제 보건 관련 기구에서 활동을 하는 이들도 있다. 이들 역시 직접 진료 활동을 하기보다는 사업의 기획이나 평가 등 보다 포괄적인 업무를 맡는 것이 대부분이다.

나는 전공의를 마치고 1년 동안 전임의를 거친 후, 한 의과대학의 예방의학 교수로 임용되었다. 그곳에서 학생 교육과 연구 활동을 하다가 2년 정도 미국의 대학으로 연수를 다녀왔다. 박사 논문을 쓰면서 건강 불평등 문제에 관심이 깊어졌지만, 이 분야에 대한 국내 연구 기반이 아직 취약해서 배움을 얻을 곳이 마땅치 않았기 때문이다. 2010년부터는 현재 일터인 시민건강증진연구소로 자리를 옮겨 조금 더 독립적이고 진보적인 관점의 연구와 실천 활동을 하고 있다.

현재 나의 관심사는 건강 불평등과 노동자 건강권 문제이다. 때로는 학술 논문이나 책, 연구보고서 등을 발표하면서 연구자로서의 정체성을 유지하는 한편, 시민단체 활동가 교육에 참여하거나 현안에 대해 언론에 글을 기고하고 정책 토론회에 참여하기도 한다. 예방의학 전공자 중에서 나처럼 소위 '비제도권'이라고 불리는 NGO(비정부기구) 영역에서 활동하는 사람이 많지는 않지만, 활동의 내용이나 지향은 예방의학의 본래 속성에서 크게 벗어나지 않는다. 내가 전공의를 마친 후 줄곧 노동자 건강권 운동 단체인 '노동건강연대'나 진보정당의 보건의료·건강위원회 활동을 병행해 왔던 것도 전공에 기반을 둔 실천 활동의 일부라고 할 수 있다.

개방적 자세와 의사소통 능력 필요

예방의학은 의학의 기본적 토대를 갖춘 상태에서, 보다 사회적인 관점을 취하며 개인의 치료보다는 인구 집단의 건강을 향상시키려는 목표를 가지고 있다. 따라서 질병의 사회적 측면에 관심이 많고, 연구나 보건의료 정책, 혹은 지역사회 활동에 흥미를 가진 사람에게 적합하다. 필요한 덕목이라면 의학 이외의 다양한 분야와 협력하고 소통할 수 있는 개방적 자세, 의사소통 기술을 들 수 있다. 임상 의사 또한 보건의료 인력 및 환자와의 소통이 중요하지만, 진료실 바깥에서 매우 다양한 사람들을 만나야 하는 예방의학 전공자에게는 특히 중요하다. 또 당장의 환자 치료와 달리, 손에 잡히지 않는 추상적이고 장기적인 목표를 가지고 연구와 활동을 지속해야 한다는 점에서 자기주도성이 매우 중요하다. 누군가 시키는 일을 성실하게 하는 것만으로는 부족하다.

예방의학을 한다고 하면, 예방의학이 뭐 하는 데냐는 물음 뒤에 항상 두 가지 질문이 따라온다. 하나는 그래도 의사인데 임상에 대한 미련이 없느냐는 것, 다른 하나는 집안에서 반대가 없느냐는 것이다.

:: 프레시안에 실린 필자의 칼럼.

　　당면한 환자의 고통을 해결해 주고 때로는 그들의 생명을 살리는 일은 정말 보람 있고 실질적인 활동이다. 하지만 연구와 실천을 통해 제도를 바꾸고 수많은 사람의 삶을 조금씩 나아지게 만드는 것 또한 그 못지않게 보람이 크다. 세상에 임상 의사는 이미 많은데, 나 하나쯤은 다른 선택을 하는 것도 나쁘지 않다고 생각한다.

　　'집안의 반대'라면 아마도 임상 의사에 비해 사회적 인식이 낮고, 다른 임상 의사들에 비해 수입이 적다는 점 때문일 듯싶다. 하지만 어떤 과를 선택하든, 아직 한국 사회에서는 극히 예외적 경우가 아니라면 의사 면허증을 가지고 생계를 고민해야 할 정도의 빈곤에 처할 일은 없다. 다른 임상 의사들과의 '경제력' 비교에서 오는 상대적 박탈감 때문에 선택을 주저할 필요는 없다고 본다.

　　이건 꼭 예방의학에만 관련된 문제는 아니다. 오히려 본인이 무엇을 하고 싶은지 잘 모른다는 게 문제이지, 하고 싶은 게 있는데도 타인의 평판과 상대적 박탈감 때문에 머뭇거릴 필요는 없다. 자존감은 내면으로부터 나오는 것이지 외부로부터 주어지는 것이 아니다. 혹시라도 예방의학을 하고 싶은데 부모님의 반대 때문에 고민하는 사람이 있다면, 그 반대가 진정 부모님의 것인지 실은 자기 자신의 것인지 잘 생각해 보아야 한다. 그리고 더 나은 수입을 바라는 부모님의 뜻이 강력하다면 과감하게 불효를 권하겠다. 모든 사람이 부모님 말씀을 거역하지 않고 살아왔다면, 한국 사회는 아직도 일제나 군사독재정권 치하에 있었을지도 모른다. 어떤 부모가 자식이 위험한 독립운동이나 민주화운동에 투신하는 것을 원하겠는가. 만일 그랬다면 오늘날 많은 재능 있는 학생들이 조선인 혹은 여성이라는 이유로 다른 삶을 살고 있었을 것이다. 상상만으로도 끔찍하지 않은가? 우리의 자유는 시대를 앞서간 많은 '불효자'들의 희생에 기대고 있다는 점을 기억하자. 나이를 먹는다고 자동으로 성숙된 인격이나 지혜가 입력되는 것은 아니다. 자식이 잘되길 바라는 부모님의 마음은 이해하되 그들 또한 완전하지 않은 인간이라는 점을 인정하면 불효도 그다지 어렵지 않다. 심지어 예방의학은 독립운동이나 민주화운동에 비하면, 불효자 명함을 내밀기도 어려운 '사소한' 인생 결정이니까.

조금만 주위를 둘러보면 즐겁게 자신의 일을 하고 있는 예방의학 전공자들을 찾아볼 수 있다. 이들의 이념적 스펙트럼은 진보에서 보수까지 폭넓고, 관심 주제도 유전체 분석에서 의료보장 정책, 건강 불평등, 건강권과 국제 보건에 이르기까지 매우 다양하다. 하지만 모든 사람들이 더욱 건강하고 행복한 삶을 사는 데 기여하겠다는 지향 하나만은 모두 똑같다. 이러한 활동을 함께할 새로운 세대의 후배들을 만나고 싶다.

의학 드라마에는 왜 신경외과
의사가 단골로 등장하는가

| 한동로 |

1985년 영남대학교 의과대학을 졸업하고, 1990년 신경외과 전문의가 되었다. 대구경북 인도주의실천의사협
의회 공동대표를 역임했다. 27년 동안 신경외과 의사로 지내다 가족과 1년간 배낭여행을 다녀온 후 성요셉
요양병원 신경외과 과장으로 일하며 노인들을 돌보고 있다.

평소처럼 8시 30분경 집을 나선다. 시 외곽에 자리한 요양병원
으로 출근하는 시간은 직장인들이 어느 정도 지나가고 거리가 한산해
지기 시작할 무렵이다. 대구수목원을 지나 새롭게 단장한 자동차 전용
도로에 진입하면서 라디오를 켜면 교육방송에서 영어 방송이 흘러나오
는데, 오늘처럼 비가 오는 날이면 클래식 음악이 나오는 FM 방송 채널
로 주파수를 변경한다. 내리는 봄비에 갓 피어난 벚꽃잎들이 속절없이
떨어지고 있다. 비구름이 산허리를 두텁게 감싸고 검푸른빛이 온 산을
압도하는 가운데, 산모퉁이를 돌아가는 길 위로 떨어지는 꽃잎과 함께
조용히 음악이 흩어진다. 이렇게 봄비가 오는 날에는 병원이 아닌 곳으
로 목적 없는 길을 떠나고 싶다. 조용한 찻집에 앉아 뜨거운 커피를 마
시면서 하염없이 비를 쳐다보고 싶다.

하지만 병원에서는 많은 노인들이 나를 기다리고 있다. 의식 없이 누워 생의 마지막 날을 향해 가는 분들과, 의식은 있으나 인지 능력이 떨어져 일상생활이 어려운 분들이 외롭고 쓸쓸한 하루하루를 보내고 있다. 대한민국 의료 복지의 민낯을 보여 주는 곳이 바로 이곳 요양병원일 것이다. 자식과 이 사회를 위해 자기 한 몸을 아낌없이 바친 후 영광스러운 월계관은 아닐지라도 지금까지 살아온 집에서 자식과 함께 따뜻한 삶을 보장받아야 할 이들이 자본주의 사회의 '효용성 원칙'에 의해 용도가 폐기된 상태로 소외되고 격리된 채 서서히 삭아 가고 있다.

낙제할 뻔한 과목을 전공으로 택하다

나는 왜 의사가 되었을까? 초, 중, 고등학교를 다니면서 장래 희망이 '의사'인 적은 한 번도 없었다. 본고사라는 입시 제도가 있었던 시절 두 차례나 대입에 실패한 나는 엄청난 충격을 받았다. 꿈이 갑자기 사라지고 하루하루가 깜깜한 밤의 연속이었다. 마침 내가 나고 자란 도시에 새로 설립된 의과대학이 후기 신입생 모집을 시작했는데, 아버지의 권유로 시험을 치르고 입학하면서 비로소 의사의 길에 들어섰다.

아버지는 한국전쟁 당시 월남하셨다. 해방 후 북한에 공산 정권이 수립되면서 토지 정리가 실시되어 대대로 내려오던 토지를 다 몰수당했다고 한다. 이후 당신은 내게 늘 서울대학교 법대에 들어가 법관이 된 뒤 평양법원으로 가서 잃어버린 토지를 찾아야 한다고 하셨다. 어린 시절엔 이 말이 왜 그토록 싫었을까? 시험에 실패하고 골방에 가만히 박혀 있는 나에게 대학 입시 원서 제출 마지막 날에 조용히 이야길 하셨다. "지금까지 지켜봐 왔는데, 너는 어쩌면 법대보다는 의대가 어울 릴 것 같다. 평소 남에게 뭔가를 주길 좋아하는 네 모습이…." 그날 이 미 제출한 상과대학 원서를 취소하고 의과대학을 선택했다.

내가 의과대학을 다니던 1970년대 말에서 1980년대 초에는 세상이 무척 어수선하고 시끄러웠다. 부마 항쟁, 10·26 사태, 12·12 군사 반 란, 광주 민주화 항쟁 등 우리 현대사의 굵직한 사건들이 연이어 일어 났으며, 대학교 정문에는 장갑차와 중무장한 군인들이 서 있고 거의 매 일 민주화 시위가 벌어지는 상황이었다. 의예과 2년 중 거의 반은 휴교 기간이었다. 어떤 학기에는 한두 차례의 강의 후 시험도 없이 보고서 제출로 학점을 이수하기도 했다. 강의에는 거의 참석하질 않았고, 몇몇 친구들과 모여 술을 마시며 이런저런 시국 이야기를 하면서 세월을 보 냈다. 별다른 장기가 없었던 범생이 이 세상에서 할 수 있었던 일이라 곤 그냥 그렇게 시간을 죽이고 때때로 예민하게 흥분하고 그러다 맥없 이 혼자 우울해하며 허적하게 지내는 것이 전부였다.

본과에 진학하자 예과의 느슨한 분위기와 달리 팽팽한 긴장감이 돌 았다. 하지만 당시에는 임상 의사에 대한 막연한 느낌조차 없었다. 고 등학교 시절 꿈이 학생을 가르치는 선생님이었기에 무심중에 기초 과 목의 교수가 되고 싶었다. 하지만 언제부턴가 하고자 하는 일이 번번이 잘되질 않았다. 생화학을 전공하고 싶었지만 과에서 1등 하는 녀석이 하겠다고 나섰다. 차선으로 약리학을 선택하려 했지만 이번에도 먼저 하겠다는 녀석이 있어 포기했는데, 이 친구가 대학원 시험에 떨어지고 군대를 가 버려 약리학교실이 그해 인원을 충당하지 못하는 사태가 발 생했다. 하지만 이미 나도 시기를 놓친지라 어쩔 수 없이 임상 의사의 길을 갈 수밖에 없는 상황이 되었다.

본과 1학년 과목 중에 신경해부학이 있었다. 해부학, 생화학, 생리학 등 메이저 과목에 비해 학점도 3학점에 불과했지만, 의과대학 교육과정에서는 어떤 전공과목이든 하나라도 이수하지 못하면 1년을 낙제하게 된다. 이 신경해부학의 첫 시험이 오후 1시에 예정되어 있었는데, 담당 교수님이 예고 없이 당겨서 오전 10시 수업 시간에 실시했다. 불행하게도 나는 그 수업을 빼먹었고, 오후 1시에 교실에 가 보니 아무도 없었다. 교수님을 찾아가서 부당함을 이야기했으나, 당시 의과대학에서 교수의 권위라는 것은 지금과는 비교도 할 수 없을 만큼 엄청났다. 당연히 내 신경해부학 점수는 0점 처리되었다. 당시 시험이 너무 어려워 평균 점수가 40점 정도에 불과하자 교수님은 각자의 성적에 30점을 더해서 평균 70점으로 만들겠다고 했다. 물론 시험장에 나타나지 않았던 나는 그대로 0점이 되었다. 설령 학기말 시험에서 100점을 받아도 평균 50점으로 과목낙제에 해당될 테니, 1년 낙제가 기정사실이 되고 말았다.

　본과가 시작된 지 얼마 지나지도 않은 봄날에 이미 나는 가장 먼저 낙제가 확정된 학생으로 전락했다. 학교를 다닐 이유가 사라져 버렸다. 하지만 갈 데도 마땅히 없어 영혼 없는 학교생활만을 계속하던 어느 날, 신경해부학 교수님께서 중간 시험 30퍼센트, 학기말 시험 30퍼센트, 종합 시험 40퍼센트를 반영한 시험 성적으로 최종 학점을 결정하겠다고 하셨다. 그날부터 나는 신경해부학 책을 몽땅 외워 버렸다. 이 사건이 내가 신경외과를 전공하는 데 결정적인 계기가 되었던 것 아닐까 생각한다.

　이렇게 시작된 의과대학 생활에 점차 익숙해져 갔고, 이윽고 의사가 되고 신경외과 전문의가 되었다. 그동안 육체적으로, 정신적으로 힘들었던 시간도 많았지만, 한 번도 의사가 된 것을 후회한 적은 없었다. 사람의 생명을 돌보는 의사의 본질적인 역할을 수행하면서 내 능력에 비해 훨씬 좋은 대우를 받은 것 같다.

수련의의 충격과 아픔

병원에서 받는 인턴 수련은 산부인과에서 시작했다. 가장 먼저 간 곳은 산부인과 레지던트 선생으로부터 배당받은 환자가 있는 중환자실이었다. 25세 산모로 임신 중독증으로 입원 중이었다. 하지만 산모는 내가 보기에 호흡이 없었다. 임상 경험이 전혀 없었던 나는 간호사에게 환자가 이상하다고 이야기했고, 경험이 많았던 간호사는 산모를 보자마자 산부인과 의국으로 환자의 호흡이 없다고 보고했다. 즉시 레지던트 선생들이 몰려왔다. 하지만 아무런 조치도 취하지 않은 채 환자를 주시하기만 하다 치프 레지던트가 산모의 사망을 선언하자 레지던트 선생들은 모두 돌아가 버렸다. 의사로서 살펴본 첫 번째 환자가 이처럼 허망하게 죽다니 너무도 충격이었고, 레지던트의 행동을 도저히 이해할 수가 없었다. 환자의 생명을 이토록 가볍게 생각하다니. 나중에 내가 레지던트 수련을 해 보니 그 상황을 어느 정도는 이해할 수 있게 되었다. 아마 환자의 상태는 이미 의학적으로 더 이상 회복 가능성이 없었을 것이다. 그러나 당시에는 사람이 그리 쉽게 죽을 수 있고 그리 쉽게 생명을 포기한다는 것을 도저히 받아들일 수가 없었고, 이 사건은 오랫동안 내 기억에 남아 있었다.

신경외과 수련의는 참으로 힘든 과정을 걸어야 한다. 응급 환자가 많다 보니 의국에는 늘 긴장감이 돌고 작은 일에도 큰소리가 날 때가 많다. 다양한 일들이 발생하고 응급 상황이 잦다 보니 이런저런 에피소드도 많이 생긴다. 그래서 TV 의학 드라마의 주인공으로 신경외과 의사가 많이 등장하는 것 아닐까.

참 많은 환자들을 만나고 헤어졌지만, 지금도 가슴이 저리고 아픈 일이 있다. 귀여운 5세 아이가 뇌수두증(뇌실의 뇌척수액이 어떤 원인으로 증가하면서 뇌실이 커져 뇌를 압박하는 병)으로 입원하여 뇌실의 뇌척수액이 복강으로 흘러 나가게 연결하는(VP shunt) 수술을 시행했다. 수술 후 두통 및 구토 증상이 호전되어 퇴원할 예정이었으나, 다시 증세가 악화되었다. 뇌단층 촬영을 시행하니 뇌실의 크기가 전혀 줄어들지 않은 채였다. 우리는 뇌실과 복강을 연결한 관이 막힌 것으로 결론을 내고 재수술을 시행하기로 했다. 수술 당시 뇌척수액 검사에서 적은 수의 백혈구가 보였지만 모두 림프구여서 큰 걱정을 하지 않았는데 이것이 착각이었다. 두 번째 수술 당시의 뇌척수액은 육안으로도 투명하지 않았고 검사 백혈구 수가 많이 증가된 것으로 판정이 났다. 그래서 연결관을 제거할 수밖에 없었고, 뇌실과 외부를 바로 연결하는 수술(EVD: extraventricular drainage)을 시행하는 한편 뇌척수액 배양 검사를 실시하고 항생제를 투여했다. 하지만 호전될 기미가 없었고, 이제 고열이 나고 의식이 나빠지기 시작했다. 배양 검사에서는 아무것도 자라지 않았다.

그동안 수차례 위치를 바꾸어 EVD를 시행하지 않을 수 없었다. 그때마다 보호자에게 설명하기가 너무도 난처했다. 어느 날 밤 아이 아버지가 술을 마시고 의국을 찾아와 울면서 하소연을 했다. 왜 자기 자식이 이렇게 되어야 하느냐고, 당신들 도대체 뭐하는 사람이냐고, 소리를 지르며 울었다. 모든 항생제에 호전을 보이지 않자 혹시 진균성 감염이 아닌가 의심이 들었다. 그래서 뇌척수액을 인디아잉크(India-ink) 염색으로 검사하니 비로소 크립토코쿠스(cryptococcus) 감염이 확진되었다. 암포테리신을 투여했으나 결국 우리는 그 애를 살릴 수가 없었다.

그 후 한동안 그 아이 생각에 몹시 힘들었다. 수술실에 데리고 갈 때 아빠와 떨어지기 싫어 울던 아이에게 수술실에서 하나부터 열까지 세면 아빠에게 다시 간다고 이야기해 주었다. 그러면 아이가 울먹이는 소리로 숫자를 세기 시작하고, 마취과에서 혈관을 통해 수면 유도제를 주입하면 열을 세기 전에 잠이 들곤 했다. 다섯 살 어린아이의 머리에 EVD를 시행하는 것이 너무도 가슴 아팠지만 다른 대안이 없었다. 한자리에 며칠간 EVD 카테터를 두면 또 다른 감염의 우려가 있기에 일주일 간격으로 수차례 좌우를 번갈아 시행했다. 아이도 나중에는 또 수술실에 가야 함을 당연하게 생각했고, 그리 울지도 않았다. 이것이 우리를 더욱더 가슴 아프게 했다. 우리에게 오히려 수술을 아프지 않게 빨리 마쳐 아빠에게 되돌아오게 해 달라고 부탁했다. 어쩌면 그리도 아픈 아이들은 하나같이 천사처럼 한없이 맑고 깨끗한 모습을 하고 있는지….

신경외과에서는 어떤 일을 하는가

신경외과에서는 수련 기간 동안 정해진 범위 이상의 수술 경험을 요구한다. 뇌종양, 뇌혈관, 소아신경외과, 척추신경외과, 신경계 외상, 간질 및 이상운동 질환 등 다양한 분야의 수술을 익혀야 한다. 신경외과 수술은 시간이 매우 길고 고도의 집중력을 요구하는 경우가 대부분이다. 작은 수술 공간을 통해 정밀한 조작을 수행하는 과정은 강한 체력과 고도의 정신적 안정을 필요로 한다. 수술이 20시간이나 계속되는 경우도 있고, 밤새워 수술하고 났더니 아침에 또 새로운 환자의 수술이 기다리고 있는 경우도 허다하다.

하지만 수술만으로 모든 것이 해결되지 않는다. 신경외과 환자의 관리는 수술 후부터 시작된다고 봐야 한다. 수술 후 첫 몇 시간과 며칠은 수술에 따른 부작용이나 합병증이 나타나는 시기이기에 밀착 관찰 및 치료가 필요하므로 밤을 새워야 하는 경우도 부지기수다. 당연히 무척 긴장된 생활을 해야 하니 매우 민감해진다. 사소한 것에도 예상치 못한 반응을 보여 상대를 긴장하게 만들고 엉뚱한 해프닝을 일으키기도 한다.

신경외과의 분야들을 간단히 살펴보자. 신경외과는 중추신경계인 뇌와 척수, 말초신경계인 뇌신경, 척수신경에 생기는 여러 질환에 대해 주로 수술적 치료를 한다. 과학의 발전에 따른 진단 기술과 치료 장비의 발달로 매일같이 변하는 과목이라 할 수 있다. 또한 한 사람의 전문의가 모두 감당할 수 없을 만큼 여러 분야로 세분되어 있다.

- **뇌종양외과** 다양한 종류의 뇌종양을 진단하고 수술적 치료를 한다. 현미경을 이용한 미세 수술과 감마나이프 같은 방사선 수술을 한다.

- **뇌혈관외과** 뇌혈관이 막히는 뇌경색, 터지는 뇌출혈, 뇌동맥류, 뇌동정맥 기형을 약물로 치료하거나 혈관 내 수술과 미세 수술을 한다.

- **척추신경외과** 추간판 탈출(일명 디스크), 척추강 협착증, 그리고 다

양한 척수의 종양과 선천적 기형에 약물 치료와 수술적 처치를 시행한다.

● **간질 및 이상운동 질환** 약물에 반응하지 않는 중증 간질과 파킨슨병을 비롯한 다양한 이상운동 질환에 뇌심부 자극술이나 전기 자극 장비로 심부의 뇌를 파괴하는 치료를 한다.

● **신경 외상** 두부와 척추의 외상으로 발생하는 외상성 뇌출혈, 척추 골절 및 척수 손상 등의 질환으로 주로 응급실을 통해 내원하는 환자에게 수술적 치료를 시행한다.

● **소아신경외과** 신생아와 소아에게 발생하는 다양한 선천성 및 후천성 신경계 질환을 치료한다. 소아의 질환은 성인과 많이 다르다.

신경외과 전문의로 살아가기

나는 시골의 작은 병원에서 공중보건의로 3년을 일하면서 신경외과 전문의로서 환자를 대하기 시작했다. 이런 병원의 환경은 우리가 수련 받은 대학병원과 너무도 달랐다. 환자들 역시 대도시의 환자와 달리 참으로 순박한 분들이 많았다. 이제 막 전문의를 시작한 신참 의사는 모든 것을 해낼 수 있을 듯한 환상에 빠지기도 한다. 하지만 막상 환자를 대해 보면 환자는 절대 교과서대로 아픈 법이 없다. 그들이 불편함을 호소하는 방법도 우리에게 익숙하지 않았다.

뇌경색과 고혈압 치료를 받던 노인이 있었다. 나는 그분에게 한 달 단위로 처방을 해 드렸다. 하지만 이분은 늘 보름 이상 늦게 병원에 오곤 했다. 1종 의료보호 환자였기에 진료비가 전혀 들지 않는 분이어서 화가 났다. "왜 날짜에 맞추어 오지 않으시죠? 돈이 드는 일도 아닌데." 당시 본인의 수입이 거의 없는 할아버지에게 군청에서는 한 달에 버스표 6장을 무료로 주었다. 그런데 할아버지 집에서 병원까지 오려면 버스를 한 번 갈아타야 했다. 병원 한 번 오가는 데에 버스표 4장을 사용해야 하지만, 다른 일로 버스 탈 일이 생기면 병원에 올 수가 없다고 했다. 갑자기 망치로 머리를 맞은 듯 멍해졌다. 1990년대에 백 원 남짓한 버스표가 없어서 병원에 오지 못하는 사람이 있다는 사실을 도무지 이해할 수가 없었다.

이후 나는 그분에게 병원에 올 때마다 버스비를 따로 드렸고, 그때부터는 늘 정확하게 병원을 방문하셨다. 하루는 신문지 여러 겹으로 싼 물건을 내게 주고 돌아가셨다. 그 포장 안에는 담배가 한 갑 들어 있었다. 버스비가 없어서 병원을 올 수 없었던 분에게는 담배 한 갑조차도 엄청난 부담이었을 것이다. 그토록 정성 들여 포장해 온 담배를 받고서 가슴이 찡해 왔다.

그러고 나서 10년간 국립병원에서 신경외과 전문의로 일했고, 이후 다시 10년간 개인병원에서 신경외과 봉직의로 근무했다. 국립병원 생활은 공중보건의를 마치고 진정한 신경외과 의사로서 첫발을 내딛는 일이어서 내게는 큰 의미가 있었다. 처음이란 누구에게든 매우 중요하지 않을까? 나 역시 처음이 주는 긴장감과 새로움이 선사하는 청량감을 안고서 설레고 즐거운 마음으로 병원 생활을 시작했다.

하지만 국립병원의 관료적 분위기와 과다한 진단서 발급 등 진료

외적인 문제들로 피곤해지기 시작했다. 그 와중에 '의약분업'이라는 큰 사건이 발생하면서 응급실 인턴 선생들이 파업을 했고, 할 수 없이 각 과가 돌아가며 응급실 야간 당직을 섰다. 당시 응급실장을 맡고 있던 나는 응급실 운영으로 인한 스트레스가 극에 달하는 가운데, 함께 근무하던 신경외과 동료가 장기 해외 연수를 떠나면서 업무가 더욱 가중되어 심신이 힘들어졌다. 설상가상으로 병원 동료들 간의 불협화음까지 겹쳐 견딜 수 없는 지경에 이르자, 나는 결국 사직하고 개인병원으로 전직하게 되었다.

사립병원의 분위기는 의사 친화적이어서 생활이 훨씬 활기차고 즐거웠다. 하지만 10여 년을 근무하다 보니, 수입에 민감한 병원의 생활 역시 쉬운 것만은 아니었다. 소신껏 환자를 대하면서 치료하기가 어려웠다. 세상 일이 내 뜻대로만 흘러갈 리는 없지 않은가. 신경외과의 특징인 응급 환자가 많다는 것에 따른 스트레스, 환자가 원하는 치료와 의사인 내가 해야 하는 치료 사이의 괴리로 인한 혼란, 수술 후 환자의 상태가 좋아지지 않을 때 드는 죄책감, 큰 변화 없이 되풀이되는 하루 일과에서 비롯되는 권태감 등으로 견디기 힘든 시간을 보내면서 다시 용기를 내야 했다. 사직서를 내기 전 1년간은 아침에 일어나 병원으로 출근하기가 너무도 힘들었고, 이런 나날은 나뿐만 아니라 환자를 위해서도 멈추어야 했다.

20년간의 신경외과 봉직의 생활을 마치던 날은 추위와 함께 겨울이 시작되고 있었다. 마지막으로 병원 문을 나서면서 뒤를 돌아 올려다보니 환하게 불이 켜진 7층 건물이 눈에 들어왔다. "이제 정말 마지막이구나." 전철역을 향해 돌아서는 그 잠깐 사이, 지난 시간이 순식간에 스쳐 지나갔다. 가슴 한쪽 깊은 곳에서 찡한 슬픔이 밀려왔고, 잠시 후

"후련하네"라는 말이 저절로 나왔다.

네팔에서 봉사하며 영혼의 때를 벗기다

지난 세월 동안 '나'만 힘들고 어려웠던 것은 아니다. 아내와 아이들 모두 지쳐 있었다. 여자 개업의로, 까칠한 남편의 아내로, 세 아들의 엄마로 일인 다역을 했던 아내 역시 힘들었고, 아이들도 우리나라의 비인격적이고 무한 경쟁적인 교육 제도에 시달려 왔다. 우리는 모든 것을 내려놓고 1년간 세계 일주 배낭여행을 하기로 결정했다.

여행을 떠나기 전 나는 먼저 네팔 체플룽에 있는 '토토하얀병원'에 2주간 의료 지원을 다녀오기로 했다. 가족이 함께 가기로 했지만 일정이 맞지 않아 혼자 방문했다. 토토하얀병원은 부산에서 결식노인 무료 급식소를 운영하는 '아름다운 사람들'이라는 단체의 대표인 권경업 선생의 노력과 많은 주변 분들의 도움으로 설립된 곳으로, 에베레스트 등

:: 네팔 체플룽의 토토하얀병원에서 현지 진료(좌), 동대구역에서 대경 인의협 노숙인 진료 사업에 참여(우)했던 필자의 모습.

반을 하려면 반드시 지나가야 하는 길목인 해발 2800미터의 오지에 자리하고 있다. 네팔 현지인과 한국인은 무료로 진료하고, 그 외 국가(대체로 부유한 서구 국가들)의 환자에게는 이 병원을 설명해 주면서 진료비 형식의 기부를 받았다.

배낭여행 일정에 포함된 남미의 우유니 사막, 쿠스코 등이 해발 4000미터 지역이기에, 기회가 되면 남체 지역이나 에베레스트 뷰 호텔까지 트레킹을 하면서 '고산증' 대비를 하고 싶었다. 마침 이번 네팔 의료 지원 기간에 부산약사회 등산팀이 에베레스트 트레킹을 오면서 병원에 필요한 응급약과 상비약을 많이 준비해 왔다. 에베레스트 등정 경험이 풍부한 약사회 원로 남기탁 선생께 함께 가게 해 달라고 부탁하니 흔쾌히 승낙해 주셨다. 아무런 등반 준비를 하지 못한 나에게 남기탁 선생과 권경업 선생이 장갑, 모자, 배낭 등을 지원해 주셨고, 특히 남 선생은 현지에서 직접 대나무로 스틱을 만들어 주셨다.

그렇게 씩씩하게 따라 나선 트레킹 첫날에는 모두 큰 문제 없이 잘 걸었다. 하지만 다음 날부터 한두 명이 고산병 증세를 보여, 일행과 떨어져 하루 동안 적응한 후 남체에서 다시 만나기로 했다. 나 역시 남체를 앞둔 4000미터 지점에서 심한 두통과 오심이 동반된 고산병 증세를 느꼈다. 남체로 들어가는 마지막 계단은 도저히 걸어갈 수가 없어서, 함께 가던 셰르파들이 내 배낭을 대신 들어 주었다. 먼저 도착했던 약사회의 임현숙, 조명재 선생의 도움으로 상태가 어느 정도 호전되어 저녁을 먹고 일찍 잠자리에 들었으나, 그날 밤은 계속되는 두통으로 잠을 잘 수가 없었다. 거의 뜬눈으로 밤을 새우고 다음 날 겨우 일어나 아침을 먹고, 컨디션 조절을 위해 더 높은 고도로 트레킹하지 않고 주변만 돌아보기로 했다. 천근만근이었던 몸이 서서히 회복되었다. 에베레스트 뷰 호텔에서 바라보았던 에베레스트의 영봉을 잊을 수가 없다.

다음 날 약사회 등반팀은 에베레스트 베이스캠프로 출발했고, 나는 병원 일 때문에 혼자 돌아가기로 했다. 나흘을 걸어 올라온 길을 한나절 만에 뛰어 내려갔다. 고산에 적응되니 몸이 가벼웠다. 물과 나무가 귀한 오지에서 물 한 동이를 데워서 닷새 동안 한 번도 씻지 못한 몸을 깨끗이 씻었다. 씻은 물로 다시 빨래도 했다. 한국에서는 엄두도 못 낼 적은 물로 목욕도 하고 빨래까지 한 것이다.

다음 날부터 현지인을 진료하기 시작했다. 한국에서 오랫동안 외국인 근로자로 일했던 산티의 통역을 받아 오지에서 찾아오는 사람들을 치료했다. 병원까지 12시간을 걸어온 이도 있었다. 이 지역의 가장 큰 문제는 기본적인 생활을 위한 인프라가 너무도 부족하다는 것이다. 전기, 물, 땔감용 나무 등 모든 것이 부족하다. 치아 위생도 위험한 수준을 넘어선 상태였다.

하루는 젊은 아낙이 아기를 안고 병원을 찾아왔다. 아이의 피부에 심한 염증이 생겨 있었고 온몸이 때로 절어 있었다. 한눈에도 피부 청결에 문제가 있음을 알 수 있었다. 깨끗이 씻기는 것이 중요하다고 아기 엄마에게 설명하자, 자기는 자주 씻기는 편이라고 했다. 얼마나 자주 씻기느냐고 물으니 일주일에 한 번이라고 이야기했다. 가슴이 아팠다. 이곳은 물이 귀하고, 하물며 아기를 씻기기 위한 따뜻한 물은 남의 나라 이야기일 수밖에 없다.

현지에 머무는 동안 이곳 사람들의 '설날'을 맞았다. 그날 하루는 온 마을 주민들의 초대를 받아 아침부터 밤늦게까지 푸짐한 음식과 술을 대접받았다. 풍족하지 않지만 정성껏 준비한 전통 음식을 아낌없이 나누어 주는 그들의 심성은 늦은 밤에 술에 취해 올려다본 하늘의 빛나는 은하수만큼이나 깊고 아름다웠다. 늘 대가를 받는 진료에 익숙했던 한국에서는 느껴 보지 못한, '부족함'이 영혼을 풍성하게 하는 또 다른 세계를 만났다. 세상에 찌든 나의 영혼이 그들로 말미암아 조금은 맑아지고 있음을 느꼈다.

귀한 휴식을 얻어 나와 가족의 삶을 치유하다

가족이 다 함께 배낭여행을 떠나기로 했지만, 결정하는 과정이 순탄치만은 않았다. 의견이 쉽게 일치한 아내와 달리 막내가 끝까지 심하게 반대했던 것이다. 우여곡절 끝에 결국 함께 가기로 하여 여행 스케줄을 짜기 시작했다. 우선 원월드 세계 일주 항공권을 구입하고, 아프리카의 남아프리카공화국을 첫 번째 여행지로 정했다. '트러킹(trucking)'으로 요하네스버그에서 짐바브웨, 보츠와나, 잠비아, 말라위, 탄자니아를 거쳐 케냐의 나이로비로 간 다음, 유럽, 북미, 중남미를 돌아 마지막으로 뉴질랜드에서 여정을 끝내기로 했다. 대륙 간 이동의 거점에서 묵을 숙소는 한국에서 미리 예약해 놓고 나머지는 상황에 맞추어 다니기로 했다.

아프리카의 대자연과 순박한 현지인들을 만나는 한편, 푸른 하늘과 흰 구름 그리고 남쪽 밤하늘의 수많은 별들을 원 없이 볼 수 있었다. 초원의 동물들, 그리고 그 속에서 함께 살아가는 원주민들의 평화로움을 느낄 수 있었다.

유럽에서의 4개월은 역사의 흔적을 따라가고 미술관을 관람하는 것을 주된 계획으로 삼았다. 40여 곳의 미술관에서 우리는 유럽의 문화를 한껏 만끽했다. 모든 국가가 기독교 문화여서 단조롭다는 것이 조금 아

:: 세계 일주 배낭여행 중 에스토니아 탈린에서 가족들과 2인용 자전거를 빌려 도시를 둘러보는 모습.

쉽긴 했다. 물론 동유럽에서는 그리스 정교나 이슬람과 공존하기도 하고 서로 전쟁을 치르기도 했던 현장을 보고 종교가 극단으로 치달은 결과는 평화가 아닌 전쟁과 살육이었음을 확인할 수 있었다. 전쟁의 역사 속에는 항상 극단적인 지도자가 있었음을 목도했고, 그러면서 우리의 역사를 다시 한 번 되돌아보게 되었다. 전체적으로 유럽은 자유로운 가운데 질서가 잘 확보되어 있다는 것이 인상적이었다.

북미에 가서는 잠시 뉴욕에서 현대미술관과 그라운드 제로를 방문했고, 조카가 사는 시애틀에 들러 오랜만에 조카 가족과 함께 알래스카에서 연어 낚시를 즐기면서 6개월의 여행에 지친 심신을 치유했다. 그렇게 재충전한 다음 중남미로 건너갔다. 우선 중남미 여정을 위해 과테말라의 안티과에서 모든 가족이 스페인어 학교에 들어갔다. 6주간 학교를 다니면서 다른 일은 일절 하지 않고 그저 공부하고 놀고 먹으며 지냈다. 하루 일과를 마칠 즈음에는 함께 시장을 보러 가서 각자 먹고 싶은 것을 사 가지고 돌아와 식사를 했다. 아내는 음식을 준비하면서 이렇게 즐거웠던 적이 없다고 했다. 가족이란 함께 밥을 먹는 '식구(食口)'임을 새삼 느꼈다. 행복한 시간이었다.

스페인어로 중무장한 후 쿠바로 출발하여 습득한 언어를 실전에 적용하며 지구상의 몇 안 되는 공산 국가를 경험했다. 가난이 묻어 있음에도 늘 웃고 노래하고 춤추는 이들을 어떻게 이해해야 될까? 남미의 잉카, 마야, 아즈텍 문명, 광대한 자연, 사람들의 순수한 심성을 겪으면서 경쟁에 찌든 우리의 마음도 조금씩 위안을 얻었다. 마지막으로 완벽하리만치 깨끗한 자연을 가진 뉴질랜드에서 밀퍼드 사운드 트레킹을 끝으로 배낭여행을 마치고 돌아왔다.

요양병원의 현실은 우리 사회의 민낯

이제 일상으로 돌아온 지 3년이 되었다. 우리 가족 모두에게 많은 변화가 생겼다. 물론 눈에 보이는 물리적 변화보다는 마음으로 느껴지는 화학적 변화를 말한다. 삶을 되돌아볼 수 있었던 기회는 우리를 성숙하게 만들었다. 경쟁보다는 협동을 먼저 생각하고, 어려운 일이 생기면 갈등보다는 대화를 통한 해결을 추구하며, 자기의 이익보다는 작게나마 남을 생각하는 삶을 살아가고자 노력하고 있다. 무엇보다도 아이들이 삶의 목표를 찾아가고 있는 모습이 눈에 띈다. 우리가 평소 염두에 두는 교육의 지향점은 '독립'으로, 스스로 설 수 있게 도와주는 것이 우리의 역할이라고 생각한다. 예전에 무엇을 하고 싶으냐고 물으면 아이들의 대답은 대개 "모르겠어요"였지만, 이제는 자신의 이야기를 하며 실천으로 옮기고 있다.

아내는 예전의 개업의 자리로 돌아갔고, 나는 경북의 작은 도시에서 다시 신경외과 의사로 1년간 근무했다. 그곳은 수술이 전혀 없는 병원이었다. 시골의 의사는 여러 가지를 할 수 있어야 하므로, 내게는 새로운 것을 배우는 기회가 되었다. 특히 치매 검진이라든가 요양원에서 오는 분들의 치료를 하는 경우가 많았고, 그러면서 일찍이 관심이 없었던 치매, 노인성 질환에 흥미를 느꼈다. 관련 학회를 다니고, 같이 근무하는 후배에게서 고혈압, 당뇨, 고지혈증 등 노인에게 흔한 질환을 배웠다. 이곳은 새로운 분야에 대한 열정을 내게 제공해 주었다. 하지만 신경외과 환자가 너무 적어 긴 근무 시간이 무료해지기 시작했다. 결국 1년 만에 다시 가족이 있는 곳으로 돌아와 새로운 요양병원에 근무하기 시작했다. 그간 우리는 주말부부로 살았는데, 처음 한두 달은 견딜 수 있었지만 점점 떨어져 지내기가 힘들어졌다. 물론 그만큼 서로 애틋한 감정이 생기기는 했으나, 장점보다는 단점이 훨씬 많은 생활이었다. 그래도 이곳에서의 1년은 어쩌면 내 삶에 가장 큰 변화를 가져왔을지도 모른다. 이 병원에서 치매 환자와 노인들을 만난 경험은 노인병, 아니 노인의 생에 대한 고민을 새롭게 시작하는 계기가 되었다.

평소 나는 요양병원을 나이 든 의사들이 은퇴 후 소일하러 가는 병원 정도로 생각했다. 하지만 전적으로 틀린 생각이었다. 요양병원은 우리나라 복지의 민낯이자, 우리 사회의 모순을 드러내는 현장 그 자체다. 이곳은 복지의 장소가 아니라 소외와 격리의 장소이며, 노인의 보금자리가 아니라 죽음을 기다리는 문턱이다. 더욱이 이곳은 못 본 척 지나칠 수 있는 장소가 아니다. 살아 있는 우리 모두의 마지막 정거장이 될 가능성이 크기 때문이다. 물론 소수의 부유층은 예외로 이곳에 오지 않을 것이다. 그래서 더욱더 차별과 소외의 장소인 것이다.

어느 날 70대 할머니를 두 딸이 병원에 데리고 왔다. 심한 망상으로 남편에게 욕을 하는 통에 함께 지낼 수가 없어서 입원시킨 것이다. 입원 후 처음에는 오로지 할아버지 욕만 입에 달고 살았다. 그러나 몇 달이 지나면서 할아버지에 대한 분노가 줄어들고 자식들 이야기를 많이 했다. 시집와서 몇 해가 지나 할아버지가 탄광에서 일하다가 다쳐 직업을 잃어버리자, 할머니는 대신 탄광에서 수십 년을 일하며 자식 넷을 키워 결혼시켰다. 그런데 어느 날 막내가 교통사고로 숨지고 말았다. 할머니는 온 세상을 잃어버린 듯이 슬퍼했다. 세월이 지나 어느덧 힘없는 노인이 되어 버린 할머니는 모든 것이 할아버지 때문에 잘못됐다고 생각한다. 자식들이 보기에도 딱하지만, 결국 할머니는 가족의 뜻에 따라 자신이 일구어 놓은 가정에서 소외되어 버렸다. 심성이 착한 할머니는 입원해서도 늘 자식들 걱정이다.

왜 이들은 함께 살아갈 수 없을까? 무한 경쟁의 산업화 사회에서 핵가족화가 이루어졌고, 이런 가정에서 가족 간의 갈등은 쉽게 치유되지 않는다. 누구도 함께 손잡고 가려 하지 않는 것이다. 하지만 이것은 가족의 문제가 아니라 사회의 문제라고 생각한다. 삶의 패러다임이 바뀌지 않으면, 복지를 바라보는 사회의 관점이 변화하지 않으면, 우리가 바꾸려고 노력하지 않으면, 분명 우리 대다수도 이렇게 소외되고 격리된 채 생을 마칠 수밖에 없을 것이다.

오늘 하루도 무겁게 내리는 봄비 속에서 밝은 표정을 지으며 그들을 만나러 간다. 그들의 세계로 통하는 길을 찾아간다. 찾기 쉽지는 않지만, 노력하면 희미하게나마 그 길이 보이기 시작한다. 봄비가 그치고 가을 단풍이 들고, 그렇게 세월이 흐르다 보면 언젠가는 나를 찾아가는 길이 되겠지. 삶이란 이래서 소풍인가 보다.

귀, 코, 목을 사수하라, 오공수사대!

| 김동은 |

2001년 계명대학교 의과대학을 졸업하고, 2012년 경북대학교 의학전문대학원에서 의학박사 학위를 취득했다. 2003~2007년 계명대학교 동산병원 이비인후과에서 전공의 수련을 받았고, 2007년 이비인후과 전문의 자격을 취득했다. 현재 대구경북 인도주의실천의사협의회 기획 및 진료사업 국장, 경산이주노동자센터 무료진료소 소장, 새터민 자녀들을 위한 '발개돌이 공부방' 운영위원장을 맡고 있으며 계명대학교 의과대학 이비인후과학교실 부교수로 근무하고 있다.

이비누과? 이비인후과?

"혹시 의사예요?"

아침 회진을 마치고 외래 진료실로 향하던 나를 막아선 대여섯 명의 꼬맹이들이 던진 질문이다. 대구에서는 오지라 할 수 있는 팔공산 아래 한 초등학교에서 현장 체험학습을 온 2학년 학생들이었다.

"그래, 의사 선생님 맞아요."

"그럼 선생님은 누구 치료해요?"

"선생님은 이비인후과 의사라서 귀, 코, 목이 아픈 사람들을 치료한단다."

"아~ 그렇구나."

:: 캄보디아에서 귀 앞 선천성 낭종을 가진 아이를 치료한 후 찍은 사진.

고개를 끄덕이던 한 녀석이 손바닥만 한 메모장에 무엇인가 큼직하
게 쓴다. '이비누과.'

진료실에 어르신 한 분이 들어오신다. "어디가 편찮으세요?" 하고
여쭈니 쭈뼛쭈뼛하시며 "저, 그러니까. 그게…" 하며 말끝을 흐리신다.
"편안하게 말씀해 보세요. 괜찮습니다"라고 말씀드리니 "그게 그러니
까, 요즘 들어 소변 줄기도 약해지고" 하시며 얼굴을 붉히신다. 내 머릿
속 진단은 이미 내려졌다. "어르신, 비뇨기과는 6층입니다. 여기는 귀,
코, 목이 아픈 환자를 보는 이비인후과입니다."

'이비인후과(耳鼻咽喉科)'는 이름부터 길고 어렵다. 영문 이름은
'Otorhinolaryngology/Head and Neck Surgery'로 더 길다. 1분, 1
초가 급한 병원에서 매번 이렇게 과의 이름을 부르다가는 환자도, 의사
도 숨이 넘어갈지 모른다. 그래서 병원에서는 짧게 'ENT(이엔티)'라
부른다. Ear(귀), Nose(코), Throat(목)의 첫 글자만 딴 이름이다. 얼

마나 간편하고 좋은가? 필자의 일관된 주장이지만, 이제 '이비인후과'라는 이름도 '귀코목과'로 바꾸면 어떨까?

귀 둘, 코 둘, 목구멍 하나, 오공(五孔) 수사대

의사들 사이에서 이비인후과 의사들은 '오공 수사대'로 불린다. 암울했던 80년대 '5공화국' 비리를 파헤친 수사대가 아니다. 이비인후과 의사들이 귀 둘, 코 둘, 목구멍 하나, 이렇게 다섯 개의 작은 구멍을 통해 각종 병을 찾아낸다고 붙은 애칭이다. 많은 사람들은 이비인후과가 감기를 치료하는 과로 알고 있지만 '오공 수사대'에 맡겨진 임무는 막중하다. 귀, 코, 목의 각종 질환을 정확하게 진단한 후 치유하는 것이 이비인후과 의사의 역할이다. 인간의 오감(五感) 중 청각, 후각, 미각을 지켜 주는 역할도 빼놓을 수 없다. 이런 이비인후과 안에도 많은 세부 전공이 있지만 크게 보면 귀를 치료하는 '이과(耳科, Otology)', 코를 맡은 '비과(鼻科, Rhinology)', 그리고 목 안팎을 보는 '두경부외과(頭頸部外科, Head & Neck surgery)'로 나눌 수 있다.

희망의 소리를 돌려주는 '귀한' 이과

태어날 때부터 선천성 난청으로 엄마의 목소리조차 듣지 못하는 어린이들이 있다. 이들에게 '희망의 소리'를 돌려주기 위해 이비인후과에서는 '인공와우이식수술(cochlear implant)'을 시행한다. 달팽이관 내에 전극을 삽입해 말소리를 전기 자극으로 바꾸어 소리를 들을 수 있게 해 주는 것이다. 중이염, 난청, 어지럼증 등도 이비인후과 이과에서 치료한다. 이비인후과 의사들은 귀를 전공한 선생님을 '귀(耳)한 분'이라고 부른다. 잃어버린 소리를 되찾아 주는 소중한 일을 하고 있으니 정말 귀한 분들이 아닐 수 없다.

내 몸의 '파수꾼'을 지켜 주는 비과

콧물이나 코막힘 증상으로 병원에 오신 환자에게 콧속을 영상으로 보여 드리면 대부분 고개를 돌린다.

"아휴, 지저분해."

"지저분하다니요. 얼마나 고마운 콧물인데요."

코〔鼻〕는 정말 소중한 기관이다. 세균 등 외부 이물질의 침입을 막아 주는 파수꾼이자 폐에 도달하는 공기의 온도와 습도를 조절하는 정밀한 공조기(空調機)라 할 수 있다. 축농증과 알레르기 비염 등 코에 발생하는 각종 질환의 치료는 이비인후과 비과의 몫이다. 아울러 우리의 단잠을 방해하는 코골이, 수면 무호흡증의 진단과 치료도 이비인후과에서 이루어진다. 그리고 우리의 행복한 삶을 위해 꼭 필요한 후각과 미각을 지켜 주는 역할도 이비인후과의 몫이다.

힘들지만 보람 넘치는 두경부외과

목 안팎이나 후두, 갑상선 등에 발생하는 각종 질환을 수술하고 치료하는 일은 이비인후과 두경부 영역에서 맡고 있다. 얼굴과 목에는 중요한 구조물이 많아 수술 시 접근이 쉽지 않고, 수술 시간도 상대적으로 길다. 그래서 두경부외과는 이비인후과 안에서 '3D 영역'으로 불리기도 한다. 힘든 만큼 환자를 완치했을 때 느끼는 보람 또한 크다. 최근 들어 음성에 대한 관심이 높아지고 있는데, 음성과 관련된 각종 질환의 진단과 치료도 이비인후과 두경부 영역에서 맡고 있다.

　　이비인후과는 약물 치료와 같은 내과적 특성과 수술과 같은 외과적 특성이 조화를 이루고 있다. 그렇다 보니 이비인후과 의사의 진로 또한 다양하다. 먼저 동네에서 이비인후과 의원을 개원하여 지역주민들에게 인술을 베풀 수 있는데 국민 건강을 최일선에서 지켜 주는 가장 소중한 역할이라 할 수 있다. 또 하나의 길은 대학병원 같은 큰 병원에서 이비인후과 의사의 길을 걷는 것인데, 1, 2차 병원에서 의뢰된 환자들을 주로 수술을 통해 치료한다. 아울러 의과대학 학생들과 전공의를 교육하며 본인이 관심 있는 분야를 더욱 세부적으로 연구한다. 마지막으로 기초 연구자의 길을 걸을 수도 있다. 이비인후과 영역에는 선천성 난청, 알레르기 비염, 후각과 미각의 기전 등 대한민국 첫 번째 '노벨 생리의학상'의 영예를 안겨 줄 수 있는 많은 연구 주제가 놓여 있다.

'헤드 미러'가 심어 준 의사의 꿈

　　"커서 뭐가 되고 싶어?" 어릴 적 자주 듣던 어른들의 질문에 대한 필자의 대답은 단 하나였다. "의사 선생님이요."

　　왜 그랬을까? 아마도 어릴 적 자주 봤던 동네 의사 선생님의 영향이 컸던 것 같다. 나는 비염, 편도염, 중이염 등을 어릴 때부터 달고 살아 동네 이비인후과의 단골손님이었다. 병원에 갈 때마다 마음이 넉넉한 의사 선생님도 멋져 보였지만 머리에 쓰고 있는 '헤드 미러(head mirror)'가 더 신기하고 멋있어 보였다.

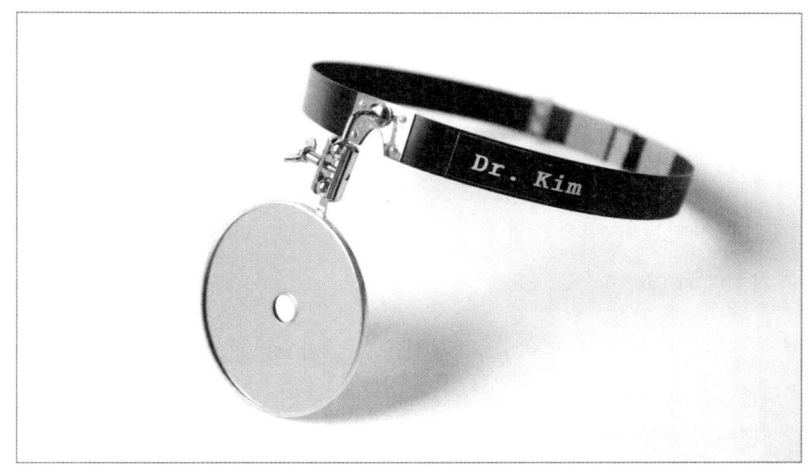

:: 나를 사로잡았던 이비인후과 의사의 헤드 미러.

'저걸 쓰면 어떻게 귓속, 콧속이 다 보이는 걸까?'

예나 지금이나 아이들이 도화지에 의사를 그릴 때면 꼭 빠뜨리지 않는 것 역시 헤드 미러다. 이처럼 헤드 미러는 모든 의사의 상징이 되었지만, 사실은 이비인후과에서만 쓴다. 어두운 귓구멍, 콧구멍, 목구멍에 빛을 반사해 밝게 들여다보기 위해 만들어졌다. 머리로 빛을 조정하니 양손을 환자 치료에 쓸 수 있는 장점이 있는데, 빛을 제대로 맞추는 데는 고도의 기술(?)이 필요하다. 전공의 1년 차 시절, 헤드 미러를 쓰고 수술을 앞둔 환자의 코털을 깎는 첫 미션을 수행하면서 진땀을 흘렸던 기억이 난다.

하루는 급한 약속이 있어 진료를 마치자마자 병원 앞 버스정류장으로 달렸는데, 사람들이 나를 보고 웃는 게 아닌가. 이유를 알 수 없었다. 그때 낯익은 간호사가 다가와 내 귀에 속삭였다. "왕진 가시나 봐요? 머리에 헤드 미러까지 쓰시고." 나는 얼굴을 붉히며 그 '장비'를 급히 가방에 집어넣었다. 이처럼 헤드 미러는 이비인후과 의사의 분신과 같았다.

어린 시절 내게 이비인후과 의사의 꿈을 심어 주었던 헤드 미러는 이제는 이비인후과 진료실에서 찾아보기 어렵다. 훨씬 밝은 빛을 비추는 헤드라이트와 내시경에 그 자리를 내어 주고 박물관행을 기다리고 있기 때문이다.

편도 수술과 아이스크림

학창 시절 대학병원에서 편도염 수술과 중이염 수술을 받았다. 그때의 경험 역시 내가 이비인후과를 선택하는 데 적지 않은 영향을 미쳤다.

편도 절제술을 앞두고 수술 동의서를 받던 주치의 선생님은 무표정한 얼굴로 이렇게 말했다. "마취 합병증으로 못 깨어날 수 있습니다." 유난히 겁이 많았던 나의 얼어 버린 표정을 본 선생님은 "수술이 끝나면 출혈을 막기 위해 아이스크림을 많이 먹어야 해요"라며 뒤늦게 웃어 주었지만 늦은 감이 있었다. 수술 후 나는 선생님 말씀대로 아이스크림을 정말 열심히 먹었다. 병원 매점에서 미리 사 놓은 퍼 먹는 아이스크림의 대명사 '투게더'를 먹고 있었는데, 어머니께서는 평소 내가 졸라도 비싸다고 잘 안 사 주시던 당시 최고급(?) 아이스크림 '본젤라또'를 사 오셨다. 바닐라와 딸기 맛으로 두 통씩이나. 바닐라 향과 달콤한 맛에 취해 목이 아픈 줄도 몰랐다. 그런데 갑자기 오지랖이 발동해 그동안 친절하게 대해 준 병동 간호사 누나들이 생각났다. 그래서 어머니 몰래 딸기맛 아이스크림 한 통을 병동 간호사실에 살짝 놓고 왔다.

그래서였을까? 문제가 생겼다. 퇴원 하루 전 수술 부위에서 출혈이 생긴 것이다. '혹시 아이스크림을 한 통만 먹었기 때문일까?' 별의별 생각이 다 들었다. 집도하신 교수님은 마취도 하지 않은 채 외래진료실에서 목 안의 혈종을 제거하셨다. 너무 아파서 참기가 힘들었다. 더 힘들었던 것은 교수님이 주치의 선생님을 심하게 야단치시는 그 상황이었다. 주치의 선생님께 너무 미안한 마음이 들어 아파도 꾹 참을 수밖에 없었다. 며칠 늦어진 퇴원을 하며 고생한 주치의 선생님께 예쁜 원숭이 인형을 선물했다. 이제는 쉰이 훨씬 넘으신 선생님은 과연 그때 일을 기억하실까? 어느덧 나도 이비인후과 의사가 되어 편도 절제술을 한다. 수술 후 회진을 돌 때면 병실에서 아이들에게 이렇게 말한다. "아이스크림 많이 먹어야 해. 절대 다른 사람 주면 안 돼. 알았지?"

전공의 시절, 주머니엔 늘 '무기'가 있었다

'삐리리리~' 호출기(삐삐)가 요란한 소리를 냈다. 시계를 보니 늘 잠이 부족한 전공의 1년 차 사이에 '마(魔)의 시간대'로 통하는 새벽 2시에서 6시 사이의 한복판, 새벽 4시였다. 삐삐에 찍힌 번호는 15년이 지난 지금도, 아니 평생 잊지 못할 번호 '7167', 응급실이었다. "ENT 콜 하신 분요?"

"네. 응급실 인턴 ○○○입니다. 20세 여자 환자분이 귀가 아파서 난리가 났습니다."

"난리가 났다고?"

'육하원칙'은 고사하고 주된 증상(chief complaint)도 말하지 않는 인턴 선생의 보고가 귀에 매우 거슬렸지만, 잔소리는 뒤로 미룰 수밖에 없었다. 수화기 저편에서 들려오는 환자의 비명이 심상치 않았기 때문이다. 급히 응급실로 달려가 보니 환자는 한쪽 귀를 부여잡은 채 매우 고통스러워하고 있었다. '급성중이염이나 외이도염이 제대로(?) 오셨나 보다'라고 쉽게 생각하며 귓속을 보는 이경(otoscope)을 외이도에 넣고 살펴보다 깜짝 놀랐다. 정체불명의 검은 물체가 귓구멍을 막고 있었고, 작은 움직임이 보였다. 자세히 보니 솜털 같은 것이 '꼬물꼬물'거리는데 벌레의 다리가 틀림없었다. 불을 비추자 녀석은 더욱 버둥거렸고, 환자의 비명은 더 높아만 갔다.

난감해하던 그 순간, 1년 차 초반에 배웠던 '귓속 이물 대처법'이 떠올랐다. '귓속에 벌레가 들어가면 가장 먼저 해야 할 일은 벌레를 익사(溺死)시키는 일이다. 벌레 제거는 그 이후의 일이다.' 즉각 환자의 머리를 옆으로 누인 후 소량의 알코올을 외이도에 주입했다. 몇 분이 지나자 벌레의 움직임이 없어졌다. 조심스럽게 기구를 이용해 귓속 이물을 꺼내다가 나도, 환자도 작은 비명을 질렀다. 지름 1센티미터도 안 되는 외이도에서 나온 이물은 커다란 '바퀴벌레'였다. 다행히 외이도와 고막에 손상이 없어 항생제 연고를 조심스럽게 발라 드렸다.

이처럼 한밤중 응급실을 찾는 이비인후과 환자가 적지 않다. 그중 호흡 곤란을 호소하는 환자는 분초를 다투는 '응급 환자 중의 응급 환자'다. 내과나 응급의학과에서 입을 통해 기관 삽관을 먼저 시행하지만 여의치 않으면 이비인후과에서 목 앞에서 기도로 곧바로 공기의 길을 만드는 '기관절개술(tracheostomy)'을 시행해야 한다. 단 몇 분에 불과한 이 '골든타임'을 놓치면 환자는 위험한 상황으로 빠져들 수 있다. 그래서 이비인후과 전공의 시절 내 가운 주머니에는 응급 상황이 발생하면 언제라도(?) 환자의 목을 찌를 수 있는 굵은 바늘(needle)이 들어 있었다. 다른 과 선생들은 "왜 무기를 주머니에 들고 다니느냐"며 놀리기도 했지만.

하늘에서 온 선물

몇 해 전 50대 아주머니가 코가 막힌다며 병원에 오셨다. 커다란 혹이 우측 코를 채우고 있었고, 조직 검사 결과 불행하게도 암 중에서도 예후가 가장 나쁜 희귀암 판정을 받았다. 고민 끝에 광범위한 암 절제 수술을 시행했지만 우려했던 대로 다른 부위에 재발하였다. 곧바로 항암 치료와 방사선 치료에 들어갔지만, 암의 진행을 막을 수는 없었다. 하루하루 악화되어 가는 아주머니의 모습을 곁에서 바라보며 의사로서 더 이상 할 수 있는 것이 없다는 사실이 너무나 힘들었다. 아침, 저녁으로 병실에 찾아가 아주머니의 이야기를 들어 드리는 것이 내가 할 수 있는 일의 전부였다.

하루는 외출을 원하셨다. 임종을 앞둔 다른 환자들처럼 마지막으로 고향 집을 다녀오시려나 보다 생각했다. 그것이 아주머니의 마지막 외출이 되었다. 며칠 후 이른 아침에 병실에 들어서니 아주머니의 침대가 말끔히 정돈되어 있었다. 새벽에 임종하셔서 시 외곽지의 한 장례식장에 모셨다고 당직 간호사가 전해 주었다. 순간 지난 몇 개월간 있었던 일들이 떠올라 눈시울이 붉어졌다. 오후 진료를 마치고 장례식장을 찾아갔다. 나의 '마지막 회진'이었다. 딸을 꼭 살려 달라시던 아주머니의 노모께서 먼저 알아보고 맞아 주셨다. 가족들은 내 손을 잡고 고맙다고 하셨다. 웃고 있는 아주머니의 영정 아래 국화꽃 한 송이를 올려놓고 나오는데 딸이 따라 나오며 종이가방 하나를 건넸다.

"어머니가 혹시 선생님이 오시면 꼭 전해 드리라고 하셨어요. 지난 번 외출했을 때 어머니가 직접 고르신 거예요."

차에 돌아와 가방을 열어 보았다. 병을 낫게 해 주지도 못한 못난 의사를 위해 아주머니가 하늘에서 보내 주신 선물은 '하늘색 셔츠'였 다. 나도 모르게 뜨거운 눈물이 볼을 타고 주르륵 흘러내렸다.

행복한 의사의 길

가끔 의사의 꿈을 가진 중고등학생들의 이메일을 받는다. "의대에 가고 싶은데 성적이 안 올라요. 어떡해요?" 하는 딱한 질문에는 힘들었 던 내 학창시절 이야기를 들려주면서 "하면 된다"라고 격려의 답장을 보낸다. 다른 한 부류의 질문은 내가 좀 못마땅하게 생각하는 쪽인데, "무슨 과를 가야 좋을까요? 이비인후과는 앞으로 전망이 괜찮을까 요?"와 같은 질문이다. 내 대답은 항상 똑같다. "의사로 행복한 삶을 사는 데에는 어떤 의사가 되느냐가 중요하지, 어떤 과를 선택하느냐는 전혀 중요하지 않습니다"라고.

"쌤, 약 1년 동안 너무 많이 감사했어요. 처음 치료받을 때 그리고 괴로울 때, 선생님이 해 주신 말씀이 저한테 큰 힘이 되었어요. 치료 끝 나면 제가 젤 좋아하는 막창 꼭 대접할게요."

항암 치료 후 완치 판정을 받은 어린 여학생이 내게 써 준 편지다.

:: 암 투병을 하던 여중생 환자가 보내 주었던 편지.

코피가 나서 진료실에 찾아온 여학생의 코에는 종양으로 보이는 혹이 가득했고, 조직 검사 결과 악성 종양이었다. 컴퓨터 사진(CT)을 찍어 보니, 이미 코를 넘어 안구 가까이 암이 진행된 절망적인 상황이었다. 그러나 아이는 어린 나이에도 힘든 항암 치료와 방사선 치료를 잘 견뎌 주었다. 친구들 곁을 떠나 학교를 1년 휴학해야 했고, 길었던 머리카락 도 빠졌지만 좌절하지 않았다. 내가 이 아이에게 해 준 것 역시 자주 병 실에 들러 이런저런 이야기를 들어준 정도였다. 1년에 한 번씩 재발 여 부를 확인하는데, 5년 전 진료실에서 암이라는 말을 듣고 조용히 뒤돌 아 눈물을 훔치던 중3 여학생이 이제는 어엿한 직장인이 되었다. 이런 모습을 볼 때마다 의사가 되길 참 잘했다는 생각이 든다. 이런 행복감 을 돈이나 그 무엇으로 대신할 수 있을까?

좋은 마음, 좋은 발, 그리고 좋은 의사

올해도 '의대 열풍'은 식을 줄 모른다. 상위권 학생들의 '묻지 마 의대 지원'도 여전하다. 안정된 직업을 추구하는 현 세태를 나무랄 수만은 없지만, 결코 반가운 현상은 아니다. 기발한 아이디어가 번뜩이고, 창의적인 생각을 하는 많은 젊은이들은 이공계나 기초과학 분야에서 마음껏 꿈을 펼칠 수 있어야 하는데 안타깝다.

모든 직업이 다 그렇듯, 의사의 길을 걷는 일도 결코 쉽지만은 않다. 아픈 사람, 어려운 사람들에 대한 측은지심(惻隱之心)과 그들의 고통을 치유하겠다는 소명 의식이 없으면 의사로 살아가며 진정한 행복을 느끼지 못할 수도 있다. 부모님이 원해서, 또는 수능 성적이 좋아서가 아니라, '좋은 의사'가 되겠다는 스스로의 꿈을 이루기 위해서 의사의 길을 선택해야 많은 난관을 극복하고 좋은 의사가 될 수 있다.

머리 좋은 사람이 마음 좋은 사람만 못하고,
마음 좋은 사람이 발 좋은 사람만 못합니다.

고(故) 신영복 선생의 말씀인데, 내게는 이 시대의 좋은 의사를 정의해 주는 말로 들린다. 차가운 머리보다 우는 사람들과 함께 울 수 있는 '좋은 마음'을 가진 사람, 이런 좋은 마음으로 아픈 환자 곁에 자주 찾아가 따뜻하게 손을 잡아 줄 수 있는 '좋은 발'을 가진 사람이면 좋은 의사가 되기에 충분하다. 그런 여러분을 응원한다.

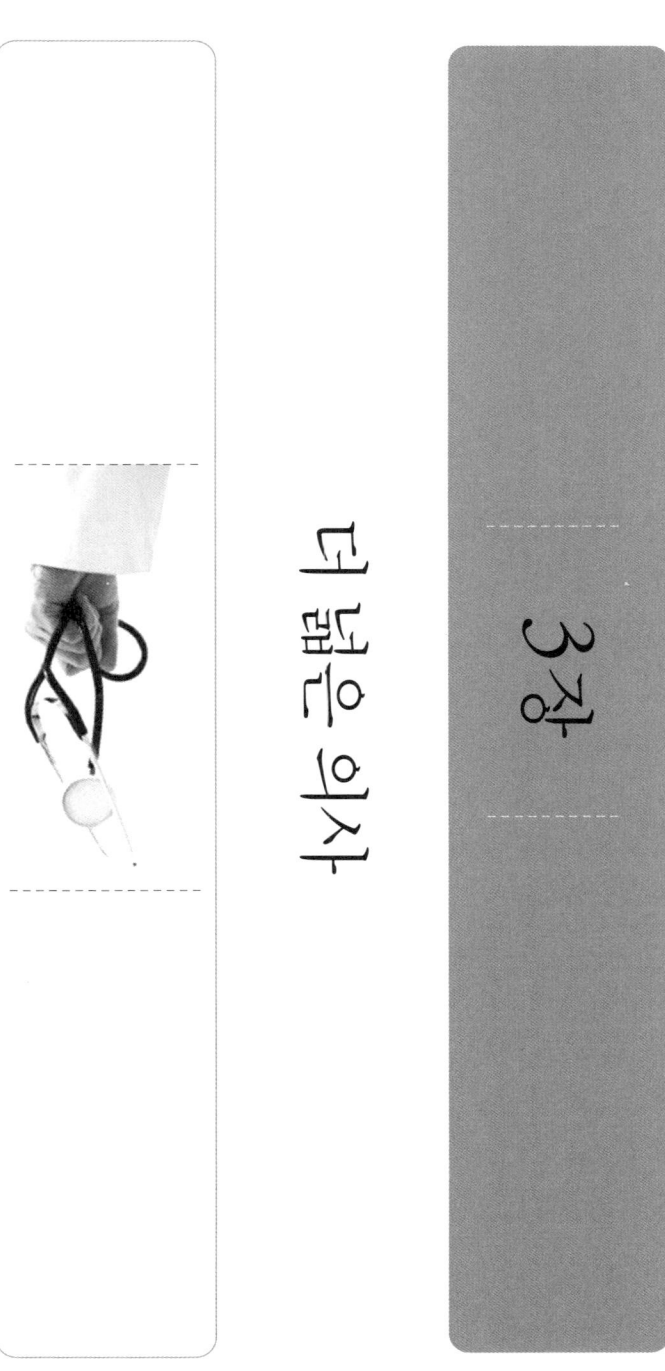

3장

더 밝은 의사

그 좋은 의사 안 하고
왜 기자 하냐고?

| 김양중 |

1999년 서울대학교 의과대학을 졸업했고, 2002년부터 한겨레신문에서 의료전문기자로 일하고 있다. 『건강기사 제대로 읽는 법』(2009)이란 책을 썼고, 『안락사는 살인인가-사례로 만나는 의료윤리의 쟁점들』(2011)라는 책을 번역했다.

"메르스, 이거 언제 끝날까요? 써도 써도 끝이 없어요. 선배!"

중동호흡기증후군(메르스) 유행이 한창이던 2015년 6월, 거의 매주 토요일과 일요일까지 출근을 하면서 같이 일한 후배가 넋두리를 했다.

"주말도 반납하고 고생이 많다. 우리만 고생하는 것도 아니고 우리 팀 전체가 이거 뭔 짓이냐? 이거 언제 끝날지 나도 궁금하다. 환자는 계속 나오고, 사망자도 늘어 가고, 정부가 막을 수나 있는 거냐?"

첫 메르스 환자가 나왔을 때만 해도 기사는 사회면을 넘지 못했다. 메르스는 인플루엔자와 달라서 공기 중으로 전파돼 사람들에게 감염되는 것이 아니고, 가까운 거리에서 오랫동안 접촉한 사람만 감염된다는 질병관리본부의 발표를 믿었기 때문이다. 질병관리본부는 또 첫 환자와 밀접하게 접촉한 환자나 보호자들을 잘 격리 조처했다고 발표했다.

:: 기자실에서 업무 중인 필자의 모습.

이에 따라 비록 초기에 환자 몇 명이 발생했지만 잘 막을 수 있다고 보도했다.

하지만 이게 패착이었다. 우리나라는 사우디아라비아 등 메르스가 발생한 다른 나라보다 한 병실에 입원한 환자 수가 더 많고 환자가 돌아다니는 동선도 광범위해, 첫 환자와 같은 병원에 입원해 치료를 받던 다른 많은 환자들이 이미 감염된 것이었다. 이후 상황은 잘 알려져 있다시피 삼성서울병원을 비롯해 수많은 병원에서 186명의 메르스 환자가 발생했다.

메르스 상황을 보도하던 기자들은 매일 아침 일찍 출근해 하루 종일 노트북의 자판을 두들겨야 했다. 또 중앙메르스관리대책본부의 브리핑을 들으며 혹시 숨기는 것은 없는지, 허점은 없는지 등을 감시하며 질문을 해야 했다. 메르스 유행 두 달 동안 기자들 상당수는 점심 먹으러 나갈 시간조차 없어서 도시락이나 컵라면으로 끼니를 때웠다. 긴 하루를 보내고 저녁이 되면 사무실로 들어가 담당 팀과 회의를 할 때도 많았다. 밤 11시나 12시쯤 일이 끝나 집에 돌아갈 때에는 이게 무슨 팔자에 없는 고생인가 싶었다.

메르스는 끝나도 기사는 계속된다

메르스 유행이 잠잠해질 때쯤 되자, 메르스는 쳐다보기도 싫은 단어가 됐다. 그러나 이를 정리하는 기획 기사도 써야 했다. 몸과 마음이 지칠 대로 지쳤지만, 메르스 같은 신종 감염병의 재유행을 막기 위해서는 '소 잃고 외양간 고치는' 노력이라도 필요했다. '늦었다고 생각할 때가 가장 빠르다'고 생각했다. 사실 그동안 지적된 정부 정책의 문제점을 고치기만 했어도 엄청난 발전이 이뤄졌을 것이고, 보건의료 분야에서도 메르스 같은 감염병의 유행은 없었거나 있다 해도 소규모에 불과했을 것이다.

보건복지 분야를 담당하는 후배를 다시 다독였다. 방역에서 기본인 역학조사관이 확보되지 않았던 문제, 평택성모병원에서 첫 환자와 관련된 이들을 격리하면서 소극적으로 대처했던 문제 등 방역 문제부터 메르스 유행을 불러온 우리나라 의료체계의 문제점에 대해서도 기획 취재한 뒤 기사를 썼다. 특히 삼성서울병원의 경우 14번째 메르스 환자가 입원하면서 거의 90명에 이르는 메르스 환자들이 생겼는데, 이 환자가 2박3일 동안 응급실에 머무르면서 다른 환자들이나 보호자 및 방문객, 의료진에게 병을 옮겼던 것이다. 상식적으로 응급실을 찾는다면 응급조치를 받고 돌아가거나, 입원해서 치료해야 할 상황이었다면 빨리

:: 2003년 이라크 의료 지원 현장에서의 모습.

입원시키거나, 이도 저도 아니어서 도저히 치료할 상황이 아니었다면 다른 병원으로 보냈어야 했다. 하지만 삼성서울병원을 비롯해 우리나라 대형 병원의 응급실은 시장처럼 환자, 의료진, 보호자, 방문객 등이 북적일 뿐 환자 입원이나 이송 체계는 정립돼 있지 않다. 평소 이렇게 쌓여 있던 문제가 이번에 메르스의 폭발적인 확산을 부른 것이다.

　메르스 유행 당시 환자 가족이나 방문객이 국내 메르스 환자의 3분의 1이나 됐다. 병원에 입원한 환자를 의료진이 제대로 돌봐 주지 못하다 보니 가족이 돌보게 되었고, 이 때문에 환자 가족이나 간병인까지 메르스에 걸린 것이다. 이런 문제를 해결하기 위해 전부터 간호사 등을 크게 확충해 '보호자가 없어도 되는 병원'이나 포괄간호서비스 병원을 하자고 했지만, 그동안 정부가 속도를 내지 못했던 것을 비판했다.

　이 밖에도 평소 가족처럼 상담해 주는 주치의가 없는 문제나 동네 의원·중소병원을 거쳐 중증일 경우 대학병원으로 가서 치료받고 이후 회복 과정에는 다시 중소병원이나 동네의원으로 회송하는 의료전달체계가 깨진 점도 지적했다. 수십억 원대에 이르는 의료 장비 등 엄청난 의료 시설에다 세계 최고의 의료 인력을 가지고도 결국 의료체계의 기본을 갖추지 못해 메르스에 어처구니없이 당하고 만 꼴이었다.

메르스 유행 기사를 두 달 넘게 쓰고 마지막으로 메르스 재발을 막기 위한 기획 기사까지 털고 나니, 봄은 벌써 가 버리고 이미 여름이 되어 있었다. 그간 평일 저녁은 물론 주말에도 가족과 시간을 보내지 못한 것이 안타까워 여름휴가라도 잘 보내야겠다고 생각했으나, 늦게 계획을 짜다 보니 갈 곳도 별로 없었다. 좋은 봄날과 여름휴가를 몽땅 메르스 기사와 바꾼 셈이 됐다.

"우리가 두 달 동안 뭐 했을까?"

"두 달 동안의 고생이 의료체계를 바꾸는 데 도움이 됐을까?"

회사 후배 및 다른 언론사 기자들과 이런 얘기를 나눴다. 도움이 됐을 것이라는 답은 많지 않았다. 당장은 그럴지도 모르겠다. 특히 이러한 정책에 별 관심이 없는 정부에서는. 하지만 또다시 메르스와 같은 감염병 유행 사태가 벌어진다면, 우리가 쓴 기사로 인해 정부의 대처가 달라지리라고 기대해 본다. 가까운 미래에 우리의 후손은 2015년의 메르스 유행 사태에 관해 우리가 쓴 기사를 참조하면서 지금보다는 더 나은 대책을 만들어 대처할 것이라고. 아무리 힘들어도 누군가는 끊임없이 기록해야 한다. 비록 몸과 마음은 힘들지만 그 일을 내가 하고 있다고 자부한다.

처음부터 의료전문기자를 꿈꾼 것은 아니었지만…

사실 의료전문기자가 되기 전 기자로서의 인생을 설계해 본 적은 없다. 중학교 시절 막연히 과학자가 되고 싶다고 생각했고, 고등학교 3학년 때 '돈이 없어 병원을 찾을 수 없는 가난한 이들을 치료해 줄 수 있으면 좋겠다'라는 생각으로 의과대학을 지망했다. 의대에 가겠다고 하자 가족들도 좋아했고, 주변 친구들도 적극적으로 추천했다. 의대에서 실습을 하면서 응급의학과나 가정의학과가 잘 맞을 것 같다는 생각을 했다. 현대의학에서 가장 필요한 의사는 응급 상황에 빠진 환자를 돌보거나 사람들이 평소 아프지 않을 때 건강을 유지할 수 있도록 도움을 주는 가정의학과 의사라고 생각했기 때문이다.

의대를 졸업할 즈음, 서울의 대형 병원에서 일하고 싶지는 않다는 생각이 들었다. 실습을 하던 병원에서, 이미 너무나도 병이 깊어져 치료하기 힘든 환자들을 많이 봤기 때문이다. 마침 군의관 대신 갈 수 있는 공중보건의사라는 좋은 기회가 왔다. 시골 보건소에서 고혈압이나 당뇨 같은 만성질환을 관리해 합병증을 예방하는 활동에 힘썼다. 또 건강을 유지하기 위한 보건 교육도 열심히 했다. 하지만 한계가 많았다. 의사 한 사람의 꾸준한 노력도 필요하지만, 보건 정책이 받쳐 주지 않으면 한계가 너무 많다는 사실을 깨달았다. 때마침 의약분업에 반대하며 벌어진 의사 파업도 보건의료 정책에 관심을 갖게 만들었다.

처음 기자가 됐을 때만 해도 이리 오래 하게 될지는 몰랐다. 당시는 의약분업과 건강보험 통합 등 보건의료 분야에서 전 국민의 의료 이용 행태나 건강보험체계를 바꾸는 굵직한 정책들이 시행되었고, 노무현 정부가 들어서면서 '공공의료 30퍼센트 확충' 등과 같은 공약을 내세우

:: 식품의약품안전처의 수산물 점검 현장 취재.

던 시절이었다. 한 5년 정도 기자로서 열심히 정책 기사를 다루면, 우리나라의 보건의료체계가 어느 정도 개선될 것으로 봤다. 물론 우리 신문의 기사만으로 보건의료 정책이 개선되는 것은 아니라 여겼지만, 나름 그 개선의 방향에서 함께 활약하고 싶은 생각이 있었다.

하지만 현실은 쉽게 달라지지 않았다. 개선은커녕 오히려 퇴행하기도 했다. 참여정부 시절에 건강보험 보장성이 크게 확대된 것은 사실이지만, 반대로 영리병원이 국내 환자들까지 진료할 수 있도록 허용하기도 했다. 또 황우석 전 서울대 교수 등과 의료 산업화 정책을 만들어, 의료를 통해 수익을 올리고자 하는 정책이 공공의료 강화보다 더 중시됐다. 이명박 정부를 거쳐 박근혜 정부에 이르기까지 의료를 통해 수익을 올리겠다는 정책 기조가 계속됐다.

요즘은 정책 개선보다는 더 나빠지지 않도록 감시하는 입장에서 기사를 쓰고 있으니, 안타까운 것이 사실이다. 메르스 사태 뒤 한국 의료의 기초를 다시 만들자는 생각으로 기사를 쓰며 힘을 내고는 있지만, 보건의료 정책이 변화하고 발전할 때, 이를 주의 깊게 바라보며 부족한 점을 비판하면서 함께할 때가 역시 기자로서 가장 뿌듯하다.

2015년 11월 기준으로 신문이나 방송에서 기자로 활동하고 있는 의사는 신문 3명, 방송 4명, 총 7명이다. 내가 기자를 시작한 2002년에도 거의 같은 숫자였는데, 그동안 그만둔 사람도 있고 새로 들어온 사람도 있다. 이들과는 취재 현장에서 종종 만난다. 다들 기자가 돼서 보건의료 분야 정책을 개선하거나 국민들이 잘못 알고 있는 의학 상식을 제대로 알려 보자는 취지로 일하고 있다.

때로는 정책에 대한 시각이 달라 난상토론이 벌어지기도 하지만, 언론에 의사 출신 기자가 반드시 필요하다는 생각을 공통적으로 갖고 있다. 가능하다면 더 많은 후배들이 진출해 활약을 해 줬으면 하는 기대도 비슷하다. 혹시라도 의료전문기자 또는 의학전문기자에 관심이 있다면 적극적으로 연락을 취해 볼 만하다. 인터넷 포털사이트에서 검색하면 이메일 주소가 나오니 메일로 관심을 표명해도 된다.

어려운 의료 정보를 알기 쉽게 전달하는 게 역할

메르스가 잠잠해진 이후 다시 일상으로 되돌아왔다. 매일 아침 8시 30분이면 출입처 기자실로 출근한다. 요즘은 국민건강보험공단으로 간다. 전에는 보건복지부로 갔었는데, 복지부 청사가 세종시로 옮긴 뒤에는 회사에서 가까운 건강보험공단으로 출근한다. 출근하자마자 곧바로 다른 신문들을 본다. 우리 신문은 보통 일어나자마자 집에서 다 읽고

온다. 남의 신문을 볼 때는 보건복지 분야에서 특별한 기사가 있는지를 주로 살펴본다.

9시부터는 오늘 쓸 기사를 데스크에게 보고한다. 정부가 발표한 자료가 있으면 기사로 다룰 가치가 있는 새로운 뉴스인지 살펴보고, 새로 추진하는 정책에서 비판해야 할 부분이 있는지 알아본다. 또 보건의료 분야 시민단체들이 기자회견을 하는 내용도 살펴본다. 이 밖에도 국회 의원실에서 내는 보도자료나 각종 연구소나 의학계에서 내는 연구 논문 등도 기사로 만들 수 있는지 확인해야 한다.

최근 세계보건기구(WHO) 국제암연구소가 햄·소시지 등 가공육을 많이 먹으면 암에 걸릴 위험이 높아진다고 발표했을 때에도 이를 국민들이 어떻게 받아들여야 하는지에 대해 기사를 썼다. 많은 이들이 내가 쓴 기사를 읽고 현재 벌어지는 보건의료 정책과 건강 상식을 제대로 알게 된다고 생각하면 보람을 느낀다. 그러나 취재를 하는 나 자신도 이를 제대로 전달하지 못하고 있다는 생각에 반성하는 경우도 종종 있다.

의료전문기자로 일한 지 14년째. "그 좋다는 의사 안 하고 왜 기자가 됐어요?" 처음 기자가 됐을 때처럼 지금도 이 질문을 가장 많이 듣는다. 인사이동으로 새로 팀장이 된 선배도 얼마 전에 내게 물었다. "기자가 된 거, 후회하지 않아?" 난 대답했다. "후회는 안 하지만 반성은 해요."

한 해가 새로 시작되거나 끝날 때면 스스로에게 질문을 던진다. '지금 제대로 기자 일을 하고 있는 것인가?' '혹시나 다른 의사가 한겨레신문 의료전문기자를 나보다 더 잘할 수 있는 것은 아닌가?' 아직 정답은 찾지 못했다. 하지만 적어도 하나의 답은 있다. '할 때는 똑바로 하자!' 다시 한 번 나 자신을 다독여 본다.

인도주의 의료 활동에는
'국경'이 없다

| 김나연 |

2001년 이화여자대학교 의과대학을 졸업하고, 이화여자대학교 의료원에서 인턴 및 가정의학과 전공의 수련
을 받았다. 태국 마히돌대학교에서 열대의학을, 서울대학교 보건대학원에서 보건학을 공부했다. 2008년부
터 국경없는의사회에서 구호활동가로 일하고 있다.

1995년 겨울, 의과대학 예과 2학년 방학을 맞은 나는 우연히 서
점에 들렀다가 『신과 인간들』이라는 책을 읽게 되었다. 프랑스 빈민 운
동가 아베 피에르 신부와 국경없는의사회 창설자 중 한 명인 베르나르
쿠슈네의 대담을 정리한 책이었는데, 선을 행하는 것의 진정한 의미,
고통을 겪는 사람들을 돕기 위한 자격 등을 논하는 피에르 신부의 말씀
과, 고통의 원인에 대한 공동 책임과 그 해결을 위한 행동의 필요성, 인
도주의 활동의 의미와 한계 등을 지적하는 의사 쿠슈네의 주장에 깊은
인상을 받았다. 그리고 이 책을 통해 '국경없는의사회'의 존재와 그들
의 인도주의 의료 활동을 알게 되었다.

국경없는의사회를 직접 만난 건 그로부터 8년 뒤인 2003년 이라크
에서였다. 당시 보건의료단체연합에서는 미국의 이라크 침공에 반대하

는 '이라크 어린이들에게 폭탄이 아니라 의약품을' 캠페인을 벌였다. 의과대학을 졸업하고 인턴 과정을 마친 나는 보건의료단체연합의 한 기둥인 인도주의실천의사협의회 회원으로서 이라크 수도 바그다드에 의료진으로 두 차례 파견되었다. 첫 번째 파견에서는 바그다드 빈민 지역의 의료 기관과 쿠르드족 난민촌 등에 의약품을 전달하고, 진료소를 설립하여 진료 활동을 벌였다. 두 번째 파견에서는 주민 건강 상태 및 의료 기관 실태를 조사했는데, 이때 국경없는의사회가 운영하는 진료소를 방문하게 되었다.

진료소는 바그다드 북부 외곽의 쓰레기 매립지를 한 시간여 달려 도착한 빈민촌에 자리 잡고 있었다. 책임자에게 어떻게 이런 곳에 진료소를 세우게 되었느냐고 물었더니, 사전 조사를 세 차례 한 결과 이곳이 가장 시급히 지원이 필요한 곳이었다고 했다. 여기서는 1차의료서비스를 포괄적으로 제공하려는 노력이라든가, 중한 응급 환자를 상급 병원으로 옮기고 협력하는 체계, 효과적인 진료소 운영 방법 및 보건소로 전환하기 위한 계획 등 배울 점이 많았다. 이 경험을 통해 국경없는의사회와 일하면서 배우고 싶은 마음이 더욱 커졌다.

가정의학과 열대의학을 공부하며 국경없는의사회를 준비하다

2004년 가정의학과 수련을 시작했다. 수련 기간의 절반 이상을 매월 혹은 격월로 다른 임상과에 번갈아 파견되어 일했는데, 그러면서 환자 및 동료 의료인들과 신뢰를 쌓고 협력하는 데에 많은 노력을 기울였다. 또한 이라크 파견 경험을 통해 알게 된, 구호 현장에 흔한 질환들 가

:: 2009년 벨기에 브뤼셀에서 진행된 모성 아동 건강 교육. '산간 지역 임신부의 안전한 분만을 위한 전략 세우기'에 관한 조별 토의를 벌이고 있다.

운데 수련 과정에서 배울 수 없는 것들은 따로 시간을 내어 공부했다.

2007년에는 태국 마히돌대학교에서 6개월간 열대의학 단기 과정을 밟았다. 열대 질환(tropical diseases)이란 열대 또는 아열대 지방에 토착화한 풍토병을 말하는데, 열대의학 과정에서는 말라리아를 비롯한 기생충 감염과, 열대 질환은 아니지만 동남아시아 및 사하라 이남 아프리카 지역에서 질병 부담이 높은 HIV/AIDS(인간 면역 결핍 바이러스/후천성 면역 결핍증)를 집중적으로 배웠다.

의학뿐 아니라 세계 각지에서 온 동료들에게 배우는 것도 많았다. 특히 버마(미얀마)의 국경없는의사회 HIV/AIDS 사업에 오랫동안 종사한 버마인 의사로부터 그곳의 정치·사회 상황과 HIV/AIDS 사업의 실태, 그리고 외국인 구호활동가들에 대한 현지 직원의 비판적 시각 등을 들으며 스스로를 점검하는 시간을 가질 수 있었다.

이런 준비 과정을 거쳐 2008년 3월, 마침내 국경없는의사회의 구호

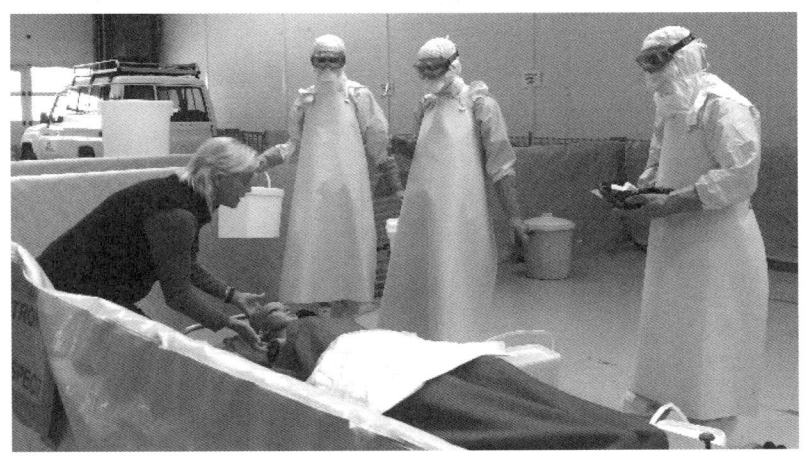

:: 2014년 네덜란드 암스테르담에서 에볼라 훈련을 받았다. '환자 간호 및 대처 방법'에 대한 모의 훈련을
실시하는 모습.

활동가로서 내전으로 파괴된 예멘의 도립병원을 복구하는 사업에 참여
하게 되었다. 우선 현장에 파견되기 전에 3일간 입문 교육을 받았다.
국경없는의사회의 역사와 활동 원칙, 각 직종의 역할, 팀워크의 중요
성, 안전 수칙, 다른 문화에 대한 존중, 의사소통 방법, 건강 및 스트레
스 관리 등이 강조됐다. 이후 현장에서 일하는 사이사이에도 모성 아동
건강, 영양실조 및 예방접종 사업 운영, HIV/AIDS와 결핵, 복합적 인
도주의 위기관리, 그리고 가장 최근에는 에볼라 훈련 등 다양한 실무
교육을 받았다.

국경없는의사회 소개

국경없는의사회는 1971년 프랑스 파리에서 시작된 국제 인도주의 의료 구호 단

체이다. 전 세계의 무력 분쟁, 감염병 유행, 자연재해로 생존과 존엄을 위협받는 사람들과 의료접근권(access to health care)을 박탈당한 소외계층의 사람들에게 긴급 구호 활동을 하고 있다. 인종, 종교, 성별, 정치적 성향과 관계없이 오직 의료적 '필요'에 따라 가장 심각하고 긴박한 위험에 처한 사람들을 우선적으로 지원하고 있다. 세계 60여 개국에서 3000여 명의 국제 구호활동가와 3만여 명의 현지인 직원이 활동하고 있다. 1999년 '여러 대륙에서 행한 선도적 인도주의 활동'의 공로를 인정받아 노벨 평화상을 수상했고, 상금은 국경없는의사회의 '필수의약품 접근성 강화 캠페인(Access Campaign for Essential Medicines)'과 수면병, 리슈만편모충증, 샤가스병, 말라리아 등의 '소외 질병 치료제 개발 기구(Drugs for Neglected Diseases Initiative)'를 설립하는 데 사용되었다.

국경없는의사회 한국사무소는 2012년 문을 열고, 인도주의 위기와 국경없는의사회 활동 홍보, 모금, 그리고 구호활동가 채용 및 파견 활동을 하고 있다. 채용과 자격 요건 및 고용 조건에 대한 자세한 내용은 국경없는의사회 한국 홈페이지를 참고하면 된다(http://www.msf.or.kr).

국경없는의사회 헌장

국경없는의사회는 주로 의사 및 의료종사자들로 구성되어 있으나, 단체의 목적에 기여할 수 있는 다른 분야의 직종에게도 열려 있다. 단체의 구성원은 다음의 원칙을 지키는 데 동의한다.

첫째, 국경없는의사회는 고난에 처하거나, 자연재해, 인재 혹은 무력 분쟁으로 고통받는 사람들을 인종, 종교, 혹은 정치적 신념에 관계없이 돕는다.

둘째, 국경없는의사회는 보편적인 의료윤리를 따르며, 인간은 누구나 인도주의적 지원을 받을 권리가 있으므로 중립성과 공정성을 준수하고, 활동을 수행하는 데 아무런 제약을 받지 않는 완전한 자유를 가져야 한다.

셋째, 회원들은 직업윤리를 지켜야 하며, 어떠한 정치적, 경제적, 종교적 영향력으로부터 철저한 독립을 유지한다.

넷째, 회원들은 자발적으로 참여한 사람으로서 수행하는 임무의 위험성과 부담을 인지하고, 단체가 제공할 수 있는 것 외에 어떠한 보상도 요구하지 않는다.

진료에서부터 교육과 훈련, 역학 조사까지 수행

국경없는의사회에서 의사의 역할은 진료하는 데에만 그치지 않는다. 나 역시 진료뿐만 아니라 현지 의료인의 교육과 훈련(국경없는의사회 현장 팀은 현지인 직원이 약 90퍼센트를 차지하고, 외국인 구호활동가는 약 10퍼센트에 불과하다), 진료 정보의 수집과 분석은 물론 사업과 상황에 따라서는 대규모 사상자 발생 대비, 의약품 관리, 지역 영양 및 식량 상태 조사도 수행했다. 우간다 HIV/AIDS 및 결핵 사업에서는 의료팀 리더로서 진료보다는 의료 활동 전반을 조정하고 관리하는 역할을 했다. 시에라리온의 에볼라 유행 대응 활동에 두 번째 참가했을 때 맡은 역할은 역학자에 가까워서 지역 에볼라 관리 본부의 에볼라 및 다른 주요 감염병에 대한 감시(surveillance) 활동을 지원했다.

현장의 의료 활동이 원활히 돌아가게 하려면 코디네이터, 행정가(재정과 인력 담당), 로지스티션(logistician) 등 다양한 직종의 사람들이 협력해야 한다. 특히, 의약품을 포함한 모든 물자를 관리하고, 건물,

:: 2008년에는 에티오피아에 파견되어 지역 아동의 영양 상태와 식량 상황을 조사했다. 당시 방문했던 어느 가정의 모습(위)과 2010년의 말라위 홍역 유행 대응 예방접종 캠페인 당시 사용된 홍역 백신 보관 창고 (아래).

차량, 통신, 기계, 전기, 식수, 위생 등을 담당하는 로지스티션의 역할 이 중요하다.

따라서, 의사가 자기 역할을 제대로 해내기 위해서는 우선 해당 사업의 목적과 한계, 현장의 상황을 명확히 이해하고, 팀 구성 및 그 안에서 의사의 위치와 임무, 그리고 의사에게 기대되는 바가 무엇인지 구체적으로 파악해야 한다. 또한, 세계 각지에서 모인 다양한 사람들과 함께 익숙하지 않은 환경에서 일하기 때문에 서로 다름을 존중하고 열린 마음으로 끈기 있게 소통하는 노력이 필요하다.

비상 발전기로 산소 공급기를 돌리는 실정

국경없는의사회의 현장 활동에 쓸 수 있는 자원은 한정적이다. 진단 검사 장비가 부족해서, 직접 병력을 묻고 몸을 진찰하는 방식으로 환자의 상태를 진단할 때가 많았다. 이런 경우에는 국경없는의사회가 만든 각종 질환에 대한 진료 지침서를 참고했다.

의약품과 의료 물품뿐만 아니라 전기나 식수 공급이 제한되는 경우도 있었다. 예멘 도립병원에서 일할 때는 심한 호흡기 감염으로 산소 치료가 필요한 어린이 환자가 많았는데, 사용 가능한 산소 공급기가 부족한 데다 설상가상으로 전기 공급마저 불안정했다. 전기가 끊기면, 의료팀은 숨찬 아이를 돌보고 로지스틱스팀은 비상 발전기를 돌렸다.

에티오피아 아동 영양실조 치료 사업에 파견되었을 때는 마땅한 건물이 없어서 마을 공터에 텐트 6동을 세워 입원치료실로 사용하고, 보건소와 관할 보건지소 마당에서 이동 외래진료소를 운영했다. 입원치료실에서 사용할 깨끗한 물을 구하기 위해 식수 전문가가 한 달 이상 주변 산을 오르내린 끝에 안정적인 수원을 찾아냈다. 나는 팀원들과 함께, 종종 지역 정부와 주민들의 협조를 구하면서, 주어진 자원을 최대한 활용·응용했고, 더 필요한 것들은 상부에 요청하여 구하려고 노력했다.

:: 2008년 에티오피아의 중증 영양실조 아동을 위해 설치한 입원치료실.

　그럼에도 많은 환자를 잃었다. 예멘 도립병원에서는 조산아나 저체중아로 태어난 신생아들이 사망했고, 에티오피아 아동 영양실조 치료 사업 초기에는 심한 영양실조 상태의 아이들이 3일 동안 연달아 사망하는 일이 두 차례나 있었다. 우간다 HIV/AIDS 사업에서는 HIV와 결핵에 중복 감염된 환자들과, 항레트로바이러스제 치료를 중단해서 면역 기능이 떨어진 탓에 기회감염(opportunistic infection)되어 뒤늦게 병원을 찾은 환자들이 사망하는 경우가 종종 있었다. 시에라리온 에볼라 치료소에서는 입원한 확진 환자들이 절반 가까이 사망했고, 지역사회 내의 에볼라 유행으로 병원에 오기가 더욱 어려워진 아이들과 산모들도 사망했다. 그런 가운데서도 동료들과 환자 및 가족들의 슬픔과 절망감을 다독이면서 함께 힘을 내어 또 다른 죽음을 막아야 했다. 한편으로는 환자의 고통과 죽음에 무뎌지지 않으려고 노력했다.

:: 시에라리온 푸제훈 지역 사체 매장지의 조그만 두덤들(2015년). 나무 팻말에 아동의 이름과 나이, 성별, 그리고 사망일이 흰색 페인트로 선명히 적혀 있다.

건강 문제를 해결하려면 사회적 여건을 개선해야

현장의 건강 문제 가운데는 국경없는의사회가 주로 행하는 질병 치료나 예방 위주의 한시적인 의료 구호 활동만으로 해결될 수 없는 것들이 많다(물론 국경없는의사회의 현장 사업 중에는 우간다 HIV/AIDS 및 결핵 사업과 같이 보건부와 지역의 시민 사회 단체들과 협력하여 10년 이상 장기간에 걸쳐 통합적으로 운영하는 경우도 있다).

예멘 도립병원은 고지대에 위치하여 말라리아 환자가 상대적으로 적었는데, 간혹 중증 말라리아로 입원하는 아이들이 있었다. 그러나 대부분 2004년부터 계속된 분쟁으로 인해 집을 떠나 저지대에서 천막을 치고 살아가는 이재민 가정인지라, 안전과 경제적인 이유로 병원에 오기가 어려웠다. 또 예멘의 지방과 빈곤층에서는 조혼과 그로 인한 10대 임신이 흔했는데, 10대 산모는 대부분 심한 빈혈, 난산, 산과적 누공

:: 2009년 우간다
HIV/AIDS 및 결핵
사업 팀원들과 함께.

(obstetric fistula: 방광과 질 사이 혹은 방광과 직장 사이에 구멍에 생겨 소변이나 대변이 계속 새어 나가는 것으로 보통 난산의 결과로 발생한다) 등의 건강 문제를 겪었고, 태아 역시 유산되거나 조산아 혹은 저체중아로 태어나 얼마 못 가 목숨을 잃는 경우가 많았다.

에티오피아 아동 영양실조 사업에서는 각 가정을 방문해 아이들의 영양 상태와 식량 상황을 조사했는데, 아이를 영양실조에 빠뜨리는 것은 특정 질병이나 그 가정의 열악한 식량 형편만이 아니었다. 식수와 위생, 주거 환경, 여성의 지위, 아동과 사회적 약자에 대한 사회적 돌봄 체계, 보건의료체계, 빈곤, 정치, 사회, 경제, 문화, 기후 등 여러 요인이 관련되어 있음을 깨달았다.

우간다 HIV/AIDS 사업에서는 HIV에 감염된 엄마가 아기에게 모유 수유를 하는 경우도 보았다. 분유 수유를 할 경우 자신의 감염 사실이 가정과 지역사회에 알려져 버림받을 수 있기 때문이다. 또 HIV에 감염된 빈곤층 아동이나 청소년 중에는 끼니를 거르게 되자 빈속에 약을 먹으면 속이 쓰리고 울렁거려서 스스로 항레트로바이러스제 투약을 중단한 아이들도 있었다. 국가 의약품 공급 체계가 불안정한 탓에 항레트로바이러스제가 부족해진 주변의 HIV 진료소들은 종종 국경없는의사회에 도움을 요청했다.

시에라리온은 보건의료체계가 취약해서 에볼라 유행으로 인한 직·간접적인 인명 피해가 컸고, 에볼라 유행이 수그러진 후에도 같은 이유로 다른 감염병이 유행할 위험이 높았다. 만 명 이상의 에볼라 생존자들은 건강 문제는 물론 사회적 낙인까지 감수해야 했다.

이런 상황들 앞에서 절망감을 느낄 때도 많았지만, 팀원 및 환자들과 함께 환자들이 처한 상황과 어려움을 살피고 가능한 한 개선을 하기 위해 여러 방면으로 노력했다.

글을 마치며

국제 보건에 대한 관심과 인식이 커지면서 국경없는의사회와 일하고 싶어 하는 사람들도 늘었다. 그래도 여전히 구호활동가로 일하는 의사는 드물다. 국경없는의사회의 활동이 위험에 처한 분쟁 지역이나 저소득 국가의 빈곤 지역에서 주로 펼쳐지기 때문이다. 하지만 환자들이 건강을 회복하고 최소한의 존엄이 실현되는 것을 확인할 때면, 무엇과도 바꿀 수 없는 보람을 얻는다. 세계 곳곳에는 우리의 관심과 연대의 손길을 필요로 하는 데가 많다. 더 많은 의사들을 현장에서 만날 수 있기를 기대한다.

한 사람이 건강하기 위해서는 온 마을이 건강해야 한다

| 추혜인 |

2007년 서울대학교 의과대학을 졸업하고, 2012년 서울대병원 가정의학과를 수료했다. 이후 지금까지 서울 은평구에 있는 살림의료복지사회적협동조합 살림의원의 주치의로 근무 중이다. '건강은 건강한 관계'라는 사명 의식을 갖고 '협동조합 인간'으로 살아가고자 한다.

의대생의 짧은 방학도 방학이라고, 짬을 내어 내려간 고향집에는, 몇 년 사이 부쩍 치매가 심해진 할머니가 계셨다. 아이들이 읽는 책은 유치해서 싫고 그렇다고 어른들이 읽는 책은 글씨가 작고 이해하기 어려워서 못 읽으시니, 매양 신문지 사이에 끼워진 광고 전단지만 주섬주섬 주워 돋보기안경을 끼고 소리 내어 읽고 계셨다. 보다 못한 나는 할머니를 위해 책을 만들어 드렸다. 글씨는 큼직하게, 전래동화 같은 걸 인터넷에서 다운받고 평소 할머니가 좋아하시던 트로트 노래 가사들을 인쇄해서 클리어 파일에 한가득 채웠다.

그리고 첫 장에 이렇게 썼다. "올해는 ○○해, 아들 이름은 ○○요 ○○띠고, 딸 이름은 ○○요 ○○띠고, 며느리는, 사위는, 손녀들과 손자들은…. 경상남도 진주시 상평동에 사시는 ○○○ 할머니, 건강하게 오래오래 사세요." 아직 뭣도 배운 것 없었던 의대생이었지만, 할머니를 지켜드리고 싶었나 보다.

치매 할머니들이 행복한 일본 미나미의료협동조합

가정의학과 전공의로 근무하면서 정신과에 파견을 나갔을 때 치매 할머니 한 분이 입원하셨는데 내가 담당하게 되었다. 할머니의 기억력이 서서히 나빠지고 있다는 걸 가족들이 알아차린 건 2년 전인데, 두세 달 전부터 일상 기능이 급격히 떨어져 입원을 하시게 된 것이었다.

가족들과 얘기를 나누면서 나는 할머니의 갑작스런 입원이 도시 재개발과 관련이 있다는 것을 알게 되었다. 할머니는 재개발이 예정된 동네에 살고 계셨는데, 기억력이 좀 떨어지기는 해도 혼자 생활하는 데는 아무 문제가 없었고 동네 할머니들과 오순도순 즐겁게 살고 계셨다. 그러다 돌연 재개발로 집이 싹 허물어지게 되자, 할머니들은 울며불며 정든 동네를 떠나 각자 자녀들 집으로 들어가시게 되었다. 결국 아들의 아파트로 이사를 한 할머니. 아들과 며느리는 착하고 손자·손녀도 할머니를 사랑하는 따뜻한 집안이었지만, 아들 내외는 맞벌이로 일을 하고 아이들은 학교에 가 버리니 할머니는 낯선 아파트에서 낮 시간을 혼자 보내게 되었다. 인지 기능이 떨어지니 노인정에 가서 친구를 사귀는 것도 쉽지 않고, 노인정에 가려 해도 모두 똑같이 생긴 아파트 단지들 사이에서 길을 잃기 십상이어서 점점 움직이지 않게 되었다.

요리도, 장 보는 일도, 청소와 빨래도 굳이 직접 할 필요가 없는 아들네 집에서, 할머니는 잘 유지해 오던 일상적인 기능을 잃어버리게 된 것이다. 남들은 아들과 며느리가 돈도 잘 벌고 효도하니 아무 일도 하지 않고 편안히 사시면 된다고 했지만, 할머니는 말이 없어지고 생각도 없어졌다. 살던 집이 없어지고, 동네가 없어지고, 친구가 없어지면서.

의료협동조합에서 일하겠다고 마음먹고 일본 미나미의료협동조합(南醫療協同組合)으로 연수를 갔을 때, 나는 완전히 다른 방식으로 생활하고 있는 치매 할머니들을 만나게 되었다. 그 지역주민들, 즉 의료협동조합의 조합원들은 자신의 마을에서 치매 노인들과 함께 살아가기 위한 준비를 하고 있었다. 치매 노인이 많이 사는 지역임을 알리는 표지판을 붙여 지나가는 자동차가 조심히 운전하도록 캠페인을 진행하고, 길 잃은 치매 환자들을 안내하고 돌볼 수 있도록 주민들이 치매 교육을 받았으며, 동네가 재개발되어 급격히 바뀌는 것에도 반대했다.

이런 동네에서 치매 할머니들은 매일 산책을 하고, 직접 장을 보고, 요리와 청소, 빨래까지 스스로 하면서 1930년대에 지어진 오래된 집에서 '그룹홈'을 이뤄 함께 생활하고 있었다. 동네 축제에 나가서 합창 공연을 하고, 근처 서예 교실에 가서 먹을 가는 자원봉사를 하는 치매 노인들의 생활은 의료협동조합원들의 자원봉사가 있기에 가능했다. 하루에 한 번씩 동네를 산책하는 치매 노인의 손을 잡아 길을 안내하고, 그룹홈에 찾아가 말벗이 되어 주고, 안전하게 요리할 수 있도록 불 옆을 지키는 일을 하는 자원봉사자들은, 그들 역시 치매에 걸렸을 때 누군가 이렇게 해 주리라고 기꺼이 믿고 있었다.

견학을 온 나에게 차를 대접하시겠다고 가늘게 달달달 떨리는 손으로 녹차를 우려 주시던 치매 할머니의 손 바로 옆에, 그 동작을 전혀 방해하지 않으면서도 행여 화상이라도 입으실까 조심스럽게 할머니를 지키는 조합원 자원봉사자의 손이 있었다. 두 사람의 손가락이 교차되는 사이로 나는 또 다른 할머니가 떠올랐다. 당시엔 이미 요양원에서 휠체어 생활을 하고 계셨던, 나를 잘 알아보지 못하시던 나의 할머니.

마을 주치의로 의료협동조합을 시작하다

이런 얘기를 하면, 우리 조합원들이 모두 나이가 많고 치매에 걸린 줄 알지도 모르겠다. 그렇지는 않다. 우리는 아직 창립한 지 5년도 되지 않은 젊은 조합이고, 우리 조합원들은 아마도 한국의 의료협동조합 조합원들 중에서 가장 젊은 편에 속할 것이다. 우리는 일본 그룹홈에서 존엄하게 생활하고 있는 치매 할머니들의 얘기를 들으며 눈시울을 붉히면서 50년 후에 우리도 저렇게 아름답자고 의지를 불태우는, 스스로의 건강한 미래를 지키기 위해 다른 사람들의 건강한 미래까지도 함께 책임지려는 의료협동조합의 조합원들이다.

이들과 함께 나는 5년 전에 살림의료복지사회적협동조합을 만들었다. 가정의학과 전공의를 막 마치고 정글 같은 개원가의 현실에 대해 아는 것 하나 없는 주제에, 역시나 의원 개원 경험이라곤 전혀 없고 다만 동네 의원을 이용해 봤을 뿐인 조합원들과 함께 의료협동조합과 가정의학과 의원을 열었다(다시 하라면 진짜 못할 것 같다고 생각했는데, 나는 조합원들과 2016년 살림치과까지 함께 만들었다. 세상에!).

'우리 마을 주치의'라는 당찬 포부를 가지고 시작한 의료협동조합 주치의 생활 1년 만에 대상포진이 찾아왔다. 처음에는 대상포진인 줄 모르고 왼쪽 가슴이 조금 아프다고 생각했을 뿐이었다. 어디 담이 결렸나, 요즘 운동을 많이 못했으니 결릴 만도 하지. 2~3주가 지나가는데

:: 2012년 살림의원 개원식(위)과 2016년 살림치과 개원 시 거리 홍보 사진(아래).

도 통증이 점점 심해지자, 예전 유방 촬영(맘모) 검사에 이상 소견이 있었다는 사실이 생각났다. 이것저것 정밀 검사를 받고 난 후 양성 석회화라며 걱정하지 말라고 했었는데, 헉, 그게 암이면 어떻게 하지?

부랴부랴 근처 영상의학과에 들러 유방 촬영과 초음파를 받고 이상이 없다는 얘기를 들은 후 그만 고열과 함께 앓아눕고 말았다. 내가 아파서 드러누웠다는 소문은 빠르게 퍼졌다. 조합원 중 한의사 선생님이 보약을 싸 들고 우리 집에 와, 가슴의 통증을 가라앉히는 침을 놓아 주었다. 또 다른 조합원 언니는 오리백숙을 싸 들고 왔고, 우리 간호사 조합원은 '주사 이모'마냥 수액을 싸 들고 우리 집으로 출장을 왔다. 그날 조합원들의 정성 어린 간병에 열이 떨어지면서 정신이 들 때쯤, 이건 대상포진이구나 번뜩 생각이 들었다. '이렇게 설명할 수 없는 극심한 통증은 대상포진밖에 없다! 피부에 포진이 없다고 대상포진을 놓치다니, 으이구, 바보야, 바보야'라고 생각하며 항바이러스제부터 먹기 시작했다.

다음 날 상태가 웬만해져서 출근을 했는데, 이미 온 동네에 내가 아프다는 사실이 소문 나 있었다. 조합원들이 살림의원으로 주치의 문병을 오기 시작했다. 조합원들이 진료 차례를 기다리다 들어와서 내 손을 꼭 잡고는 우리 선생님 아파서 어쩌느냐며 눈물을 글썽이며 쾌유를 빌어 주었고, 이사회에서는 주치의의 과로를 이대로 방치할 수 없다고 긴급회의를 열었다.

정작 나는 항바이러스제를 먹기 시작하면서 통증이 극적으로 좋아지고 있었는데, 이사회와 조합원들은 그냥 넘어가지 않았다. 조합원의 건강을 지키는 게 주치의라면, 주치의의 건강을 지키는 건 조합원이라고 얘기하며 특단의 조치를 취하기로 했다. 바로 진료 시간을 대폭 줄이는 것! 그 결과 지금 나의 진료 시간은 주 39시간! (물론 건강검진 판정과 행정업무들, 협동조합 운영을 위한 회의 시간 등은 포함되지 않지만) 나뿐만 아니라 살림의원 직원들의 노동 시간은 주 40시간을 넘지 않는다.

경영, 홍보, 청소까지, 조합원들 스스로 만들어 가는 즐거움

앞서 언급한 미나미의료협동조합은 일본 나고야에 있다. 미나미의료협동조합의 월간 소식지는 2000명이 넘는 조합원 자원봉사자들에 의해 3만 명이 넘는 조합원들에게 손에서 손으로 직접 전해진다. 이들이 손에서 손으로 소식지를 전하는 방식을 여전히 고집하고 있는 이유는, 첫째는 고령 조합원의 고독사를 염려해 적어도 한 달에 한 번이라도 생사를 확인하자는 의미이고, 둘째는 얼굴을 맞대고 직접 얘기를 들어야 조합원에 의한 민주적 운영이 가능하다고 믿기 때문이며, 셋째는 일상적으로 가동되는 소식지 배포 루트가 지진·쓰나미 등 재난 상황에서는 구호물품을 전달하는 비상 루트로 활용될 수 있다고 여기기 때문이다.

전설적인 미나미의료협동조합만큼은 아니어도, 모든 의료협동조합은 이런 식으로 운영된다. 의료협동조합은 마을에서 의료인과 지역주민이 건강 문제를 함께 해결하기 위해 협동하여 만든 조직이다. 조합원과 지역주민의 건강 증진을 위해 의료 기관을 포함하여 여러 사업체들을 공동으로 운영한다. 우리 조합원들은 돈을 모아 의원을 만들 초기 자본을 마련하고, 그렇게 만들어진 의원을 이용하면서 의원의 경영에 적극적으로 참여한다. 지금 살림의원의 비보험 수가는 조합원들이 머리를 맞대고 경영 공부를 해, 약품의 원가와 직원의 노동을 고려하여 만들어진 수가이다.

조합원들은 직접 의원을 홍보하고, 매달 의원 대청소도 자원 활동으로 한다. 조합원들이 낸 돈으로 의원을 만들었으니 몇 억씩 되는 빚이 없다. 이자와 리스 비용을 마련하지 않아도 되고 대출을 갚지 않아

:: 매년 지역축제에서 볼 수 있는 살림의원 건강 체크 부스.

도 되니 좀 더 여유 있게 진료를 할 수 있다. 그리고 그렇게 운영된 의원의 수익으로 직원들 급여도 주고, 성폭력·가정폭력 생존자들과 지역사회 의료취약계층에 대한 지원도 한다.

조합원과 지역주민들을 위해 고혈압·당뇨·골다공증 건강 교육을 열고, 건강 자조 모임을 만들어 비슷한 질환을 가진 사람들이 서로 지지할 수 있도록 관계를 만들고, 동 모임을 만들어 근처에 사는 사람들이 서로 안면을 익히고 친해질 수 있도록 하고 있다. 낙상 방지를 위한 노년 근력 운동을 개발하여 매주 두 차례씩 무료로 어르신들을 위한 운동 수업을 하고 있고, 건강할 때 건강을 지키기 위해 운동 클리닉을 만들어 건강 증진과 재활을 위한 운동 수업을 열고 있다. 각종 소모임은 '재밌어야 건강하다'는 모토로 즐거운 동아리 활동을 한다.

우리 조합원들은 조합원 가입서를 쓰는 순간 조금 더 건강해졌다고 느꼈다고 말한다. 무슨 실손의료보험이라도 가입한 것처럼 안심되는

:: 소모임 워크숍에서 홈 트레이닝을 배우고 있는 조합원들.

느낌. 이 사람들과 마을에서 함께 산다면 나는 좀 더 건강한 사람으로 살 수 있겠구나 하는 안도감이 들며 방금 전보다 더 건강해진 느낌이 든다는 것이다.

환자는 의사를 믿고, 의사는 환자를 믿는다
– 행복한 마을 주치의

사람들은 나를 '협동조합 인간'이라고 부른다. 주거래 은행은 신용협동조합이고, 진료실에는 에너지협동조합에서 선물한 작은 태양광 발전기가 돌아가고 있으며, 식료품은 생활협동조합에서 주문한다. 시민신문협동조합에서 발간한 신문을 읽고, 책도 협동조합 서점에서 산다. 공동육아협동조합의 아이들은 살림의원의 단골 환자로, 나는 감히 이 아이들을 함께 키우고 있다고 자부한다. 물론 축구도 협동조합인 FC바

르셀로나를 응원하지!

의료협동조합을 알게 되면서 나에게는 협동조합의 세계가 펼쳐졌다. 이 협동조합의 세계에는 이름 모를 생산자와 얼굴 없는 소비자가 없다. 나는 이름을 아는 사람들이 키운 곡식과 채소를 먹고, 귀농한 조합원들이 재배한 과일을 먹는다. 누가 어떻게 키웠는지 알고 믿고 먹을 수 있는 이 음식들은 내 건강의 기반이다. 사람과 사람, 사람과 자연이 직접 연결되어 있는 이 세계에서, 나는 많은 의사들이 행복할 수 있을 거라고 믿는다.

의료협동조합에서 일하는 의사들끼리 하는 우스갯소리가 있다.

Q 가장 힘든 환자는?
A 잘 낫지 않는데도 나를 믿고 계속 찾아오는 조합원 환자

그러니 나 같은 협동조합 인간이 아니어도 의료협동조합에서 의사로 일하기는 어렵지 않다. 왜냐하면 조합원들이 환영해 주고 믿어 주기 때문이다. 일반 병원에서 봉직의로 일하면서 환자들에게 우리 병원에 잘 왔다고 환영을 받는 것은 상상하기 어렵다. 일면식도 없는 조합원이 웃는 얼굴로 인사한다. "선생님이 바로 저의 주치의이시군요? 잘 부탁드립니다." 나도 웃는 얼굴로 답한다. "네, 제가 바로 그 주치의입니다. 안녕하세요."

주치의라고 하면 너무 부담스럽다고 생각할 수도 있겠다. 솔직히 부담감이 없지 않다. 이상 소견을 놓치면 어쩌지, 오진하면 어쩌지, 나를 주치의라 믿고 찾아오는 이 사람들의 건강을 해치면 어쩌지, 나를 믿지 못하는 사람들이 늘어나면 어쩌지. 그러면서 안절부절못할 때가

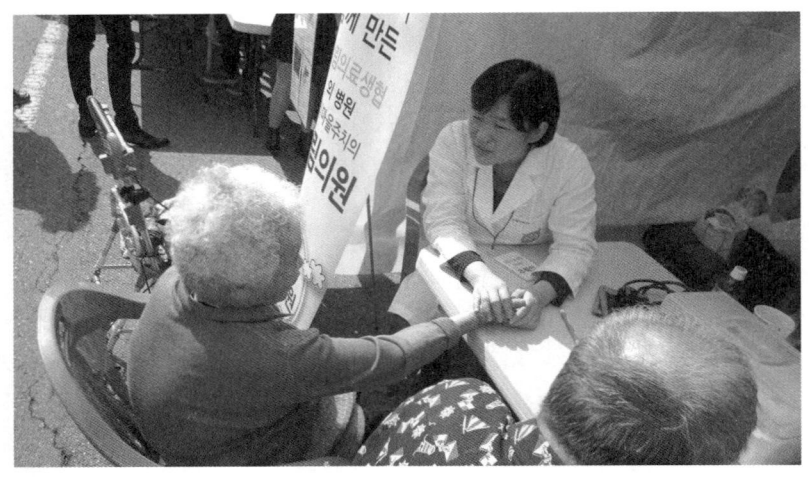

:: 마을 축제에서 건강 상담 중인 필자.

있었다. 그러나 만 4년이 더 지나고 보니, 주치의는 동네 주민들과 환자들이 키우는 것이었다. 의사가 혼자 노력한다고 해서 주치의가 되는 것이 아니다.

　믿고 찾아와 주는 흔들림 없는 관계가 주치의를 키운다. 진료실 안에서만이 아니라 진료실 밖에서도 만날 수 있는 관계, 출근길에 마주치면 서로의 건강을 염려해 주는 따스함이 주치의를 키운다. 그래서 누구든 의료협동조합에서 일할 마음만 있다면, 의료협동조합의 주치의로 키워 주는 주민들을 만날 수 있을 것이다. 어느 의사가 이런 행복한 만남을 두려워하랴.

　의사는 환자의 신뢰를 필요로 한다. 감기에 항생제와 주사제를 처방하지 않아도 나를 다시 찾아올 것이라는 믿음, 처방약을 먹다가 부작용이 생겨도 나에게 다시 와서 상담을 받을 것이라는 믿음, 증상이 빨리 사라지지 않더라도 원인을 찾아보자는 나의 말을 믿고 기다려 줄 수

:: 마을 카페에서 조합원들과 건강 반상회 중이다.

있을 거라는 믿음이 있어야 소신껏 진료할 수 있다. 그렇지 않고 환자들이 언제 어디서나 '닥터 쇼핑'을 할 거라고 생각하면, 할 수 있는 진료가 줄어들게 된다. "선생님 덕분이에요"라는 말은 내가 지금 얼마나 가치 있는 일을 하고 있는지 느끼게 해 준다. 의사에게는 정말이지 환자의 신뢰가 절실하다.

그러나 환자도 의사의 신뢰를 필요로 한다. 아프다고 하면 믿어 주고 공감해 주는 의사, 내가 하는 말을 들어 주고 이해해 주는 의사, 약의 부작용을 있는 그대로 이야기해도 되고 잘 낫지 않는다고 마음 편히 털어놓을 수 있는 의사를 필요로 한다. "저는 선생님의 진료를 탓하려는 게 아니라요, 그냥 제게 이런 부작용이 생겼다는 걸 알려드려야 한다고 생각했을 뿐이에요"라고 변명하지 않아도 되는 그런 의사 말이다. 환자들이 부작용을 호소하거나 상급 병원에서는 다른 설명을 들었다고 얘기할 때, 이것이 자신을 질책하는 것일까 봐 지레 방어적이 되는 의사 말고, 자신에 대한 환자의 믿음을 신뢰하는 그런 의사 말이다.

세상에 좋은 의사는 많고, 좋은 환자도 많다. 의료협동조합은 어쩌면, 이들이 서로 신뢰하는 좋은 관계로 만날 수 있도록 만들어 주는 시스템일지도 모른다. 그리고 나아가 그 시스템 안에서는 누구나 좋은 의사, 좋은 환자, 좋은 이웃이 될 수 있게 만들어 준다.

의료협동조합의 선배들은 항상 얘기한다. "건강은 건강한 관계이다." 내가 건강하기 위해서는 나의 가족과 이웃이, 내가 살고 있는 마을이 건강해야 한다는 것이다.

마을에서 아이들을 함께 키우는 헌신적인 부모들이 항상 하는 얘기가 있다. 내 아이를 잘 키우기 위해서는 다른 아이들도 잘 키워야 한다고. 한 아이를 키우기 위해서는 한 마을이 필요하다고. 그러면 우리들은 이렇게 바꿔서 얘기한다. 한 사람이 건강하기 위해서는 온 마을이 건강해야 한다고.

나는 그 마을에서 일하고 있는 협동조합의 의사, 자랑스러운 우리 마을의 주치의이다. 그리고 50년 후에는 아마도 신나게 노래하고 춤추며 깔깔깔 웃는 그런 할머니가 되어 있을 테지. 치매에 걸렸을지도 모르지만.

1. 의료협동조합은 어떻게 만들어지나요?

① 5명 이상의 발기인 모집, 서로 다른 이해관계자 둘 이상 포함

② 지역주민들과 함께 협동조합 설립 동의자 모집

③ 5만 원 이상 출자금을 내는 설립 동의자 500명 이상 모집

④ 출자금 납입총액 1억 원 이상을 모아 창립총회 개최

⑤ 보건복지부의 의료복지사회적협동조합 설립 인가

⑥ 법인의 이념에 따라 의료 기관(의원, 치과, 한의원 등) 개설

⑦ 협동조합의 7원칙에 따라 협동조합과 소속 의료 기관 운영

2. 전국에 의료협동조합은 얼마나 있나요?

현재 의료협동조합이라는 이름을 걸고 운영되는 의료 기관은 400여 곳이 넘는다. 그러나 실제로는 사무장들이 의료협동조합의 이름을 악용하여 영리를 목적으로 운영하고 있는 곳들이 상당히 많으므로, 잘 구별해야 한다. '한국의료복지사회적협동조합연합회'(hwsocoop.or.kr)에 문의하면, 해당 의료협동조합이 지역주민과 의료인들이 함께 힘을 모아 운영하는 진짜 의료협동조합인지, 아니면 사무장병원인 가짜 의료협동조합인지 알아볼 수 있다. 뒤의 표에 있는 한국의료복지사회적협동조합연합회 소속 의료협동조합들은 보건복지부의 정식 인가를 받은 주민참여의 민주적 의료 기관들이다.

3. 의료협동조합은 무슨 일을 하나요?

의료협동조합은 지역사회에 믿을 수 있는 1차의료를 제공하는 일을 하기 위해 만들어졌다. 지역주민들과 의료인들이 함께 돈과 시간, 마음을 모아 의료 기관을

한국의료복지사회적협동조합연합회 회원조합 현황

회원조합	지역	연락처	홈페이지
건강한의료복지사회적협동조합	서울	02-2291-2275	http://cafe.daum.net/wellcoop
느티나무의료복지사회적협동조합	경기	031-555-8004	http://cafe.daum.net/gn-medcoop/
다산의료복지사회적협동조합(준)	경기	1899-6639	http://dasancoop.org
대구들풀의료생협(준)	대구	053-256-1009	http://cafe.daum.net/weedmwcoop
대구시민의료생협	대구	053-263-1100	준비중
마포의료복지사회적협동조합	서울	02-326-0611	http://www.mapomedcoop.net/
민들레의료복지사회적협동조합	대전	042-638-9042	http://www.mindlle.org
부천의료복지사회적협동조합(준)	경기	032-675-7517	http://cafe.daum.net/bucheonhealth
살림의료복지사회적협동조합	서울	02-6014-9949	http://www.salimhealthcoop.or.kr
서울의료복지사회적협동조합	서울	02-848-2150	http://medcoop.org/
성남의료복지사회적협동조합	경기	031-742-9753	http://snmedcoop.com
수원의료복지사회적협동조합	경기	031-213-8843	http://swmedcoop.com
수원한두레의료생협	경기	031-234-9517	http://cafe.daum.net/handuraesh
순천의료생협	전남	061-725-3875	http://cafe.daum.net/medcoopS
시흥희망의료복지사회적협동조합	경기	031-311-6655	http://shmedcoop.com
안산의료복지사회적협동조합	경기	031-401-2208	http://www.asmedcoop.org/
안성의료복지사회적협동조합	경기	031-672-6121	http://www.asmedcoop.or.kr/
우리마을의료생협(준)	충남	041-632-2918	http://hoonoon.tistory.com
원주의료복지사회적협동조합	강원	033-744-7572	http://www.wjmedcoop.org/
이천의료복지사회적협동조합(준)	경기	–	http://cafe.daum.net/ic-2000
인천평화의료복지사회적협동조합	인천	032-524-691	http://icmedcoop.or.kr/
전주의료복지사회적협동조합	전북	063-221-0525	http://cafe.daum.net/jmedcoop
함께걸음의료복지사회적협동조합	서울	02-937-5368	http://healthcoop.or.kr
해바라기의료복지사회적협동조합	경기	031-282-0791	http://www.medcoop.net/
행복한마을의료복지사회적협동조합	경기	031-397-8540	http://cafe.daum.net/happymedicoop

직접 만들고 민주적으로 운영하여, 서로 믿을 수 있는 진료가 가능하다. 또한 의료 기관을 운영하여 남은 수익으로 지역사회 취약계층에 대한 의료복지서비스를 무상으로 제공하고, 주민들의 자치능력 향상을 위해 건강, 민주주의에 대한 교육을 시행한다. 건강학교, 건강자조모임, 건강소모임 등이 모든 의료협동조합에서 운영되고 있다.

양질의 의료서비스가
세계 곳곳에 미치는 그날까지

| 고은영 |

이화여자대학교 의과대학을 졸업하고 동 대학병원에서 인턴, 인하대학교 병원에서 레지던트 수련을 받았다. 2003년 소아과 전문의 자격, 2008년 보건학 석사 학위를 취득했다. 2003년부터 2009년까지 인천사랑병원, 서울 면목동 녹색병원에서 소아과 과장으로 근무했으며, 국경없는의사회(MSF)와 함께 니제르, 아이티, 시에라리온에서 인도주의 의료 활동에 참여했다. 2010년부터 세계보건기구(WHO) 라오스 사무소에서 모자 보건팀장으로 근무하였고, 2016년 6월부터 북태평양 마이크로네시아 연방국 사무소에서 사무소 팀장으로 일하고 있다.

라오스에서 일한 지 이제 6년 반이 넘어간다. 2010년 4월 이곳에 처음 왔을 때, 주변 분들은 당시 막 시작된 WHO(세계보건기구)-KOFIH(한국국제보건의료재단) 라오스 모자 보건 사업의 기반이 구축되려면 적어도 3년이 필요하다며, 1년만 일하고 한국으로 복귀할 계획이던 나를 만류하셨다. 지금 생각하면 갓 보건학 석사 과정을 마치고 현장 사업에 투입된 내가 가졌던 짧은 시야에 웃음이 나온다. 시간은 흘러 흘러 어느덧 2016년도 끝나 가지만, 시작한 일들은 아직 만족할 만한 결과가 나오지 않고 몸과 마음은 피곤하다. 라오스의 보건의료 발전을 도와주는 일은 그야말로 지구전이다.

한곳에 정착하기보다 도전을 즐기는 사람들

라오스에서 일하면서 국제 보건의료 개발 사업에 종사하는 많은 외국인들을 만났다. 대부분 범상치 않은 경험과 경력의 소유자들이지만, 한 가지 공통점은 낯선 땅에서 일하는 것을 고통스럽게 생각하지 않고 즐긴다는 것이다. 개중에는 가족과 함께 움직이는 사람들도 꽤 있다. 비록 중국, 베트남, 태국에서 생산되는 값싼 공산품과 도요타, BMW, 현대 등의 수입차, 그리고 아이폰, 갤럭시 같은 스마트폰이 라오스의 수도 비엔티안을 세계화의 물결로 뒤덮으며 점점 낯익은 풍경으로 바뀌 가고 있기는 하지만, 다른 언어라든가 기후, 문화, 음식에 적응하는 것이 어떤 이들에게는 매우 힘들 수도 있다. 게다가 사업을 같이 꾸려 가는 팀원들은 다양한 국적의 소유자들이라 또 다른 문화와의 충돌을 경험하게 된다. 성격이 둥글둥글하고, 다양한 사람들 만나기를 좋아하고, 음식을 가리지 않는 사람이라면 국제 보건의료 사업에 적격이지 않을까.

학부 졸업생 몇 명이 WHO 인턴으로 찾아와 함께 시간을 보냈다. 바쁘게 돌아가는 한국 사회의 청년들이라 무슨 일이든 빛의 속도로 해내는 것이 놀랍고 자랑스러웠다. 다들 라오스 사람들을 사귀고 귀한 현장 경험을 쌓으며 즐거워했고, 본인이 이 땅의 사람들한테 조금이나마 보탬이 되었다는 행복감을 얻고 떠나갔다. 무엇보다도 한국의 잣대를 들이밀려 하지 않고 한발 물러서서 이해하려고 노력하는 태도들을 보니, 젊은 세대가 우리보다 훨씬 더 세련되게 국제 무대에서 일할 준비가 되었구나 하는 생각에 기분이 좋았다.

하지만 국제 보건 활동을 꿈꾸는 졸업생들은 또한 나름대로 진로를 고민하고 있었다. 의대나 간호대 졸업생의 경우에는 졸업 후 흔히 그러 듯 임상가의 길을 먼저 걸어야 하는지, 아니면 예방의학이나 보건학 공부를 먼저 해야 하는지 등의 질문을 가장 많이 던졌다. 내 대답은 항상 "다 할 수 있으니 긴 호흡을 두고 생각하세요", "무엇을 하느냐보다는 무엇을 하더라도 어떻게 하느냐를 고민하는 것이 더 중요합니다" 따위 선문답 같은 것이었다.

이 대답은 그저 내가 살아온 방식을 공유하는 차원에서 한 것이지 그 이상도 그 이하도 아니다. 학부를 졸업한 후 임상가로 일하다가 국제 NGO와 WHO에서 활동하게 된 내 삶의 경로는 사실 사전에 계획 했던 것이 없다. 단지 일을 하다 보면 나름의 질문과 좌절이 생기고, 그에 대한 답과 대응 방안을 찾다 보면 생각지 않던 다른 기회가 눈에 보이고 하면서 직업의 징검다리를 건너게 된 것뿐이다. 혹자는 수동적이고 비효율적인 삶의 방식이라고 비판할지도 모르겠다. 나를 찾아온 청년들은 사실 진로에 대해 훨씬 더 현실적이고 구체적인 생각들을 가지고 있었다. 하지만 위에서 언급한 국제 보건 활동 전문가들의 경력을 훑어보면 내 경력은 비교적 단순한 편에 속한다. 한곳에 정착하지 않고 도전을 좋아하는 사람들의 경력은 화려한 거미줄처럼 복잡해 감탄을 자아낸다.

의대나 간호대 졸업생이 아니지만 여타 경로로 보건학을 공부한 청년들은 많은 경우 국내 혹은 국제 NGO라든가 KOICA(한국국제협력단), KOFIH(한국국제보건의료재단) 등의 국내 양자 원조 기구를 통해 국제 보건 활동에 첫발을 들여놓는다. 모든 일이 그렇듯이 보건 영역 또한 다양한 분야의 전문가들을 필요로 하기 때문에 의사나 간호사는 전체 인력의 일부에 불과하다.

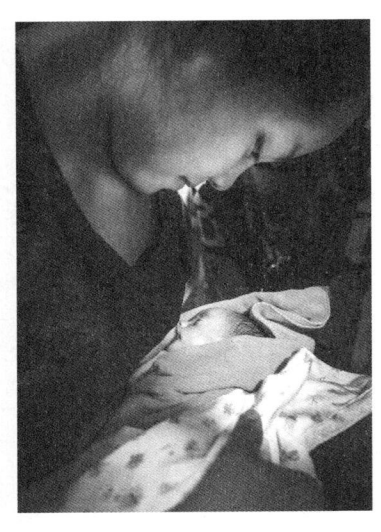

:: 모유 사업은 모자 보건 사업의 중요한 아이템 중의 하나이다.

이와 관련된 에피소드 하나. 처음 라오스에 왔을 때의 일이다. 우리 모자보건팀장이었던 중국인 원구오 씨가 어느 날 내게 마을 보건 요원들이 공부하고 사용하게 될 모자 보건 매뉴얼 초안을 주면서 코멘트할 게 없느냐고 물었다. 그때까지 임상가로서의 경험밖에 없던 나는 즉각 한 줄 한 줄 내용이 맞는지 틀리는지 체크하기 시작했다. 그렇지만 원구오 씨의 초점은 책자의 크기가 농부인 마을 보건 요원들의 호주머니에 들어갈 만한지, 반문맹인 마을 보건 요원들이 읽기 쉽도록 글자 간격이 넉넉하고 그림이 많이 삽입되었는지, 중요한 기본 메시지가 박스에 넣어져 강조되었는지 등의 편집 문제였다. 결국 내용 못지않게 중요한 것은 이 책이 마을 보건 요원들에게 잘 쓰일지, 그리고 어떻게 배포하고 교육하고 잘 쓰는지 모니터링할지 같은 총체적인 활동의 그림이었다. 이 한 가지 활동이 완결되기 위해서는 보건부와의 몇 단계에 걸친 자문, 예산 편성, 훈련을 위한 지방 출장과 같은 행정 업무가 수반되어야 해서 재정 담당 행정가도 필요하다. 또한 많은 정부 정책 문서나 가이드라인의 출간을 보조하는 WHO 사무소에는 편집을 맡는 디자이너가 따로 있고, 그들의 역할이 크다.

생명을 구하는 전략은 우리의 상식 속에 있다

WHO 라오스 사무소는 WHO 서태평양 지역에 속해 있으며, 가장 큰 사무소 중 하나이다. 약 60명의 직원이 있고 그중 비(非)라오스인 직원은 10여 명이다. 라오스 사무소가 큰 이유는 높은 모성 사망률과 아동 사망률, 낮은 예방접종률 및 뎅기열, 말라리아 같은 열대병에 대처하고, 식수 및 위생 개선 등의 보건 문제를 해결하는 데에 아직 라오스 보건부 및 정부가 WHO의 기술 자문을 필요로 한다는 판단 때문이다. 하지만 궁극적으로 WHO를 비롯한 다른 UN 기구, NGO, 양자 원조 기구와 같은 개발 파트너들은 이 나라 정부 및 국민들이 스스로의 역량을 갖고 홀로 서는 순간 떠나는 것을 목표로 삼고 있다.

WHO 라오스 사무소에는 라오스 보건의료체계의 재정, 정보, 인력 등 전반적인 사안을 지원하는 보건 체계 부서, 아동과 성인의 예방접종을 지원하는 백신 부서, 각종 전염병 및 열대 질환의 감시와 대응을 지원하는 역학 부서, 식수 및 위생, 환경의 제반 문제에 대한 대처를 지원하는 환경 보건 부서, 결핵, 말라리아, HIV 감염 및 후천성 면역 결핍증 관리를 지원하는 부서, 그리고 현재 내가 몸담고 있는 아동 및 모성 건강 문제에 지원을 제공하는 모자 보건 부서가 있다. 사무소별로 조직의 구조와 규모가 조금씩 다른데, 예를 들어 만성병, 식품 위생 및 영양 문제가 더 큰 이슈가 되는 나라에서는 만성병 부서가 크다든가 하는 식이다. 라오스에서는 모자 보건이나 전염병 관리 등의 이슈를 정부가 우선순위에 놓고 있기 때문에 만성 질환 관리 전략은 비교적 최근에 세워졌고, 일부 선정 지역에서 시범 사업이 시작되는 상황이다.

구체적으로 WHO가 어떤 일을 하는지 설명하려면 길고 지루할 수 있으니, 관련된 에피소드를 하나 더 얘기하겠다. 한번은 일본 교토대학교에서 학부 1, 2년 차의 신입 의대생과 간호대생 20여 명이 WHO 라오스 사무소를 방문했다. 대부분의 학생들이 영어가 서툰 탓에 방문을 총괄하는 지도교수의 통역을 통해 모자 보건 부서에서 무슨 일을 하는지 설명해야 했다. 준비한 프레젠테이션에 꽤 기술적인 내용이 많아 어떻게 할까 생각하다가, 우선 MDG(새천년 개발 목표), 모성 사망률과 아동 사망률의 의미, 라오스의 지형, 다양한 민족 구성, 빈곤 문제를 서너 슬라이드에 걸쳐 설명하고, 라오스의 모자 보건 전략이 ①정부의 리더십과 거버넌스, ②양질의 모자 보건 서비스 전달, ③지역사회 동원이며 그 의미는 무엇인지 간단한 언질을 주었다. 그리고 나서 "여러분에게 만일 모자 보건 프로그램을 짜라고 한다면 어떤 내용들을 생각할 수 있을까요?" 하고 질문을 던졌다.

이 질문을 던진 이유는 보건학의 문제 해결이라는 것이 지극히 상식적인 생각에서 비롯된다는 내 경험 때문이었다. 또 한 가지, 보건학은 철학이나 인류학처럼 '왜(why)'나 '무엇(what)'의 문제에 깊이 천착하기보다는 '어떻게(how)'라는 실천 방식을 찾는 데에 중점을 둔다. 모성 사망률과 아동 사망률이 높다면 낮춰야 하고, 뎅기열이나 말라리아 때문에 사람들이 아프거나 사망한다면 막을 방법을 생각해야 한다. 인간 사회에서 사망과 건강의 문제에 관한 한 다른 우선순위가 없다고 생각한다.

내가 이 질문을 던지자, 학생들은 놀랍게도 연간 10억의 돈을 들여 라오스 17개 도 중 2개 도의 모자 보건을 지원하는 WHO-KOFIH 모자 보건 사업의 활동 내용 가운데 절반 이상을 생각해 냈다. 마을 반상회를 통한 의논, 훈련된 마을 보건 요원들을 통한 주민 교육, 보건소와 마을 주민들 사이의 연계를 강화하기 위한 마을 방문 진료 및 무료 분만 쿠폰의 사용, 도/군 보건 당국과 병원의 보건소 지도 및 서비스 질 향상을 위한 몇 가지 훈련 등이, 물론 내가 어느 정도 질문을 던져 가며 유도하기는 했지만, 모두 학생들 입에서 튀어나왔다. 놀랍지 않은가! 빈곤국의 수많은 보건학적 문제들은 해결 방안이 학문적으로 복잡하지 않다. 단지 열악한 재정, 험난한 도로로 인한 낮은 서비스 접근성, 양질의 인력 부족 등 빈곤으로 야기되는 일반적인 상황 속에서 실질적으로 가능한 최선의 해결 방안을 찾는 것이 관건이다. 그리고 이 과정에서 사전 예측과 사후 결과의 비교를 통해 증거 기반을 만들고, 필요한 경우 중앙 정부나 지방 정부의 고위 관료나 개발 파트너 및 개발 공여국을 상대로 보건에 더 투자하도록 증거 기반 옹호 활동을 벌이는 일이 추가될 뿐이다.

현지 공무원들의 역량을 키우고 지원해야

WHO에서 일하면서 라오스 친구가 많이 생겼다. 대부분 사무실 직원들과 라오스 보건부 관료들, 그리고 모자보건팀이 집중적으로 지원한 시엥쿠앙, 후아판 도의 보건 당국 관료들이다. 특히 보건부 내의 모자보건센터 담당자들과는 각별한 사이다. 단지 일로 만나는 비즈니스 파트너가 아니라 친구 관계로 발전할 수 있었던 가장 큰 이유는 함께 지방 출장 여행을 다녔기 때문이다. 여행만큼 사람을 잘 알게 되고 친밀감을 높일 수 있는 길은 없다. 우리 일은 대부분 군 병원이나 보건소, 마을을 방문하면서 사업이 잘되고 있는지, 애로 사항은 없는지 감독하고 지원하는 것이다. 그러는 가운데 같이 마을 시장을 둘러보면서 먹을거리를 사고, 아침, 점심, 저녁을 함께하고 하루에도 몇 시간씩 먼지를 뒤집어쓰면서 차를 타고 다니면 자연스레 일 외의 다른 여러 사생활에 대한 수다를 떨게 된다. 가끔씩 조심스럽게 정부를 비판하는 얘기도 흘러나오고, 일선에서 땀 흘리는 중간 및 말단 공무원들의 애환도 들려온다. 돈 없고 길이 멀어 산모가 산꼭대기 집에서 애를 낳다가 사망하기도 하고, 폐렴, 설사병같이 초기에 제때 치료받기만 하면 문제없이 나을 수 있는 병에 걸린 5세 미만의 아이들이 치료 시기를 놓쳐 사망하는 상황을 전하는 이들의 목소리에는 절절한 안타까움이 묻어 나온다.

내게 라오스 말을 가르쳐 주고 라오스 문화를 일일이 접하게 해 준 모자보건센터의 닥터 마니손과 닥터 빠놈은 마치 언니 같다. 자칫 지루할 수 있는 여행에서 매번 농담을 건네고, 같이 활동을 의논하며, 지방 공무원들과 의논한 대로 서로 손발을 맞추어 활동을 벌이는 닥터 캄마니와 닥터 시리숙, 닥터 숙사반은 남동생처럼 스스럼없다. 이들에게서 나는 라오스를 속속들이 배웠고, 그들은 이국땅에서 자기 나라 사람들을 돕겠다고 날아온 한국인의 새로운 안목과 관점을 접하면서 같이 먹고 자고 여행을 다니는 데에서 즐거움과 동기를 얻는 것 같다. 박노해의 시 「다시」에 담긴 "희망찬 사람은 / 그 자신이 희망이다 // 길 찾는 사람은 / 그 자신이 새 길이다 // 참 좋은 사람은 / 그 자신이 이미 좋은 세상이다 // 사람 속에 들어 있다 / 사람에서 시작된다"라는 구절이 라오스에서 다시 와 닿는다. 박봉에도 밤늦게까지 눈을 빛내며 일하는 자세와 개선의 의지, 그리고 열악한 상황 속에서도 느릿느릿한 라오스식 삶의 리듬을 타고 긍정적으로 일하며 살아가는 모습을 보면서 이 사람들이야말로 라오스 모자 보건 개선 사업의 희망이라는 생각을 거듭한다.

지방 공무원들과도 정을 텄다. 소수 민족인 몽족 출신으로 연설의 대가이나 중풍으로 언어 마비가 되어 지금은 은퇴한 시엥쿠앙 도 보건당국장 닥터 비냔, 술과 담배 냄새가 가실 날이 없는 시엥쿠앙 모자보건팀장 닥터 캄펫과 그 밑에서 말없이 모든 일을 척척 해내는 닥터 캄라, 여행을 같이 다니면서 나를 지극히 보살펴 주는 후아판 도 보건당국 부국장 마담 통바이와 마담 방 사마이, 그리고 특히 기억에 남는 군 보건당국 국장들과 모자보건팀장들도 있다.

모자보건센터 직원들만 해도 영어로 의사소통을 할 수 있지만, 지방에 내려가면 손짓 발짓을 동원해야 한다. 초기에 지방 여행을 많이 다니면서 라오스어의 정글에 던져져 강훈련을 받은 덕에 지금은 웬만한 의사소통이 가능하게 되었다. 어느 나라 사람이든 외국인이 자기네 언어로 말을 건네 오는 것만큼 친밀함을 느끼는 경우도 없을 것이다. 처음 만나는 사람들과도 "사바이디(안녕하세요)", "어, 라오스 말을 하네" 하면서 인사를 주고받기 시작하면 이미 절반은 친해진 셈이다. 외국인을 거의 본 적이 없는 외딴 마을의 사람들도 떠듬거리는 라오스 말에 키득키득 웃으면서 마음을 연다.

결국 WHO에서 라오스의 보건의료 개발을 지원하면서 남겨 주는 것은 보건부의 각종 정책 및 전략 문서, 표준 가이드라인이지만, 이런 문서들이 지방에서 실행되고 개선이 이루어지게 만드는 것은 바로 공

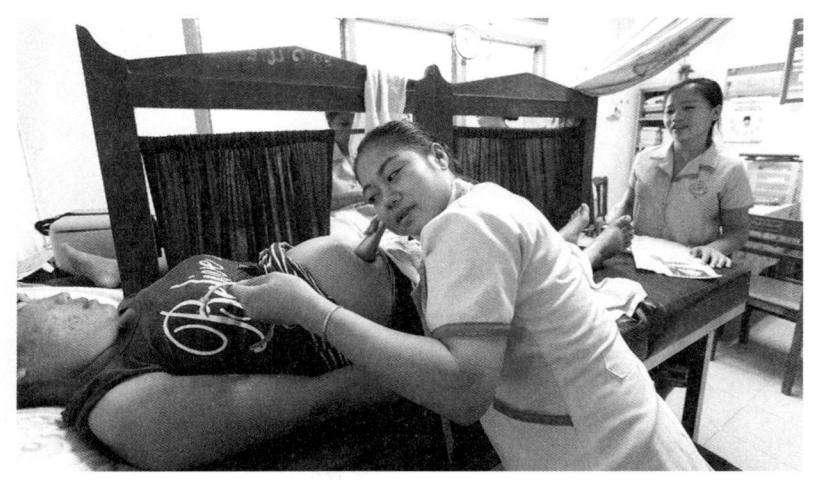

:: 훈련받은 산파 요원이 Pinard 청진기를 이용해 태아 심박동 수를 체크하고 있다.

무원들의 리더십이다. 사회주의 국가인 라오스에서 정부는 가장 큰 고용주이며, 모든 사회 영역에서 공무원의 역할이 절대적으로 중요하다. 아직 교육 수준이 낮은 탓에 마을 주민들이 스스로 토론에 참여하고 목소리를 높여 변화를 만들어 내는 경우는 극히 드물고 주민 동원 모델이 적용된다. 여기에는 라오스여성동맹, 라오스청년동맹, 라오스건설국가전선 등의 동원 단체들이 참여한다. 그러므로 WHO의 사업을 통해 열정 넘치고 똑똑한 라오스 관리들과 함께 일하면서 이들의 역량을 강화하는 한편 산적한 문제 앞에서 지치고 좌절하지 않도록 적절하게 지원해 준다면, 결국 라오스의 보건의료 상황은 크게 개선될 것이다.

라오스의 의료 자립을 위하여

이 모든 즐거움과 보람에도 불구하고, 나는 이 글 첫머리에서 "몸과 마음이 피곤하다"고도 토로했다. 가끔씩 써 내려갔던 일기들을 다시 읽어 본다. 수많은 좌절의 순간이 적혀 있다. 사람에게서 즐거움과 희망을 찾는 것만큼이나 사람에게서 실망과 어려움을 느끼는 경우도 있다. 팀장으로서 대여섯 명의 팀원들을 부드러운 목소리로 다독여 가며 동기를 부여하고 팀워크를 다잡는 것은 쉬운 일이 아니다. 사무소 내에서 나는 아마 다혈질의 일 중독자라는 평판이 나 있을 것이다. 이런저런 미팅에 나가면 생각이 다른 파트너와 협의하는 과정에서 이른바 정치적인 상황에 맞닥뜨린다. WHO가 보건부와 의논한 계획의 대의를 전달하고 설득하는 과정에서 서로 다른 의견들의 조율이 필요하지만, 우리 모두 라오스를 지원하겠다는 한마음을 가지고 있다는 생각을 거듭 되새기지 않으면 이런 분위기를 견디기 어려울 때도 많다.

같이 일하는 공무원들 중에는 앞에서 언급한 것처럼 개인 시간까지 바쳐 가며 라오스인들을 위해 열심히 애쓰는 사람이 있는가 하면, 도대체 무슨 일을 하면서 시간을 보내는지 모르겠지만 우리가 열심히 도와주어도 결과물을 좀처럼 내놓지 않는 무사안일주의 공무원도 있어 실망스럽고 짜증이 난다. 그렇지만 그때마다 항상 생각하는 것은, 미워할 대상은 사람이 아니라 성과 평가가 제대로 이루어지지 않고 무사안일이 허용되는 시스템이라는 것, 서로 혹독하게 비판하지 않는 다정하고 점잖은 라오스의 문화가 어떤 면에서는 공사를 구분하기 힘들게 만든다는 것, 그리고 결국 나는 이 나라의 손님이지 주인이 아니라는 사실이다.

한 나라의 보건의료 발전에 기여한다는 과제를 떠안을 때는 내가 대양에서 서서히 움직여 가는 큰 배의 한 부분임을 인정하고, 빨리빨리 결과를 보려는 조급함을 던지고 인내심을 길러야 한다. 그렇지만 그 안에서 내가 하나의 부품에 지나지 않는다는 타성에 젖지 않기 위해 끊임없이 전체를 관망하고 방향 감각을 잃지 않는 것 또한 중요하다. 이 배는 크게 보면 라오스 정부, 작게 보면 라오스 보건부라고 할 수 있으며, 때로는 격려도 하고 때로는 따끔한 말도 던지는 동료가 되는 것이 WHO의 역할이다. WHO의 궁극적인 목표는 일차적으로 그 나라 정부 및 파트너들과 함께 질병이나 사망을 할 수 있는 데까지 예방하고, 양질의 의료서비스가 나라 구석구석까지 미치도록 정책 자문에 응하며 각 지방에서 실행되게끔 돕는 것이다.

인문의학은
비판과 실천을 통해 완성된다

| 최규진 |

2005년 인하대학교 의과대학을 졸업한 후 강화도의 석모도, 교동도에서 3년간 공중보건의사로 근무했다. 2008년부터 서울대학교 의학대학원 인문의학교실에서 인문의학을 전공하여 2011년 석사, 2014년 박사 학위를 취득했다. 현재 보건의료단체연합 기획국장, 인도주의실천의사협의회 편집국장, 반핵의사회 운영위원, '건강과대안' 연구위원으로 활동하고 있으며, 모교인 인하대학교에서 인문의학을 강의하고 있다.

인문의학이란 말을 들어 본 사람이 이 책을 읽는 사람 중 몇이나 될까? 아마 의대를 나왔다 하더라도 인문의학이란 말을 들어 보지 못한 사람이 부지기수일 것이다. 그만큼 한국 사회에서 인문의학에 대한 인지도는 아직 높지 않다. 최근에야 체계를 다진 영역이기도 하지만 그동안 한국의 의학 교육이 임상 의사를 길러 내는 데 방점이 찍혀 있던 탓이기도 하다.

의학역사를 연구하는 의사학(醫史學) 분야는 비교적 일찍부터 일부 대학에서 독립된 과목으로 존재했다. 그러던 중 2000년 무렵부터 윤리 문제를 건드리는 첨단의학연구와 의료인들의 비도덕적 행태가 사회적 쟁점으로 부각되면서 의료윤리 교육의 필요성이 강조되기 시작했다. 이러한 흐름 속에서 의사학과 의료윤리, 의료사회학, 의철학 등을 아우르는 영역으로서 인문의학(혹은 인문사회의학)이 정립되고 있는 상황이다.

그렇다고 인문의학이 인기가 높다거나 '전망'이 아주 좋은 분야라고 자신 있게 말하긴 어렵다. 의대 내에서는 여전히 '뭐, 있으면 좋은 교양 과목' 정도의 인식이 팽배하다. 학교마다 인식 수준에 따라 인문의학 관련 교육의 양과 질도 천차만별이다. 대학은 그나마 많건 적건 인문의학 교육이 이루어지고 있으나, 대학원 과정에서 인문의학을 전공과(교실)로 두고 있는 학교는 극소수이며, 실제 나와 같이 인문의학을 전공해 박사까지 딴 사람은 손으로 꼽을 정도다. 그래도 의사국가고시에 관련 문제가 나오기 시작했고 인문의학 교실을 둔 의대도 늘고 있어, 적어도 양적으로는 교육이나 연구 조건이 나아지고 있다.

인문의학이란 뭘까? 왜 필요할까?

대충 인문의학의 현재 상황에 대한 설명은 이 정도로 하고, 인문의학이란 도대체 무엇인지, 그리고 왜 필요한지에 대해 얘기해 볼까 한다.

우선, 인문의학이란 무엇일까? 어떤 사람은 내과, 외과, 병리학 등의 임상과나 기초의학처럼 의사로서 환자를 보는 데 필요한 인문학을 연구하는 것으로 보기도 하고, 어떤 사람은 의사가 전문 지식인으로서 혹은 사회 구성원으로서 갖추어야 할 인문학적 소양을 닦는 것쯤으로 보기도 한다. 현실적으로 보자면 둘 다 틀린 말은 아니다. 의사가 자기 전공 분야를 연구하는 것처럼, 나 역시 인문의학자로서 의학역사와 의료윤리를 비롯한 보건의료와 연관된 인문학 분야를 연구하고 있다. 또

강의를 통해 의사가 될 의대생들에게 인문학적 소양을 제공하기 위해 나름 안간힘을 쓰고 있다.

그러나 이 정도가 인문의학의 목적 또는 존재 이유라면 굳이 의대를 나온 사람이 할 필요는 없을 것이다. 역사 전공자나 윤리, 사회학 혹은 철학 전공자가 더 잘할 수 있을지도 모른다. 의사 출신이 인문의학을 할 필요가 있고, 해야 할 이유는 아주 간단하다. 보건의료, 그리고 그 행위자인 의사에 대한 인문주의적 이해와 개입이 보다 수월하기 때문이다. 그러나 이 인문주의적 이해와 개입이라는 것을 이해하고 체득하는 것은 쉽지 않다. 인문주의에 대한 정의나 해석도 천차만별이지만, 적어도 내가 인식하는 인문주의는 '착한 의사'를 만들고자 하는 인도주의나, 교양이 풍부하고 글 잘 쓰는 의사를 만들고자 하는 엘리트주의와는 거리가 멀다.

"우리가 인문주의라는 것을 이해한다는 말은 그것을 민주적인 것으로, 모든 계급과 환경에 열려 있는 것으로 이해한다는 뜻이며 또한 끊임없는 상기와 발견, 자기비판, 해방의 과정으로서 이해한다는 뜻입니다. 저는 더 나아가 인문주의가 곧 비판이며, 이 비판이란 대학 안과 밖의 사건들이 처한 상황 속으로 우리를 인도한다고 주장하겠습니다. (이는 스스로를 엘리트 육성으로 내세우며, 편협하게 트집 잡는 휴머니즘이 취하는 입장과는 전적으로 거리가 있지요.)"
– 에드워드 W. 사이드 지음, 김정하 옮김, 『저항의 인문학: 인문주의와 민주적 비판』(마티, 2008), pp. 43~44

내 깜냥으로는 아직 인문의학에 대해 정의 내리기 어렵지만, 애써 맞춰 보자면 위에 적은 에드워드 사이드의 관점과 가장 가깝다. 즉, 인문의학은 의학이 "민주적인 것으로, 모든 계급과 환경에 열려 있는 것을 이해"시키고, 또한 "끊임없는 상기와 발견, 자기비판, 해방의 과정으로서 이해"될 수 있도록 견인하는 것이다. 나아가 인문의학에서 가장 중요한 것은 비판이며, 이 비판이란 의대 혹은 병원 "안과 밖의 사건들이 처한 상황 속으로" 의료인들을 인도하는 과정이라고 생각한다.

짧은 식견 탓에 남의 목소리를 빌려 인문의학에 대해 설명하려다 보니 이해를 더 어렵게 만든 느낌이 없지 않다. 해서, 좀 부끄럽지만 내가 인문의학을 하게 된 과정을 털어놓으며 이해를 돕고자 한다.

의약분업 이후 풀리지 않은 의문이 인문의학으로 이끌다

내가 의대에 들어온 이유는 단순하다. 부모님 스타일상으로나, 경제적으로나 내가 하고 싶은 것들을 할 수 있는 환경이 아니었다. 어쭙잖게 누구에게 구속받는 것은 또 굉장히 싫었다. 그래서 생각해 본 결과, 경제적으로도 나쁘지 않고, 누구 눈치 보지 않으며 독립적으로 자기 영역을 가장 빨리 구축할 수 있는 직업은 교사나 의사라는 답이 나왔다. 또 머리 쓰는 것은 싫어하는 대신 손으로 하는 것에 자신이 있었던지라 외과 의사가 되고 싶었다. 그렇게 삼수 끝에 의대에 들어왔다.

삼수까지 하다 보니 책이 정말 보기 싫었다. 그래서 '쓰레기'라고 불릴 만큼 정말 생각 없이 놀았다. 학교도 등한시한 채 1년을 놀고 나니 느닷없는 호출이 떨어졌다. 의약분업 사태라고 하는 전대미문의 사건이 터진 것이다. 병원에 있는 까마득한 선배들로부터 한 명도 빠짐없이 참여해야 한다는 '명령'이 떨어졌다. 내가 다니는 학교만의 상황이 아니었다. 전국 의대생들이 비슷한 상황에 휩쓸렸다. 의사들의 폐·파업시위가 시작됐고, 의대생들도 유급을 불사하며 '투쟁'에 결합했다. 생각 없이 놀던 내가 발 딛고 있는 곳이 의료계라는 것을 처음 자각한 순간이었다. 그리고 그 의료계에 있는 한 사람으로 사회와 직접 살을 맞댄 첫 순간이었다.

삼수까지 한 상황에서 지각 있는 척이 하고 싶었는지, 놀던 것을 중단하고 적극적으로 결합했다. 선배들과의 대화 속에서 '의약분업반대'를 외치는 것이 정당하다고 느꼈다. 그렇게 '거듭난' 나는 과천 정부청사 앞 시위까지 따라다니며 해 본 적 없는 팔뚝질을 해 댔다. 그런데 이상하리만치 (의대가 아닌) 동네 친구들은 내 행동을 탐탁지 않게 생각했다. 신문지상에서는 응급실 폐쇄로 인해 피해를 본 환자들 이야기가 쏟아졌다. 라디오를 들으며 허공에 퍼붓는 택시기사의 욕지거리에 의대생이 아닌 척하는 경우도 많았다. "잘 몰라서 그런가 본데…" 하며 반박하기도 했지만 왠지 말이 잘 연결되지 않았다. 그들이 잘 몰랐는지는 모르겠지만, 사실 나 역시 많은 걸 알고 있지 못했다.

그러던 어느 날, 나로서는 이해할 수 없는 상황들을 남긴 채 선배들이 사라졌다. 곧이어 휴교 때문에 밀렸던 시험들이 쏟아지며, 모든 것이 제대로 정리되지 않은 채 봉인되었다. 어느 누구 하나 시원하게 우리가 싸웠던 이유와 싸움을 접은 이유에 대해 납득할 만한 설명을 해주지 않았다. 어쩌면 당연한 일이었는지 모른다. 뒤늦게 안 사실이지만 의약분업 사태는 나에게만 불명확한 과제로 남은 것이 아니라 한국 현대사에서조차 정리되지 않은 문제로 남았다. 어찌 됐건 그 사건을 통해, 내가 좋건 싫건 의료계 울타리 안에 있는 존재라는 것, 그리고 그

울타리 안에 있는 사람들의 생각과 울타리 밖에 있는 사람들의 생각이 무척 다르다는 것을 분명히 알게 되었다.

그때부터 사회에 관심을 가져야겠다는 생각을 하기 시작했다. 울타리 안에 두 발 딛고 살 수밖에 없을지언정 울타리를 넘나들며 세상을 보지 않으면 안 되겠다고 생각했다. 하지만 혼자서 뭘 해야 할지 막연했다. 사회 문제를 고민한다는 운동권 동아리도 적지 않았으나, 그들 역시 시위를 이끌 때에는 많은 글들을 쏟아 냈다가도 애매하게 마무리한 후에는 그럴듯한 대자보 한 장 붙이지 않았다. 때문에 굳이 노크하고 싶지 않았다. 결국 사회 문제를 고민하고, 함께 울타리를 넘나들 사람들을 새롭게 모아서 의대 내에 신문사를 만들었다. 몇 년 '의료와 사회'라는 화두를 가지고 여기저기 쫓아다니다 보니 나름 세상을 보는 관점도 생겼고 나의 궁금증을 풀어 줄 만한 사람들도 만날 수 있었다.

사회가 보이면 보일수록 의료계 울타리 내에서는 잘 보이지 않았던 수많은 사람들과 수많은 문제들이 내 앞에 나타났다. 그러나 학생 신분으로 개입할 수 있는 데에는 한계가 있었다. 2005년 의사국가고시가 끝나자마자 병원 대신 군대를 택했고, 휴가가 많은 섬 지역 공중보건의사를 지원했다. 이제 의사로서 사회와 다시 살을 맞댈 수 있었다. 나와 비슷한 고민을 하고 있을 의료인들과 학생들을 찾아다니며 모임을 꾸렸다. 이를 기반으로 의료민영화 반대운동을 시작했다. 그리고 산재노동자운동, AIDS감염인 인권운동, 성소수자 인권운동, 반전운동 등 의료인이 관심 가질 필요가 있는 각종 운동에 결합했다. 노숙인 진료 지원, 단식 농성장 진료 지원, 고공 농성 진료 지원 등 각종 진료 지원을 다니기도 했다. 공중보건의사로 근무하며 그렇게 3년 동안 의료계 "안과 밖의 사건들이 처한 상황 속으로" 나 자신을 몰아넣었다.

:: 영리병원 반대 집회에서의 필자 모습.

따뜻한 손, 냉철한 머리를 갖기 위해 대학원 진학과 사회활동 병행

머리보다 손에 자신 있어 외과 의사를 꿈꿨던 나였지만, 그렇게 3년을 지내고 나니 손보다 발을 더 신뢰하게 되었다. 하지만 발만으로 살기엔 뭔가 부족함을 많이 느꼈다. 발로 뛰며 적절히 따듯한 손을 뻗을수 있었지만, 의사로서 냉철한 손도 필요함을 느꼈다. 발로 뛰며 경험한 것들을 정리할 수 있는 분석적인 머리도 필요했다. 더 냉철한 손을 갖기 위해선 병원에 들어가 수련을 받아야 했다. 더 분석적인 머리를 갖기 위해선 대학원에 들어가야 했다. 둘 다 하기엔 두 발이 묶여 버릴까 두려웠다. 결국 병원 대신 내 발을 이해해 줄 수 있는 곳을 찾아 나섰다. 그래서 들어간 곳이 서울의대 인문의학교실이었다.

6년 반 동안 의학역사와 의료윤리를 공부하며 사회 활동도 이어 나갈 수 있었다. 그동안 미국산쇠고기수입 문제, 의료민영화 문제, 세월호 사건, 그리고 수많은 단식 투쟁과 고공 농성이 있었다. 공부하는 틈 틈이 그곳에 찾아가 진료 지원이든, 강연이든, 행사 도우미든 울타리 밖의 끈을 놓지 않기 위해 안간힘을 썼다. 이는 이러한 실천이 인문의 학의 자양분이 된다는 것을 가르쳐 준 지도교수님이 있었기에 가능했 다(사실 서두에서 전제했듯이 모든 의대의 인문의학이 이런 관점, 이런 분위기일 리는 없다).

이런 경험은 자연스레 학문 연구에도 녹아들었다. 인문의학을 배우 며 처음 쓴 논문은 의료인 간의 갈등에 관한 것이었다. 간호사, 의료기 사, 의사, 또 의사 중에서도 인턴, 레지던트, 교수 등등 병원 내 존재하 는 수많은 직군들 사이에 어떤 갈등이 있고, 그러한 갈등이 왜 유발되 는지, 그리고 어떻게 하면 해결 가능한지 현장의 목소리를 담은 연구였 다. 이는 병원 내에서 의사 집단 "안과 밖의 사건들이 처한 상황 속으 로" 나를 포함한 의사들을 "인도"하는 과정이었다.

나와 비슷한 고민, 아니 훨씬 더 어려운 상황에 놓였을 의사들의 삶 을 추적하기도 했다. 일제시대 의사로서, 지식인으로서 그 엄혹한 시대 적 상황에서도 개인의 안위를 돌보는 데 머물지 않고 사회적, 역사적 존재로서 자신의 양심을 지키고 실천했던 사람들의 삶을 정리했다. 사 실 이들의 삶을 정리하는 과정은 학자로서의 기여보다는 나 스스로를 위로하고 다잡기 위한 작업이었다.

박사 논문으로는 흔히들 식민지 근대화의 근거로 언급하는 일제의 의료 정책에 대해 정리했다. 즉, 일제의 의료 정책이 식민통치의 혜택 이 아니라 오히려 방치와 저해라고까지 평가할 만하다는 것을 구체적 인 사실로 제시하고자 했다.

현재는 731부대에 관해 연구를 하고 있다. 이러한 작업들은 결코

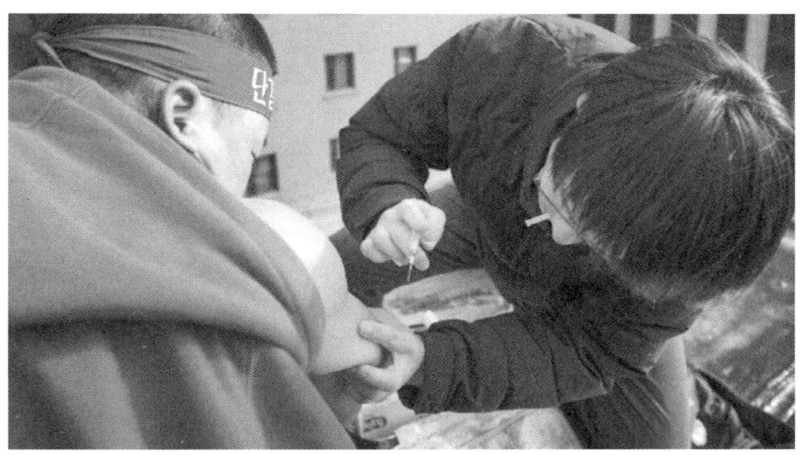

: : 2014년 12월 11일 광화문 광고탑 위에서 30일째 고공 농성을 하느라 건강이 악화된 씨앤앰 비정규직 해고노동자의 팔에 주사를 놓는 모습.

'일본인＝나쁜 놈'이란 얘기를 하고자 함이 아니다. 의료인이 올바른 사회의식을 갖지 못한다면, 훌륭한 지식과 기술마저 쉽게 정치적 도구로 변질되거나 사리사욕을 위한 수단으로 점철된다는 것을 극명하게 보여 주는 사례이기 때문이다. 이는 의료라는 울타리가 별나라에 존재하는 것이 아니라 사회 속에 존재하는 이상 현재, 미래 그리고 일본뿐 아니라 한국의 의사들에게 얼마든지 적용될 수 있는 얘기이다.

짧은 지면에 인문의학의 매력을 담으려다 보니 나름 대단한 일들을 한 것처럼 쓴 것 같다. 그러나 위에 업적인 양 늘어놓은 것들은 자랑만은 아니고, 초라한 변명이기도 하다. 의사로서의 길을 포기하면서까지 우리 사회의 모순들을 찾아다니며 그곳에 있는 사람들과 함께 비를 맞고 있는 사람들도 적지 않기 때문이다. 거꾸로 나와 유사한 경험을 토대로 의사로서 혹은 학자로서 사회에 중요한 기여를 하고 있는 분들 또한 많다. 그에 비하면 나는 아직도 길을 찾지 못한 채 방황하고 있는 것

일지도 모른다. 마저 변명을 더 하자면 어쩌면 그러한 방황 또한 인문
의학적 삶일지도 모른다.

실천을 놓지 않기 위한 활동

마지막으로 현재 나의 상황을 소개하며 마칠까 한다. 의료역사와
의료윤리를 공부하며 틈틈이 발표도 하고 논문도 쓰지만, 지금의 나를
만든 인문학적 실천을 놓지 않기 위해 노력하고 있다. 우선 나와 유사
한 경험과 생각을 가진 젊은 의료인들을 모아 '젊은 보건의료인의 공
간, 다리'라는 모임을 만들어 활동하고 있다. 의료민영화 반대운동에
있어 어느 단체보다 선구적 역할을 해 온 보건의료단체연합과 인도주
의실천의사협의회에서도 활동을 하고 있다. 또한 의사이기 때문에 가
장 가깝고, 그래서 더더욱 엄밀하게 봐야 할 핵에 대한 문제의식을 공
유하는 사람들과 반핵의사회를 꾸려 나가고 있다. 보건의료인들끼리만
보건의료를 고민하다 보면 많은 부분을 놓치게 된다. 때문에 '건강과대
안'이란 단체를 만들어 보건의료 영역을 넘어 여성, 과학, 문화 등 각종
사회 분야와의 소통도 꾀하고 있다.

별로 재미도 없는 이런 이력들을 늘어놓는 이유는 첫째, 이 글을 읽
는 이들에게 한국 사회에서 인문의학을 전공해서 살아간다는 게 그다
지 안락하고 멋지지 않다는 것을 솔직히 고백하고자 함이고, 둘째는 인
문의학이란 것이 실천적 학문임을 내 스스로에게(발이 녹슬지 말라
고), 그리고 독자들에게 다시 한 번 강조하고 싶어서다.

사회를 향한 실천이 없는 인문의학은 '고상한 의사 선생님'의 잘난

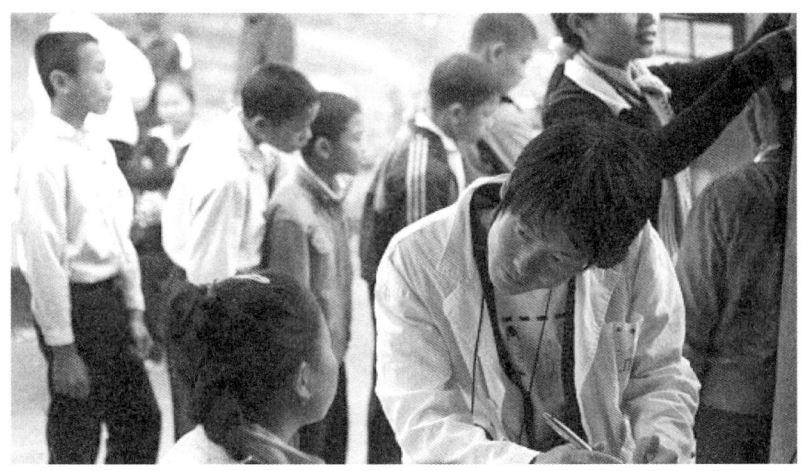

:: 라오스에서의 의료 봉사 모습.

체를 위한 도구로 전락하기 십상이다. 실제 의학의 역사를 자신의 과시를 위해 쓰거나 의료윤리를 자기 정당화를 위해 쓰는 경우가 허다하다. 나는 의대에 입학하는 많은 이들이 몇몇 의학 영웅들에 감탄하거나 의료윤리의 4원칙을 외우는 것에 그치지 않고, 인류 역사에 진정 보탬이 되는 윤리적인 의사의 삶이 어떤 것인지 배울 수 있기를 바란다. 그렇다고 많은 의대생들이 인문의학을 전공으로 선택하길 바라는 것은 아니다. 그 배움은 인문의학 수업 시간을 통해서가 아니라 스스로 사회를 두드린 만큼 얻을 수 있기 때문이다.

결핵이 퇴치되는 그날까지

| 오경헌 |

2002년 연세대학교 의과대학을 졸업하고 가정의학과 전문의 자격을 취득했다. 2012년부터 결핵연구원에서 교육기술협력부장으로 일하고 있다.

결핵은 인류의 발자취와 더불어 존재해 온 장구한 역사를 가진 질병이다. 그만큼 끈질기게 인류를 따라다니며 많은 생명을 앗아 갔다. 세계보건기구는 2014년 결핵으로 인해 전 세계에서 960만 명의 환자가 발생했고 150만 명이 사망한 것으로 추정하고 있다. 특히 2014년부터 결핵은 HIV/AIDS를 제치고 가장 많은 사망자를 발생시키는 전염병으로 올라섰다. 비약적인 경제 발전을 이룩한 우리나라에서도 결핵은 여전히 기승을 부리고 있으며 OECD 국가 중 결핵 발생률, 유병률, 사망률 1위라는 불명예를 안고 있다.

결핵연구원은 결핵이 한창 만연하던 1970년에 설립되어 국가 결핵 관리 분야에 많은 기여를 해 왔다. 그 역할을 살펴보자면 크게 연구, 기술 자문, 교육의 세 가지로 나눌 수 있으며, 최근에는 국내에서 급속하게 확대되고 있는 국제개발협력 사업을 직접 수행하기도 한다. 현재 결핵연구원에는 4명의 의사(원장 1인, 부장 3인)가 소속되어 진단 검사, 연구 및 개발, 질병 관리 등 각자의 분야에서 활발히 활동하고 있다. 결핵연구원에서 교육기술협력부장인 내가 하는 역할은 결핵 관리 프로그램과 관련된 연구 및 교육, 국내외의 기술 협력 등이다.

연구 : 결핵연구원이 탈북자들을 만난 까닭은?

여전히 추위가 가시지 않은 2월의 어느 날, 강원도 화천군에 있는 북한이탈주민정착지원소(하나원) 화천분소로 향했다. 결핵연구원 동료들과 함께 미리 전달받은 인터뷰 대상자들에 대해 논의하고 질문거리를 준비하는 사이, 우리가 탄 자동차는 어느새 하나원에 도착했다. 직원의 안내를 받고 대기실에서 기다리자 인터뷰할 대상자 4명이 내려왔다. 4명 중 1명은 북한에서 의사였고 나머지 3명은 북한에서 결핵 치료를 받은 적이 있었다. 내가 인터뷰할 대상은 의사였던 이신영(가명) 씨였다.

이 씨는 북한에서 이비인후과 의사였다. 4개월 전에 탈북한지라 우리에게는 북한의 최근 결핵 관리 현황을 증언해 줄 수 있는 소중한 정보원이었다. 그는 시종 밝은 표정으로 인터뷰에 응했다. 이비인후과 의사였지만 북한에는 결핵 환자가 많기에 결핵에 어느 정도 익숙하다고 했다. 그가 들려주는 정보는 대부분 기존 문헌이나 다른 이탈 주민과의 인터뷰에서 확인된 내용과 크게 다르지 않았다. 다만 결핵 약품 공급 및 처방은 기존에 알려진 내용과 달랐다. 이 씨에 따르면, 북한은 공공 영역에서 더 이상 결핵약이 부족하지 않다. 다만 도말 검사(塗抹檢查, 슬라이드에 가래를 얇게 발라 결핵균만 염색하는 검사)에서 양성이 나온 결핵 환자는 전염성이 높기 때문에 완치 판정을 받을 때까지 철저하게 관리하는 반면, 상대적으로 전염성이 떨어지는 도말 음성 결핵 환자는 치료 과정에서 소외되어 결국 장마당을 이용하는 경우가 많다고 한다. 이는 2010년에 북한에서 발간된 『호담당의사 재교육 강습제강』에서 "도말 양성 결핵 환자들의 적발과 치료는 가장 효과적인 예방 대책이다"라고 언급한 것과 일맥상통한다.

1시간 남짓한 인터뷰가 끝난 후, 그는 계면쩍은 미소를 지으며 한국에서 의사로 활동하려면 무엇을 준비해야 하는지를 물었다. 나는 의사 국가고시를 통과해 진료 활동을 하고 있는 북한 이탈 주민들의 이야기를 들려주며, 무엇을 준비해야 하고 그 과정에서 어떠한 어려움이 있는지를 알려주었다. 그는 만족스러운 듯 웃으며 숙소로 돌아갔다. 나 역시 마음속으로 행운을 빌어 주었다. 이 방문을 마지막으로 북한에서 진료 활동을 했거나 북한에서 결핵을 치료받은 경험이 있는 총 22명의 북한 이탈 주민에 대한 인터뷰가 마무리되었다.

결핵연구원에서 내가 주로 맡고 있는 보건 연구는 역학, 중재, 정책 등 넓은 범위를 아우른다. 구체적으로 살펴보면 결핵 감염률 조사, 결핵 유병률 조사, 약제 내성 결핵 환자에 대한 생존율 조사, 결핵 환자에 대한 설문조사 및 심층 인터뷰, 북한 결핵 관리 지원 중장기 실행 방안 연구 등을 들 수 있다. 북한 이탈 주민 인터뷰는 2014년 하반기부터 2015년 상반기까지 한국국제보건의료재단에서 발주하고 결핵연구원이 세계결핵제로운동본부, 서울의대 통일의학센터 등과 함께 수행한 북한 결핵관리지원 중장기 실행방안 연구의 일환으로 진행되었다.

이러한 인터뷰가 기획된 것은, 세계보건기구를 비롯한 국제기구들이 발간한 북한 결핵 관련 문헌들이 철저히 외부인의 관점에서 거시적으로 북한 결핵 관리 프로그램을 바라보고 있기 때문이다. 외부적 관점과 내부적 관점, 거시적 관점과 미시적 관점이 적절하게 통합될 때 사회 현상을 좀 더 명료하게 조망할 수 있을 것이다.

이제 이렇게 분석한 내용을 바탕으로 북한 결핵 관리 지원을 위한 구체적인 중장기 실행 방안을 마련할 예정이다. 우리의 연구가 북한 결핵 실태를 개선하는 밑알이 되기를 소망해 본다.

기술 자문: 서태평양 지역의 결핵과 이주에 관한 회의에 참석하다

결핵연구원은 국내외에서 결핵과 관련된 다양한 기술 자문을 수행한다. 국내에서는 결핵과 관련된 토론회에 발표자나 패널로 참석하거나 결핵과 관련된 연구나 사업에 자문위원으로 참여한다. 이 외에도 결핵과 관련하여 강의나 방송 출연 요청을 받기도 한다. 국제적으로는 세계보건기구나 국제항결핵연맹에서 주최하는 회의에 자문관으로 참석한다. 나 역시 2013년 3월에 열린 세계보건기구 서태평양 지역이 주최한 '서태평양 지역에서의 결핵과 이주에 대한 회의'에 참석한 바 있다.

산업화와 세계화가 급속하게 진행되면서 농촌에서 도시로, 저소득국가에서 고소득국가로 떠나는 이주민이 유래 없이 증가하고 있다. 이로 인해 초래되는 여러 사회 문제 중 가장 대표적인 것이 건강 문제다. 대개 이주민들은 기존의 건강 위험 요인들을 고스란히 지니고 있지만, 언어적·문화적 차이로 인해 새로운 사회에서 소외되기 쉽고 경제적인

:: 세계보건기구 서태평양 지역 결핵과 이주에 대한 회의에서의 기념 촬영.

이유로 의료 접근성도 떨어져, 질병이 많이 발생하고 치료가 늦어져 병이 심각해지는 경향이 있다. 특히 결핵 같은 전염병은 원주민들의 건강까지 위협할 수 있기 때문에 더욱 면밀한 관리가 필요하다. 그래서 많은 선진국에서는 입국 전후 이주민 결핵 검진 프로그램을 운영한다. 그 과정에서, 자국민을 보호하려는 국익적 측면과 이주민의 건강권이라는 인도주의적 측면이 충돌하는 일이 발생한다. 이번 회의는 이러한 안건을 논의하기 위한 자리였다.

회의는 이틀 동안 진행되었다. 회원국마다 보건부 담당자와 이민국 담당자, 각 2명씩이 참석했다. 이해관계자들을 함께 불러 현실적인 대책을 찾고자 한 것이었다. 그 밖에 한국 결핵연구원, 일본 결핵연구소, 국제항결핵연맹, 국경없는의사회, 국제이주기구, 아시아개발은행 등 결핵이나 이주민 건강과 관련된 다른 단체에서도 참여했다.

첫날 오전에는 회의의 배경이 될 만한 내용들이 발표되었다. 서태평양 지역 이주민의 결핵 현황, 이와 관련된 윤리와 인권에 대한 세계 보건기구의 관점, 이민 정책 부서에서 보는 결핵과 이주, 서태평양 지역 내 이주민 검진 정책 등이었다. 오후에는 국가끼리 묶어 네 그룹을 만들어 본격적인 논의를 시작했다. 특히 미등록 이주민이 결핵으로 진단되었을 경우의 대처 방안에 대해서 이민국 대표와 보건부 대표 간에 열띤 토론이 진행되었다. 이민국 대표들은 그 즉시 본국으로 돌려보내야 한다는 반면, 보건부 대표들은 인도주의적 차원에서 해당 국가에서 치료해 주어야 한다고 맞섰다. 양측의 입장 차이가 워낙 뚜렷해 합의점을 찾기가 쉽지 않았다.

둘째 날 오전에는 각국의 현장 경험을 들었다. 일본, 호주, 말레이시아의 국제 이주민, 중국의 내국 이주민, 뉴기니와 호주 사이에 위치한 토러스해협의 일상적인 월경(越境) 인구, 태국 국경 지역에서의 불규칙적인 캄보디아 이동 인구 등 여러 국가의 다양한 이주민들의 결핵 실태 및 관리 사례가 소개되었다. 오후에는 최종적으로 서태평양 지역의 결핵과 이주에 대한 원칙 및 행동을 명시하는 가이드라인을 확정했다. 문구 하나하나를 두고 열띤 논의가 이루어졌는데, 각 회원국 사이의, 그리고 보건부와 이민국 사이의 이해관계가 서로 다른 탓에 어조 하나, 단어 하나가 지니는 정치적 의미와 파급 효과를 간과할 수 없었기 때문이다.

처음으로 경험한 세계보건기구 회의는 나에게 큰 울림을 주었다. 결핵 관리 분야에서 중요한 이슈들이 국제적으로 어떻게 논의되고 어떻게 합의되는지 직접 볼 수 있었다. 또한 개인적으로 전문성, 영어 구사력, 자신감 등을 모두 갖추지 않고서는 말 한마디조차 제대로 꺼내기 어렵다는 것을 깨달은 자리였다. 국내뿐만 아니라 국제적으로도 전문가로 인정받기 위해서는 더욱 스스로를 단련시켜야겠다는 다짐을 하면서 귀국길에 올랐다.

교육: 필리핀 의료인들을 대상으로 한 결핵 관리 역량 강화 교육

한국국제보건의료재단에서는 2012년부터 필리핀 팔라완 지역에서 결핵 환자 발견 사업을 진행하고 있다. 매년 결핵연구원에 초청 연수를 의뢰하는데, 2015년에는 재단의 결핵 관리 프로그램에 관여하는 의사 및 간호사들을 대상으로 이들의 전반적인 결핵 관리 능력을 향상시키는 것이 목적이었다.

내부 회의를 통해 대강의 커리큘럼을 정했다. 일단 결핵 관리의 기본이라 할 수 있는 결핵 역학, 진단, 치료 등에 대한 강의와 가래 도말 현미경 검사 실습을 넣었다. 여기에 세계의 결핵 부담 및 관리 현황, 세계보건기구 결핵 관리 전략, 결핵 관리 중재, 결핵 관리 프로그램의 모니터링 및 평가, 한국의 결핵 관리 프로그램 등의 과목을 넣어 결핵 관리에 대한 지식의 폭을 넓히고자 하였다. 이 밖에 필리핀 결핵 현황을 반영하여 다제 내성 결핵, 공공 민간 협력, 결핵 감염 관리 등의 과목도 강의에 반영하였다. 또 연수생들의 적극적인 참여를 유도하고자 세 번의 워크숍도 배치했다. 첫 번째 워크숍에서는 팔라완 지역의 결핵 부담 및 관리 현황, 재단의 사업 진행 상황 등을 발표하고, 두 번째 워크숍에서는 연수생들을 소속 기관에 따라 그룹으로 나누고 각 그룹이 결핵 관리 프로그램을 수행해 나아가는 데 있어서 문제점과 장애 요인을 발표하고, 마지막 워크숍에서는 그룹별로 이번 연수에서 배운 내용을 토대

:: 필리핀 팔라완 지역 결핵 관리 의사 및 간호사 초청 연수.

로 문제점과 장애 요인을 극복하기 위한 액션플랜을 발표하도록 기획
했다.

여름으로 예정되었던 연수는 메르스 사태로 인해 가을에 진행되었
다. 총 2주 동안 강의와 실습, 기관 방문, 워크숍 등이 이어졌다. 나는
세계의 결핵 부담 및 관리 현황, 세계보건기구 결핵 관리 전략, 결핵 관
리 중재, 결핵 관리 프로그램의 모니터링 및 평가 등에 대한 강의를 하
고 두 번째, 세 번째 워크숍 진행을 맡았다. 토론하기를 즐기는 필리핀
사람들의 특성상 강의는 자연스럽게 쌍방향으로 진행되었다. 팔라완
지역의 구체적인 상황을 듣다 보니, 이론으로 그치는 것이 아니라 이러
한 전략과 중재 방안을 어떻게 그 지역에 도입할 수 있을지 함께 고민
할 수 있었다. 두 번째 워크숍도 이러한 기조하에 그들이 파악한 문제
점과 장애 요인을 함께 고민하고 액션플랜의 기본 골격을 만들어 가는
시간이 되었다. 마지막 워크숍 시간에 연수생들은 연수 과정에서 배운
내용들을 반영하여 훌륭한 액션플랜을 발표하였다.

초청 연수의 근본 취지는 개발도상국 연수생들을 초청하여 선진국

의 프로그램을 배워 가게 한다는 것이지만, 결핵 문제가 여전히 심각한 우리나라의 경우에는 오히려 이 시간이 연수생들과 함께 고민하고 논의하면서 궁극적으로 전 세계에서 결핵을 퇴치하기 위한 협력의 초석을 다지는 자리라고 보는 것이 더 맞을 것 같다. 그만큼 우리도 이러한 과정을 통해 많은 것을 배우게 된다.

국제개발협력: 에티오피아의 결핵 관리 시스템을 고민하다

거리에선 노후한 자동차들이 연신 검은 매연을 뿜어 대고, 노숙인들은 구걸하며 정처 없이 배회하고 있다. 주거 지역에는 허름한 집들이 다닥다닥 붙어 있고, 환기도 되지 않는 작은 방 하나에 10명이나 되는 가족들이 살고 있다. 여기는 에티오피아의 수도 아디스아바바. 이곳에서 빈곤은 구체적인 모습으로 다가온다. 그리고 빈곤은 필연적으로 질병을 동반한다.

에티오피아는 세계보건기구가 지정한 22개 결핵 고부담 국가 중 하나다. 2011년 결핵부담지표를 살펴보면 결핵 유병률이 인구 10만 명당 237명(세계 평균 170명), 결핵 발생률이 인구 10만 명당 258명(세계 평균 125명), 결핵 사망률이 인구 10만 명당 18명(세계 평균 14명)으로 추정된다. 1990년대 후반을 기점으로 발생률은 감소하는 추세이며, 사망률은 이미 절반 이하로 감소하고 있다. 2011년 지표에서 환자 발견율은 모든 형태의 결핵에서 72퍼센트(세계보건기구 기준 70퍼센트), 치료 성공률은 도말양성결핵환자에서 83퍼센트(세계보건기구 기준 85퍼센트)에 이르렀다. 그러나 그동안 결핵 고부담 국가로 선정되어 외국

:: 에티오피아 아디스아바바 결핵 예방 및 관리 사업 이동 검진 차량.

의 많은 자금과 프로그램이 투입되었던 점을 감안한다면 만족할 만한 수준은 아니다.

이곳 에티오피아 아디스아바바에서 결핵연구원은 2011년 말부터 2014년 말까지 한국국제협력단의 결핵 예방 및 관리 사업을 진행했다.

사실 결핵은 개발도상국에서 쉽게 퇴치될 수 있는 질환이 아니다. 세계 결핵 현황을 살펴보면 결핵 발생률과 국가소득은 거의 정확히 반비례한다. 그건 결핵이 빈곤의 질병이기 때문이다. 결핵균에 감염되었다고 해서 모두 발병하는 것은 아니다. 보통 결핵균은 면역이 저하되어 있거나 영양이 부족한 상태에서 활성화된다. 따라서 HIV 감염자가 많고 만성적인 영양 결핍자가 많은 에티오피아 같은 국가에서는 필연적으로 결핵 환자가 많을 수밖에 없다. 또 결핵 환자는 공기 중에 비말핵(飛沫核, 결핵균을 포함하고 있는 작은 물방울들)을 퍼뜨려서 주변 사람들을 감염시키는데, 아디스아바바 주거 지역의 밀집 인구와 환기 시설 부족은 결핵의 전파를 더욱 가속화시킬 수 있다.

무엇보다 결핵 환자들은 정상적인 경제활동이 어렵다. 일단 약을 잘 먹었는지 확인받기 위해 매일 보건소를 방문해야 하는 등 많은 시간을 치료에 할애해야 하기 때문이다. 따라서 많은 환자들이 가족이나 친척에게 경제적으로 의지하게 되고, 이것은 가족이나 친척의 경제적 부담을 가중시킨다. 결국 빈곤으로 인해 발생한 질병이 다시 그들을 더욱 깊은 빈곤의 늪으로 빠뜨리는 것이다. 그렇다고 경제성장이 결핵 퇴치를 꼭 담보하는 것은 아니다. 일례로 우리나라의 경우 6·25 이후 비약적인 경제성장을 이루었지만, 결핵 상황은 그만큼 나아지지 않았다. 이것은 결핵 퇴치를 위해서는 빈곤의 극복도 중요하지만 견고한 질병 관리 체계가 필요하다는 것을 시사한다.

바로 이 지점에서 우리의 고민이 시작되었다. 정해진 예산으로 어떻게 에티오피아 아디스아바바 결핵 관리 체계를 강화해 갈 것인가?

결핵 관리의 기본은 최대한 많은 환자를 빨리 발견하여 최대한 많이 완치시키는 것이다. 기본적인 치료 체계가 갖추어져 있다면 가능한 한 많은 환자를 조기에 발견하는 것이 중요하다. 세계보건기구의 기본적인 환자 발견 방식은 결핵 의심 증상을 가진 환자가 의료 기관으로 찾아오도록 하는 것이지만, 결핵 고위험군의 경우에는 검진을 통해 적극적으로 환자를 발견할 필요가 있다. 이를 위해 우리는 엑스선을 갖춘 이동 검진 차량을 도입하기로 했다. 그리고 교도소 수감자, 노숙인, 도시 빈민 등의 결핵 고위험군을 검진의 우선 대상으로 삼고, 발견된 환자에게는 치료를 잘 따르도록 현금이나 식량 등 다양한 인센티브를 주기로 했다. 이러한 과정을 통해 환자 발견율과 치료 성공률을 높여 궁극적으로 결핵 유병률 및 사망률을 줄여 가는 것이 우리의 목표였다.

계획은 완성되었지만, 실행 과정은 고난의 연속이었다. 우선 이동 검진 차량을 제작해서 수송하고 통관하기까지 시간이 너무 오래 걸렸다. 가장 중요한 장비가 도착하지 않으니 다른 활동들도 미뤄졌다. 주어진 사업 기간이 상당히 지난 후에야 비로소 이동 검진 차량이 도착했다.

검진을 시작하려고 하자 이번에는 연방보건부에서 이의를 제기했다. 검진의 진단 알고리즘이 현지의 진단 알고리즘과 다르다는 것이다. 우리는 엑스선과 증상 스크리닝을 통해 결핵 의심자가 발견되면 가래 도말 현미경 검사를 진행하려고 했지만, 현지에서는 증상이 있으면 우선 가래 도말 현미경 검사를 하고 여기서 음성이 나오면 그때서야 엑스선을 촬영한다는 것이었다. 만약 엑스선 검사를 가래 도말 현미경 검사보다 먼저 하게 된다면 주민들에게 혼란을 초래할 수 있다는 것이 그들의 의견이었다. 일견 이해가 됐다. 엑스선 검사를 결핵 진단 과정에 전면 도입하려면 훨씬 많은 수의 엑스선 장비가 필요한데, 아직까지는 그렇게 할 수 없기에 우리의 새로운 진단 알고리즘은 지속 가능성 측면에서 그들이 받아들이기 어려운 것이었다. 이로 인해 새로운 알고리즘을 조사 연구의 목적으로 제한하는 윤리위원회의 허가를 받기 위해 또다시 몇 개월을 보내야 했다.

드디어 검진이 시작되었지만, 이제는 대상자 모집에 어려움이 따랐다. 교도소 수감자는 이미 미국 질병통제예방센터에서 같은 방식으로 사업을 막 시작한 참이라 대상자에서 제외되었고, 노숙인들은 진단 후 치료를 제대로 따를 거라는 보장이 없는 탓에 지역 공무원들의 반발이 만만치 않았다. 결국 HIV 양성자 및 도시 빈민 일부를 대상으로 검진을 진행하였다. 그렇게 해서 사업 종료까지 얼마 남지 않은 짧은 기간 동안 가까스로 목표치를 달성할 수 있었다.

:: 에티오피아 결핵 예방 및 관리 사업 착수식.

　사업이 종료될 때에도 문제는 있었다. 출구 전략이 뚜렷하지 않다
는 점이었다. 에티오피아 연방보건부나 아디스아바바 시 보건국에서는
이동 검진 차량의 인수를 사실상 거부하였다. 자체적으로 운영할 자금
을 마련할 수 없다는 것이 이유였다. 결국 외부에서 새로운 기금을 마
련해야만 지속적으로 검진을 할 수 있는 상황이었다. 한국국제협력단
이 새로운 기금을 마련해 현지에서 수행할 파트너를 찾고 있지만 여전
히 답보 상태다. 그사이 검진팀은 모두 해체되었고, 이동 검진 차량은
현재 시 보건국 주차장에 여러 국가에서 보낸 십수 대의 구급차와 함께
방치되어 있다고 한다. 국제개발협력 사업의 현 주소를 보여 주는 한
단면이다. 앞으로 국제개발협력 사업의 존재 의의와 수행 방식을 다시
금 고민해야 할 것이다.
　이 밖에도 결핵연구원은 한국국제협력단에서 발주한 동티모르 결
핵 진단 및 관리 역량 강화 사업을 직접 수행하고 있으며 한국국제보건

의료재단에서 수행하는 필리핀과 남수단의 결핵 사업에 기술 협력도 하고 있다. 또 대한결핵협회에서 기업체와 협력해서 진행하는 몽골 결핵 환자 발견 사업에도 함께하는 등 결핵과 관련된 다양한 국제개발협력 사업에 관여하고 있다.

임상 의사와는 또 다른, 세계적 차원의 성취감에 뿌듯

가정의학과 전문의 자격을 취득한 후 내가 맨 처음 근무한 곳은 지방의료원이었다. 임상 의사로 일하면서 지역 보건 사업에도 적극적으로 참여했다. 지역 보건 사업을 통해 나는 인구 집단을 대상으로 하는 보건 사업의 중요성을 느끼고 잠재해 있던 새로운 적성을 찾았다. 그러나 동시에 국내 보건 사업의 한계도 느꼈다. 이미 어느 정도 확립된 체계 내에서 만성 질환 관리를 목표로 개인의 생활 습관 변화에 초점을 맞추는 일에서는 큰 성취감을 느끼기가 어려웠다. 마음 한구석에는 만성 질환 이전에 전염병으로 고통받는 전 세계의 절대 빈곤층에 대한 관심이 점점 커져 갔다.

그러다가 우연한 기회에 결핵연구원에 합류하게 되었다. 들어오자마자 에티오피아 사업을 비롯해서 여러 일을 책임지게 된 덕분에 쉴 없이 공부하고 고민하고 시행착오를 겪어야 했다. 하지만 국제적인 시각으로 연구, 기술 자문, 교육, 국제개발협력 사업 등에 매진하는 것은 큰 성취감을 안겨 주었다.

결핵연구원 외에도 의사를 필요로 하는 국내의 연구 기관은 많다. 국립보건원, 보건사회연구원, 보건의료연구원, 직업성폐질환연구소,

국제결핵연구소 등은 의사가 근무할 수 있는 대표적인 연구 기관들이다. 물론 의사라는 자격증 이외에도 기초의학 혹은 보건학에 대한 전문성이 보장되어야 할 것이다.

임상 의사에 비해서 연구 기관 의사는 수입이 적을 수 있다. 하지만 임상 의사가 느끼기 어려운 또 다른 성취감이 있다. 특히 국제적인 전문가 및 연구자들과 계속 교류, 협력하면서 공동의 목표를 추구한다는 것은 새로운 차원의 동기 요인이다.

물론 애로점이 없는 것은 아니다. 일이 한꺼번에 몰리거나 보고서 마감 시한에 쫓길 때, 개발도상국 출장에서 음식이 입에 맞지 않아 고생하거나 연구 혹은 사업 발주 기관의 관료주의에 휘둘릴 때에는 지금 하고 있는 일에 대한 회의감도 든다. 그러나 현재까지는 일에 대한 성취감과 전문가로서의 자긍심이 훨씬 크다. 앞으로 지구상에서 결핵이 퇴치되는 그날까지 결핵연구원과 나는 그 존재 이유를 계속해서 찾아 나아갈 것이다.

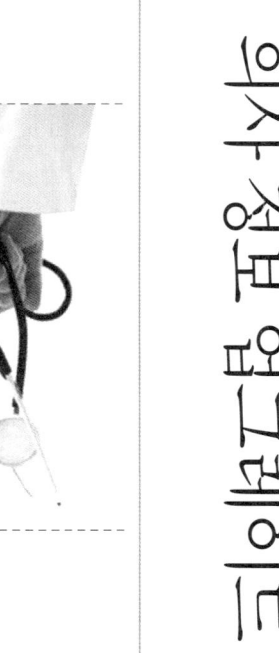

의사 정보 업그레이드

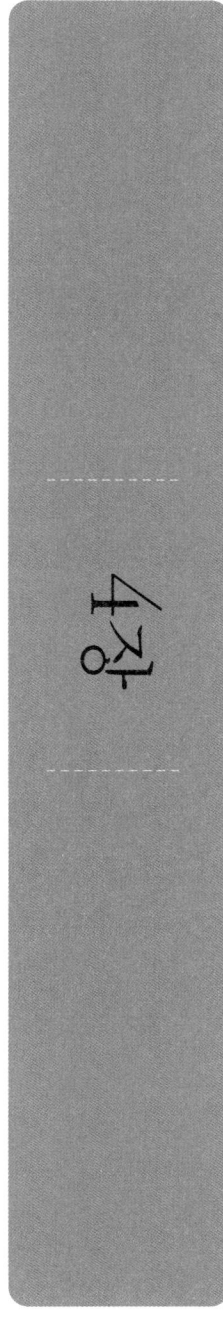

4장

한국에서 의사로 산다는 것
: 미래 의사들의 물음에 답함

| 인도주의실천의사협의회 중앙집행위원회 |

인도주의실천의사협의회에서는 의사에 대한 궁금증을 모아 답하는 시간을 마련했다. 이 자리에는 김정범, 우석균, 정영진, 백남순, 김철주, 정형준, 이현의, 박현주, 최규진, 이보라, 전진한, 이승홍 선생이 참여했다. 답변은 이보라 · 이승홍 선생이 정리해 주었다.

1. 의사가 되고 싶습니다. 의대에 입학해서 전문의가 되기까지의 과정을 알고 싶습니다.

우리나라 의과대학은 6년제입니다. 일반적으로 첫 1~2학년은 예과 공부를 하고 3학년이 되는 때에 본과 1학년이 되면서 본격적인 의학을 공부합니다. 본과 1~2학년에는 기초의학과 임상의학 과목들을 공부하고 본과 3~4학년에는 병원 실습을 하면서 공부를 합니다. 그리고 본과 4학년 말에 의사국가고시 시험을 보는데 여기에 합격을 하고 의과대학을 졸업하게 되면 의사면허증을 받게 되어 의사에게만 허용된 일을 할 수 있는 자격이 생깁니다. 예를 들면 환자 상담, 처방, 검사, 수술 등등 말이죠. 하지만 의과대학만 졸업한 상태에서는 아직 경험과 지식 그리고 자신감이 부족해 바로 이런 일을 하는 경우는 매우 드뭅니다. 보통은 인턴, 레지던트라는 수련 과정을 거치죠. 인턴 1년 동안은 근무 병원의 모든 과를 순회하며 근무를 합니다. 그리고 12월경에 인턴 시험을 보는데 그 시험 결과와 1년간 근무 평가를 가지고 레지던트에 지원하게 됩니다. 이때는 정말 자기가 하고 싶은 '과', 앞으로 평생 공부할 '과'를 정하게 되는 것입니다. 이렇게 어떤 과의 레지던트가 되어 4년(가정의학과는 3년)간 환자를 직접 진료하면서 교수님 혹은 지도전문의에게 배우기도 하며 공부를 한 후 4년차 말에 전문의 시험을 보게 되고 그 시험에 합격을 하면 ○○과 전문의가 되는 것입니다. 최대한 간단하게 요약하면 이 정도인데 읽는 것만으로도 길게 느껴질지 모르겠습니다.

2. 의사가 되기 위해서는 반드시 의대를 졸업해야 하나요?

반드시 의과대학 혹은 의학전문대학원(의전원)을 졸업해야 합니다 (2005년부터 도입되었던 의전원은 여러 논쟁 끝에 현재 대다수의 학교들이 의과대학 체제로 복귀하며 점차 축소/폐지되는 수순을 거치고 있습니다). 우리나라에서 의사로 활동하기 위해서는 반드시 의사국가고시에 합격해 의사면허를 취득해야 하는데 그 시험을 볼 수 있는 자격은 의대/의전원을 졸업한 사람에게만 주어집니다. 보건복지부장관이 인정하는 외국의 의과대학을 졸업하고 외국의 의사면허가 있으면서 한국에서 예비시험에 합격한 사람에게도 의사국가고시 자격이 주어집니다.

3. 고등학교 때 배우는 과목 중 의대에 진학 후 의학 공부를 하는 데 직접적으로 도움이 될 과목이 따로 있나요?

영어, 생물, 화학에서 수준이 아주 높으면 의학 공부를 하는 데 도

:: 인도주의실천의사협의회 중앙집행위원회 회원들이 모여 질문들에 대해 의견을 나누고 있다.

움이 될 수는 있으나 고등학교 수준에서 배우는 정도로는 큰 도움이 되지는 않는 것 같습니다.

　의대에 진학하고 나면 원하든 원하지 않든 빽빽한 시험 일정에 맞춰 많은 의학 지식들을 속성으로 암기하게 될 것입니다. 그 양이 방대하여 입학 전 선행학습은 의미가 없고, 동기들과 함께 보조를 맞춰 공부를 하면 시험들을 하나하나 통과해 낼 수 있습니다. 만약 시험 일정에 맞게 필요한 지식을 갖추지 못한 경우 유급이라는 제도로 해당 학기를 한 번 더 공부하고 진급하도록 배려해(?) 주니 미리 걱정하실 필요는 없을 것 같습니다. 쉴 틈 없는 학습 일정 속에서 다른 방면의 기초적인 교양을 갖출 시간이 부족할 수 있습니다. 만약 입학하기 전에 무언가를 공부해 두고 싶다면, 의학 지식과는 별로 상관없어 보이는 다방면의 독서를 미리 해 두는 것이 좋겠습니다. 사회의 일원으로서 필요한 교양을 갖추는 데에 도움이 될 것입니다.

4. 의대에 진학하려면 반드시 이과를 선택해야 하나요?

반드시 이과를 선택하지 않아도 됩니다. 의학은 이과도 아니고 문과도 아니고, 대학 전공 중에서 가장 문과 같은 이과, 이과 같은 문과라고 표현할 수 있을 것 같습니다. 과학기술을 인간에게 적용하는 학문이다 보니까 과학적인 사고능력과 인문학적인 이해능력이 모두 필요한 학문입니다.

5. 의대에서 학점을 따고 학위 과정을 이수하기 위해 치르는 시험에는 어떤 것들이 있나요?

예과 때는 보통 대학생들처럼 과목당 중간, 기말고사를 보지만 본과에 진입하면 수업내용과 시간이 엄청나게 늘어나면서 거의 1~2주에 한 번 시험을 봅니다. 객관식 시험, 주관식 시험, 구술 시험, 슬라이드 시험, 임상술기 시험 등등 수많은 종류의 시험들을 골고루 경험할 수 있습니다. 의대에서 치러야 하는 시험의 종류와 양에 대해서는 자세히 모르고 입학하는 편이 마음 편할 수도 있습니다.

6. 미디어에서 접하게 되는 의대생의 모습은 잠도 제대로 못 잘 만큼 바쁜 모습입니다. 미팅 한 번 하기 힘들 것 같은데요. 사생활을 즐길 여가 시간은 있나요?

1주일에 한 번꼴로 시험을 보고 매일 아침부터 저녁까지 수업을 들어야 하기 때문에 일반 대학생들보다는 여가 시간이 부족하기는 하지만 틈틈이 개인 취미 활동이나 미팅, 애인과 데이트할 시간은 낼 수 있습니다. 개인의 체력과 역량에 달린 문제일 것 같습니다. 무엇보다 자신의 가치관에 따라 시험성적과 미팅 중에 자신이 우선시하는 가치를 선택해 나가시면 되겠습니다.

7. 의대 등록금이 비싸서 부담이 됩니다. 장학금 등 학비 부담을 줄일 수 있는 방법은 무엇이 있나요?

각 학교별로 장학금 제도가 운영되고 있으므로 그 내용을 살펴보면 좋을 것 같습니다. 공부를 열심히 해서 성적 장학금을 받거나 학교생활을 열심히 하여 학생회장, 학회장을 하면 받을 수 있는 장학금도 있습니다.

8. 의대마다 교육 수준에 차이가 있는지, 출신 의대에 따라 차별이 있는지 알고 싶습니다.

의대라면 필수적으로 가르치는 과목과 내용은 정해져 있으며 졸업 전까지 의사국가고시를 통과할 수 있는 수준으로 공부를 시키기 때문에 교육 내용의 차이는 거의 없습니다. 다만 실습하는 병원의 규모와 그에 따른 다양한 환자 케이스를 경험하는 것에는 차이가 있을 수 있고, 학생으로서 실험과 연구에 참여할 수 있는 기회가 많은 학교가 있고 그렇지 않은 학교도 있는 것으로 알고 있습니다.

의과대학을 졸업하면 의사 개인 간에는 모두 같은 의사자격을 가진 동료로 서로 예우합니다. 출신 학교에 따른 노골적인 차별은 존재할 수 없습니다. 다만 인턴, 레지던트를 선발하는 과정에서 출신 학교를 중요하게 참조하는 경향은 있습니다. 예를 들어 레지던트 선발 과정에서 일부의 경우 해당 병원이 소속된 의과대학교 출신을 선호하기도 합니다. 전문의가 된 뒤에는 어느 병원에서 수련받았는지가 취업에 영향을 주는 것도 사실입니다.

9. 남자라면 군대에 꼭 가야 할 텐데, 의대에 진학 후 군대를 가는 시기는 언제가 좋은가요?

군대는 일반적으로 의과대학을 졸업한 이후에 갑니다. 학생 신분으로 군대에 입대하면 일반 사병으로 군 생활을 하지만 의사자격을 갖게 되면 군의관 신분으로 군 생활을 할 수 있기 때문입니다. 레지던트 수련까지 마친 이후 가는 경우가 가장 일반적이지만 개인의 선택에 따라 의과대학 졸업 후 군 복무를 먼저 해결하고 이후 레지던트 수련을 받는 경우도 있습니다.

10. 의대 공부를 하고 전공의가 되는 과정에서 여성 차별이 있는지 궁금합니다. 산부인과나 소아과에 여자 의사가 많은 이유가 있는지요?

한국은 성평등지수가 세계 100위권 이하인 나라인 만큼, 한국사회 전반에 스며들어 있는 수준의 성차별은 의대에도 존재할 수 있습니다. 예전보다 여자 의대생이 늘고 있고 여자 의사도 늘어나면서 남성 위주의 문화가 줄어드는 추세인 것은 맞습니다. 여전히 일부 병원의 일부 과에서는 여자 지원자를 뽑지 않는 경우가 남아 있습니다만, 전반적으로는 그런 경향이 점차 줄어들고 있습니다.

특정 과에 여자 의사가 많은 이유는 다양할 수 있는데 꼭 여성 차별 때문은 아닙니다. 예를 들어 산부인과에 여자 의사가 많은 것은 최근 환자들이 여자 산부인과 의사를 선호하기 때문에 남자 산부인과 의사들의 취업 기회가 줄어든 것이 영향을 끼친 것 같습니다.

11. 의사고시는 언제 어떻게 보는 시험인가요? 합격하기 어려운가요?

의사국가고시는 필기와 실기 시험으로 나누어져 있습니다. 실기시험은 학교별로 돌아가면서 본과 4학년 2학기부터 보기 시작하고 필기시험은 보통 1월에 봅니다. 실기시험에서는 특정 증상을 호소하는 모의환자와 대면하여 진료 상담을 하는 CPX(Clinical Practice Examination)와 모형을 가지고 의료술기를 수행하는 총 12문항의 OSCE(Objected Structured Clinical Examination)를 약 2시간에 걸쳐 보게 됩니다. 필기시험은 이틀에 걸쳐 치르는데 의학 전반을 다룬 의학총론과 각 전문 과목의 지식을 요구하는 의학각론이 있습니다. 내과, 외과, 소아과, 산부인과, 정신과 등을 포함한 주요 과목뿐 아니라 안과, 피부과 등 '마이너' 과목들, 그리고 보건의학 관계법규 등을 공부해야 합니다. 시험 준비를 위해 공부해야 할 분량이 많아 결코 쉽지는 않지만 6년간 각종 시험에 단련(?)되기 때문에 걱정 없습니다. 합격률은 매년 다르기는 하지만 보통 90~95퍼센트입니다. 동기들과 서로 당락이 갈려 생존 경쟁을 벌이는 방식의 시험이 아니기 때문에 동기들끼리 서로 도와 가며 공부합니다.

12. 의대에는 학점이 나쁠 경우 유급 제도가 있다고 들었습니다. 유급 당하는 학생이 많은가요? 또 유급을 하게 되면 불이익이 있나요?

매 학기 학점 미달이 되거나 F학점이 2개 이상 있으면 다음 학기로 진급할 수가 없고 유급 처리가 됩니다. 유급을 하게 되면 F학점을 받은 수업뿐 아니라 해당 학기 모든 과목의 수업을 다시 듣고 시험을 치러야 하며 해당 학기가 돌아올 때까지 기다렸다가 다시 들어야 하므로 사실상 '1년 꿇는다'는 표현을 생각하면 이해하기 쉽겠습니다. 유급을 당하는 학생의 수는 학교마다, 과목마다 다르기 때문에 많고 적음을 논할 수 없습니다. 분명한 것은 어느 학교든 유급 당하는 학생이 반드시 있다는 점입니다.

유급에는 여러 불이익이 따릅니다. 일단 유급을 당하면 상당한 수준의 자존감 손상과 함께 정들었던 동기들과 다른 학년으로 나뉘는 이별의 고통을 겪어야 합니다. 똑같은 수업을 1년 더 듣고 시험도 모두 다시 치러야 한다는 현실에서 오는 우울감과 지켜보시는 부모님에 대한 죄책감도 경험할 수 있겠습니다. 한 학기 등록금을 추가로 내야 하는 금전적인 손해 또한 감당해야 합니다.

13. 인턴과 레지던트의 병원 생활은 어떤가요? 하루 일과가 궁금합니다. 수면 부족에 과로가 심하다는데 어느 정도인지요?

인턴과 레지던트의 병원 일과는 어느 과에서 일하느냐에 따라 큰 차이가 있습니다. 대체로 과로가 심한 것이 사실입니다. 전공의의 평균 근무 시간이 주 100시간을 넘는 과도 여럿 있습니다. 전공의의 노동 강도가 지나쳐 누적된 과로로 업무상 과실의 위험이 높아지는 등 의료의 질과 환자의 안전에 저해가 된다는 의견이 국회에서 수렴되어 '전공의 특별법'이라고도 불리는 '전공의의 수련환경 개선 및 지위 향상을 위한 법률'이 제정되었습니다('전공의 특별법'은 2015년 12월 제정되어 2016년 12월부터 시행되었습니다). 이 법률에 따라 전공의는 1주일에 80시간을 초과하여 근무할 수 없고 연속하여 36시간을 초과하여 근무할 수 없게 하였습니다. 일선 수련 현장에서 법률에 맞게 수련 환경의 개선이 이루어지고 있습니다만 주 80시간 근무도 근로기준법에서 제시하는 주 40시간 기준에 비하면 여전히 매우 긴 시간의 근무라는 문제제기는 있습니다.

14. 인턴, 레지던트 과정에 대해 자세히 알려주세요.

인턴, 레지던트 과정에 대한 표현으로 '수련'(training)이라는 단어를 보통 사용합니다. 예를 들어 "저는 ○○병원 ○○과에서 수련받고 있습니다"라고 하는 것입니다. 수련이란 무엇입니까. 국어사전에 따르면 "인격, 기술, 학문 따위를 닦아서 단련함"이라고 풀이되어 있습니다. 레지던트 과정을 잘 표현해 주는 단어라고 볼 수 있습니다. 레지던트 과정은 단지 4년간 의학지식을 좀 더 쌓는 것이 아니라 "인격", "기술", "학문"을 하루하루 "닦아서" "단련하는" 것입니다.

15. 인턴이나 레지던트 과정의 연봉은 어느 정도이고, 전문의가 되었을 때 연봉은 어느 정도입니까?

대한전공의협의회의 조사 결과 등을 참고하면 2015년 기준으로 레지던트 연봉은 약 4000만 원 내외입니다. 병원마다 편차가 있어 최하위 약 2900만 원, 최고 5800만 원으로 조사되었습니다. 전문의의 연봉 격차는 전공의보다 훨씬 큽니다. 우선 전문 과마다 차이가 크고 같은 과라고 해도 병원과의 계약 조건에 따라 개인 차가 있습니다. 최신 자료는 아니지만 한국병원경영연구원의 2012년도 통계에 따르면 전문의의 연봉이 1억 1580만 원으로 조사되었다고 합니다. 전문의는 우리나라의 다른 대부분의 직종에 비해 경제적으로 안정된 직업에 속합니다. 물론 자비를 들여 개원을 했다가 큰 손실을 입는 경우는 있습니다.

16. 병원에 취업하려면 시험을 봐야 하나요? 만약 그렇다면 어떤 시험을 보게 되나요? 시험 외에 준비해야 할 것들에는 또 무엇이 있나요?

병원에 취업하기 위해 따로 시험을 보지는 않고 의사의 취업이라고 해서 특별히 다르지는 않습니다. 이력서 등 제출 서류를 내고 면접을 본 후 병원장과 근무 형태와 임금 등을 협상하고 계약을 맺으면 취업이 됩니다. 병원은 지인의 소개를 받고 지원하기도 하고 구직공고를 보고 지원하기도 합니다.

17. 어떻게 전공의가 될 수 있습니까? 전공은 어떻게 선택하고 결정하게 되는 건가요?

전공의가 되려면 의과대학을 졸업하여 의사자격 시험에 합격해야 하고 인턴 과정까지 수료해야 합니다. 인턴 제도 폐지에 대한 논의가 오가고 있지만 현재까지 결정된 바는 없습니다. 인턴 과정 중에 자기 나름대로 전공을 결정하여 인턴을 마칠 때 원하는 병원의 원하는 과에 지원을 하면 됩니다. 전공은 평생 갈 길을 결정하는 것이므로 스스로 선택하고 결정해야 합니다.

18. 인기 있는 전공과 기피하는 전공이 있나요? 만약 그렇다면 이유는 뭔가요?

전공 과와 관련한 한 가지 사실은 인기 있는 전공과 기피하는 전공이 항상 존재한다는 것입니다. 또 한 가지 사실은 어떤 전공의 인기도 영원하지 않다는 것입니다. 예를 들어 불과 10여 년 전만 해도 영상의학과, 재활의학과 등은 대표적인 비인기 전공이었지만 지금은 가장 인기가 많은 전공이 되었습니다. 전공 과의 인기는 항시 변하는 것이고, 인기만을 쫓아 전공을 선택하는 것은 좋지 않은 방식입니다.

19. 치과대학이 의과대학과 별도로 분리되어 있는 이유는 뭔가요?

두 분야에서 배우는 내용이 상당히 다르기 때문이기도 합니다만 가장 큰 이유는 역사적인 이유입니다. 영어 'doctor' (의사)와 'dentist' (치과 의사)를 보더라도 알 수 있듯이 서양에서는 두 영역을 상당히 달리 여겼습니다(치과 의사를 기술자처럼 취급했죠). 이러한 서양식 의학과 교육 제도가 근대 이후 동양에도 전해졌고 자연스레 오늘날과 같은 모습으로 정착했습니다.

20. 의사들의 노동 시간과 강도가 궁금합니다. 전공별로 많이 차이가 나는지, 종합병원이냐 개인병원이냐에 따라 차이가 많이 나는지 알려 주세요.

우리나라는 1인당 연간 노동 시간이 2285시간으로 OECD 1위를 기록한 나라입니다(2015년 기준). 정확한 데이터는 없지만 노동 시간이 긴 경향은 전문의에게도 해당되는 것 같습니다. 전공별로 크게 다르고 종합병원이냐 개인병원이냐에 따라서도 차이가 있지만 전문의들의 노동 시간은 우리나라의 평균 노동 시간과 대동소이할 것 같습니다.

21. 개인병원은 어떻게 여는 건가요? 전공의 과정을 끝내면 누구나 개인병원을 열 수 있는 건가요?

의사면허증이 있으면 누구나 개인병원을 열 수 있습니다. 꼭 전문의가 되어야 개원할 수 있는 것은 아닙니다. 하지만 전문 과목이 없으면 특정 과목 진료 이름을 간판에 큰 글씨로 걸 수 없습니다.

22. 의사에게도 정년이 있나요? 만약 있다면 종합병원과 개인병원이 다른가요?

의사면허에 나이 제한은 없습니다. 다만 외과 의사들은 50세를 전후하여 체력적인 문제로 수술하는 일선에서 물러나는 경우가 많다고 합니다. 수술을 하지 않더라도 일반 진료는 할 수 있고 그 외의 과들도 나날이 발전하는 최신 의학지식을 성실하게 습득한다면 나이가 많이 들어서도 진료를 할 수 있습니다. 대학병원이나 공공병원에는 정년이 있으나 정년 이후에도 계속 진료할 수 있게 하는 경우가 많고 개인의원 운영에는 나이 제한이 없습니다.

23. 의사여서 가장 힘든 순간은 어떤 때인가요?

생명과 관련된 중요한 결정을 빠르게 내려야 하는 순간에 매우 긴장됩니다. 인간적으로 찾아오는 불안감을 억누르며 최선의 방안을 판단하고 결정하는 것은 말 그대로 힘이 드는 일입니다. 우리나라 의료제도의 여러 가지 문제로 인해 많은 환자를 빨리빨리 보아야만 하는 것도 힘든 점 중에 하나입니다.

24. 언제 가장 보람되고, 의사가 되길 잘했다는 생각이 듭니까?

여느 직장인과 마찬가지로 퇴근을 할 때와 금요일 저녁에 큰 보람을 느낍니다. 물론 가장 보람된 순간은 '내가 의사로서 이 환자에게 적절한 도움을 주었다'고 스스로도 자부할 수 있는 순간입니다. 의사라는 직업은 기본적으로 일 자체가 누군가를 돕는 것이 일상이기 때문에 평범한 진료 시간에도 소소하게 보람된 순간들을 경험할 수 있습니다.

25. 정작 의사는 자신의 건강을 어떻게 돌보는지 궁금합니다. 의사만의 건강 유지법은 무엇인지, 의사가 흔히 가지게 되는 직업병은 없는지 알려 주세요.

의사는 자신의 건강을 스스로 돌볼 수 있습니다. 스스로 진료할 수 있는 부분은 직접 검사도 해 보고 약도 처방합니다. 잘 모르면 교과서나 논문을 찾아보고 주변 동료들에게 물어보기도 합니다. 큰 병원에 가야 할 문제라고 판단되면 차를 타고 큰 병원에 가서 의사 선생님께 진료를 받습니다. 자신에게 일어난 증상들 중에서 주의해서 봐야 할 증상과 걱정하지 않아도 되는 증상을 어느 정도 스스로 구분할 수 있다는 점이 편리한 점입니다. 물론 의사도 모두 사람이고 결국은 죽음을 피해 갈 수 없습니다.

26. 의사들끼리 영어로 된 용어로 이야기를 나누는 경우가 많습니다. 왜 그런 건가요? 한글로 된 의학 용어를 쓸 수는 없는 건가요?

의학 교과서가 영어 원서이고 교육 제도도 미국식 제도를 따르고 있고 학교에서 배울 때부터 모든 개념을 영어로 배워서 영어로 된 용어 혹은 약자로 이야기하는 것이 훨씬 의사소통이 빠르고 정확하게 내용이 전달되기 때문입니다. 의대 교수님들도 대부분이 미국에서 연수를 받고 돌아오신 분들입니다. 한글로 된 의학 용어도 있지만 한자말로 된 의학 용어, 순한글 의학 용어 모두 정작 의사들에게는 익숙하지 않습니다. 빠르고 정확한 의사소통을 위한 것이지 단지 멋 내거나 허세 부리는 것은 아닙니다.

27. 의사가 되기 위해 필요한 자질이 있다면 어떤 것인지 알려 주세요. 의사가 되기에 적합한 사람이 따로 있나요?

다양한 사람이 사는 세상이니 다양한 성품의 의사가 나오는 것이 좋겠습니다. 이 책에서 말하고자 하는 것은 의사의 길 또한 다양하다는 것입니다. 의사가 된 이후에 그 바탕으로 또 자신의 길을 찾아가면 됩니다. 사실 우리나라에서 의사자격증을 갖기 위해서는 이런저런 시험만 잘 치르면 됩니다. 어떤 천부적인 자질이 반드시 필요한 것은 아닙니다.

　다만 환자를 보는 임상 의사로 일을 하려면 타인의 아픔에 귀 기울이고 공감할 수 있는 마음이 도움이 될 것입니다. 그래야 본인도 직업의 의미를 느낄 수 있고 환자에게도 도움이 됩니다. 한편 삶의 밝은 면만 보고 해맑게 살고 싶다면 의사의 길은 재고해 보는 것이 좋겠습니다. 누구도 피해 갈 수 없는 삶의 비극인 질병과 죽음을 정면으로 상대하는 것이 의사의 길입니다. 힘든 일이지만 거기에서 보람과 자부심을 느끼는 것이 의사라는 직업의 역설적인 즐거움입니다.

　단지 '돈을 많이 버는 직업'으로서 의사를 고려한다면 이것 역시 재고해 보는 것이 좋습니다. 의사가 우리나라의 다른 직업들에 비해 돈을 못 번다는 이야기가 아닙니다. 돈에 대한 욕구 자체가 없고 봉사정신으로만 무장해야 한다는 이야기도 아닙니다. 의사로 살아가려면 돈을 벌고자 하는 욕구에 앞서 지켜 내도록 요구받는 책임과 윤리적인 가치들이 많다는 것을 고려해야 합니다. 그런 복잡한 것이 싫다면 굳이 의사라는 직업을 고집할 이유는 없을 것입니다.

　현대의 의사는 선의로만 가득 찬 만능의 존재는 아닙니다. 아무리 뛰어난 의사라고 해도 지식과 능력에 한계가 있고, 그 어떤 의사도 윤리적으로 완전무결할 수는 없습니다. 의료 제도의 한계 안에서 일하다 보면 돈 문제를 따지지 않을 수 없습니다. 하지만 그럼에도 불구하고 가능한 환자의 편에 서려는 마음을 지켜 내고, 나를 만나는 환자에게 도움되는 사람이 되고자 실력을 갈고 닦으며 애쓰는 것이 의사의 자질이라면 자질입니다. 그 자질은 타고난다기보다 스스로 하루하루 갈고 닦는 것입니다. 그런 길을 묵묵히 걷고자 하는 의지가 있는지 여러분께 묻고 싶습니다.

전국 의과대학/의학전문대학원 현황

지역	대학명	주소	의전원 유지 여부	전화번호
강원	가톨릭관동대학교 의과대학	강릉시 범일로 579번길 24 라파엘관 3층 308호 http://cms6.cku.ac.kr/user/indexMain.do?&siteId=med	없음	033-649-7443
	강원대학교 의학전문대학원	춘천시 강원대학길 1번지 http://smed.kangwon.ac.kr/smed/index.html	50% 유지	033-250-8802
	연세대학교 원주의과대학	원주시 일산로 20 http://medical.yonsei.ac.kr/we/	없음	033-741-0114
	한림대학교 의과대학	춘천시 한림대학길1 http://med.hallym.ac.kr/	없음	033-248-2501
경기	성균관대학교 의과대학	수원시 장안구 서부로 2066 http://www.skkumed.ac.kr/	2014년 이후 폐지	031-299-6027
	아주대학교 의과대학	수원시 영통구 월드컵로 164 http://medicine.ajou.ac.kr	2014년 이후 폐지	031-219-5017
	CHA의과학대학교· 의학전문대학원	포천시 해룡로 120 http://www.cha.ac.kr/	50% 유지	1899-2010
경남	경상대학교 의과대학	진주시 진주대로 816번길 15 http://medicine.gnu.ac.kr/main/	2016년 이후 폐지	055-772-8010
	부산대학교 의과대학	양산시 물금읍 부산대학로 49 http://medical.pusan.ac.kr/	2016년 이후 폐지	051-240-1104
경북	동국대학교 의과대학· 의학전문대학원	(경주캠퍼스) 경주시 동대로 123 (일산캠퍼스) 고양시 일산동구 동국로 32 http://med.dongguk.ac.kr/	50% 유지	(경주) 054-770-2425 (일산) 031-961-5811

지역	대학명	주소	의전원 유지 여부	전화번호
광주	전남대학교 의과대학	광주광역시 동구 백서로 160 http://medicine.jnu.ac.kr/main/main.php	2014년 이후 폐지	062-220-4005
	조선대학교 의과대학	광주광역시 동구 필문대로 309 http://www.chosun.ac.kr/medical/	2016년 이후 폐지	062-230-6394
대구	경북대학교 의과대학	대구광역시 중구 국채보상로 680 http://med.knu.ac.kr/	2017년 이후 폐지	053-420-4906
	계명대학교 의과대학	(동산캠퍼스)대구광역시 중구 달성로 56 (성서캠퍼스)대구광역시 달서구 달구벌대로 1095 http://www.kmu-med.ac.kr/index.php	없음	(동산캠퍼스) 053-250-7457 (성서캠퍼스) 053-580-3712
	대구가톨릭대학교 의과대학	대구 남구 두류공원로 17길 33 http://medicine.cu.ac.kr/pages/main.jsp	없음	053-650-4455
	영남대학교 의과대학	남구 현충로 170 http://yumc.yu.ac.kr/	2014년 이후 폐지	053-640-6815
대전	을지대학교 의과대학	중구 계룡로 771번지 77 http://medicine.eulji.ac.kr/	없음	042-259-1601
	충남대학교 의과대학	중구 문화로 266 http://medicine.cnu.ac.kr/html/kr/	2016년 이후 폐지	042-580-8112
부산	고신대학교 의과대학	서구 감천로(장기려로) 262 http://www.kucm.ac.kr/	없음	051-990-6406
	동아대학교 의과대학	서구 대신공원로 32 http://medicine.donga.ac.kr/sites/ medicine/index.do	2014년 이후 폐지	051-240-2903
	인제대학교 의과대학	진구 개금동 복지로 75 http://med.inje.ac.kr/	없음	051-890-6625
서울	가톨릭대학교 의과대학	서초구 반포대로 222 가톨릭대학교 성의교정 http://medicine.catholic.ac.kr/index.jsp	2016년 이후 폐지	02-2258-7114
	경희대학교 의과대학	동대문구 경희대로 26 http://khusm.khu.ac.kr/	2016년 이후 폐지	02-961-0275
	고려대학교 의과대학	성북구 인촌로 73 http://medicine.korea.ac.kr/web/www	2014년 이후 폐지	02-2286-1139

지역	대학명	주소	의전원 유지 여부	전화번호
	서울대학교 의과대학	종로구 대학로 103 http://medicine.snu.ac.kr/	2014년 이후 폐지	02-740-8114
	연세대학교 의과대학	서대문구 연세로 50-1 http://medicine.yonsei.ac.kr/	2014년 이후 폐지	1599-1004
	울산대학교 의과대학	서울시 송파구 올림픽로 43길 88 http://www.medulsan.ac.kr/	없음	02-3010-4209
	이화여자대학교 의과대학	양천구 안양천로 1071 http://www.ewhamed.ac.kr/	2016년 이후 폐지	02-2650-5703
	중앙대학교 의과대학	동작구 흑석로 84 http://med.cau.ac.kr/2010/index.asp	2014년 이후 폐지	02-820-5635
	한양대학교 의과대학	성동구 왕십리로 222 http://medix.hanyang.ac.kr/	2014년 이후 폐지	02-2290-0585
인천	가천대학교 의과대학	남동구 독점로 3번길 38 https://medicine.gachon.ac.kr:151/index.php#	2016년 이후 폐지	032-930-5114
	인하대학교 의과대학	남구 인하로 100 http://medicine.inha.ac.kr/	2016년 이후 폐지	032-860-9801
전북	서남대학교 의과대학	남원시 춘향로 439 http://premedical.seonam.ac.kr/	없음	063-620-0303
	원광대학교 의과대학	익산시 익산대로 460 http://med.wku.ac.kr/	없음	063-850-5114
	전북대학교 의과대학	전주시 덕진구 건지로 20 https://med.jbnu.ac.kr/index.php	2016년 이후 폐지	063-270-3055
제주	제주대학교 의과대학·의학전문대학원	제주시 제주대학로 102http://medical.jejunu.ac.kr/	50% 유지	064-754-3802
충남	건양대학교 의과대학	대전광역시 서구 관저동로 158 http://med.konyang.ac.kr/	없음	041-600-6311
	단국대학교 의과대학	천안시 동남구 단대로 119 http://med.dankook.ac.kr/web/med	없음	041-550-3851
	순천향대학교 의과대학	천안시 동남구 순천향6길 31없음 https://med.sch.ac.kr/	041-570-2403	

지역	대학명	주소	의전원 유지 여부	전화번호
충북	건국대학교 의학전문대학원	충주시 충원대로 268 http://medicine.kku.ac.kr/	50% 유지	043-840-3713
	충북대학교 의과대학	청주시 서원구 충대로 1 https://medweb.chungbuk.ac.kr/index2.html	2014년 이후 폐지	043-261-2840